D1725584

KÄRNTEN UM 1620

Die Bilder der Khevenhüller-Chronik

Franz Christoph Khevenhüller Graf zu Frankenburg 1588—1650

Karl Dinklage

Kärnten um 1620

Die Bilder der Khevenhüller-Chronik

Unter Mitarbeit von
FRIEDRICH KORNAUTH

Edition Tusch

ISBN 3-85063-066-8

Farbaufnahmen des Tafelteils: Wladimir Narbutt-Lieven,
Museum für angewandte Kunst, Wien

Reproduktionen: Reproform, Wien
Satz und Druck: Tusch-Druck, Wien

VORWORT

Aus oder über Kärnten ist noch nie ein Werk von solcher Pracht erschienen wie das vorliegende, wenn man es ganzheitlich sieht. Seit 1953 benutze ich die eine oder andere kultur- oder technikgeschichtliche Darstellung aus dem Original zur Illustration meiner wirtschaftshistorischen Publikationen. Der damalige Dozent und jetzige Professor Dr. Gerhart *Egger* vom Museum für angewandte Kunst in Wien, in welchem das vornehmste Exemplar der deutschen Khevenhüller-Chronik von 1625 mit seinen 47 Farbtafeln aufbewahrt wird, von denen 19 aus der lateinischen Fassung von etwa 1620 der Khevenhüller-Historie des Grafen Franz Christoph Khevenhüller stammen, war mir dabei stets in freundlicher Weise zur Beschaffung der von mir benötigten Abbildungsvorlagen behilflich, wofür ihm ebenso wie für die grundlegende Unterstützung der vorliegenden Publikation herzlich gedankt sei. Es war mir dabei schon lange klar, daß der historische Gehalt der Bilder der genannten Chronik unbedingt durch eine Gesamtpublikation ausgeschöpft werden müßte, machen sie doch, wie sich zeigte, mit großer Zuverlässigkeit das Kärnten der Zeit um 1620, dazu so manche Partien anderer Kronländer der alten Monarchie, schaubar und damit eindringlicher begreiflich als jedes Wort, und dies in zeitgerechter Form verknüpft mit den führenden Persönlichkeiten des Landes, die in den Khevenhüllern damals ihren beredtesten Ausdruck fanden. Durch diese Zweiheit von Land und Geschichte mußten die Bilder, die insgesamt älter sind als irgendwelche anderen frühen Darstellungen aus Kärnten, von vornherein diesen allen überlegen sein, ebenso durch die Farbe, die den erstmals 1681 erschienenen Kupferstichen des Freiherrn Joh. Weichard von Valvasor in seiner „Topographia Archiducatus Carinthiae Modernae“ natürlich mangelt, ganz abgesehen von der durch das geringe zeichnerische Talent Valvasors und die ziemlich willkürliche Schönung seiner Bleistiftskizzen durch die Kupferstecher bedingten Ungenauigkeit seiner Bilder.

Ich begrüßte es daher außerordentlich, als sich nach noch etwas zurückreichenden vorbereitenden Gesprächen mit dem um das Zustandekommen dieses Buches in außerordentlichem, kaum zu dankendem Maße liebevoll bemühten Verlagsleiter Dr. Friedrich *Kornauth,* der auch in verdienstlicher Weise das Register für den vorliegenden Band sowie die Khevenhüller-Stammtafeln geschaffen hat, die *Edition Tusch* 1976 bereitfand, das Werk herauszubringen. Dafür gebührt ihrem Inhaber Anton *Tusch,* der einer durch die Nationalrätin der Ersten Republik Maria Tusch bekannt gewordenen Kärntner Arbeiterfamilie entstammt, der große Dank vieler, besteigen doch die stolze Feste Hochosterwitz, das Kronjuwel unter den Burgen der Khevenhüller, alljährlich Monate hindurch täglich Tausende, und nicht anders ist es bei Landskron, obwohl diese das Villacher Becken beherrschende Khevenhüller-Feste weitgehend in Trümmern liegt. Der bibliophile, technisch-künstlerische Produktionsleiter des Verlages, Kurt *Lackner,* hat sich um die möglichst originalgetreue

Wiedergabe der Bilder, vor allem der durchaus farbrichtigen Landschaften, Architekturen und Interieurs, die ausgezeichnet gelungen sind, sehr verdient gemacht. Auch bei den Personen und ihren Roben war man bemüht, das Bestmögliche zu bieten, was die vom Hausfotografen des Österreichischen Museums für angewandte Kunst hergestellten Farbdiapositive hergaben.

Daß es bis 1980 dauerte, ehe dieser Band vorgelegt werden kann, hängt mit dem außerordentlichen Zeit- und Arbeitsaufwand zusammen, den er erforderte. Denn außer dem Schlosse Annabichl, der Burg Aichelberg und der Stadt Villach ist keine der anderen Örtlichkeiten, die hier wiedergegeben werden, in dem Originalband benannt. Alle mußten auf oft mühevolle und zeitraubende Weise in zahlreichen Kundfahrten gesucht und gefunden werden. Dabei ist mir mein Schwiegersohn Herbert *Forstnig* in grundlegendem Maß behilflich gewesen, dazu auch meine Tochter Gerhild *Ustar,* weswegen hier beiden aufrichtiger Dank gesagt sei. Ich habe in den 55 Jahren meiner wissenschaftlichen Publikationstätigkeit noch niemals ein solches Aufgebot an Reisen und Wanderungen für ein Buch gebraucht wie bei diesem.

Ebenso erforderte der den Bildern beizugebende Text ausgiebiges Quellenstudium, weil die vorliegenden Darstellungen zur Geschichte der Khevenhüller zu dürftig sind, und der Inhalt der Khevenhüller-Chronik von 1625 — ganz abgesehen von den unwahren Legenden über zahlreiche angebliche Khevenhüller des 11.—15. Jahrhunderts, ja des 16. Jahrhunderts, die nie existiert haben — auch für dieses und das 17. Jahrhundert die Prüfung des Sachverhalts anhand der 4762 Seiten umfassenden Khevenhüller-Historie des Grafen Franz Christoph Khevenhüller verlangte, da die Chronik als von Georg Moshamer besorgter Extrakt aus der genannten Historie selbst über Zeitgenossen gelegentlich falsch berichtet, so daß z. B. auf unserer Tafel 41 ein Mädchen und fünf Buben als Kinder des Freiherrn Paul Khevenhüller im Schloßgarten zu Wernberg 1628 vom Maler richtig zur Darstellung gebracht wurden, deren Namen ich den subtilen Untersuchungen Paul Dedićs über die Kärntner Exulanten des 17. Jahrhunderts aus der Khevenhüller-Sippe in der „Carinthia I" des Jahres 1952 entnehmen konnte, während die Khevenhüller-Chronik bei Aufzählung der Kinder Pauls aus der in Frage kommenden Zeit das Mädchen ausläßt und nur vier Buben mit unzutreffenden Vornamen und unzuverlässigen Geburtsdaten nennt. Insbesondere aber mußte die älteste Geschichte der Khevenhüller in Kärnten auf eine ganz neue archivalische Grundlage gestellt werden, und da möchte ich dem Direktor des Kärntner Landesarchivs in Klagenfurt, Hofrat Dr. Wilhelm *Neumann*, ganz besonders danken, daß er von Anbeginn dieser Arbeit in selbstloser Weise mir auch alle seine eigenen Forschungsergebnisse zur Verfügung stellte, und ich freue mich, daß er seine wesentlichen Feststellungen noch vor dem Erscheinen dieses Bandes

im 15. und im 16. Jahrbuch des Museums der Stadt Villach selbst publizieren konnte. Darüber hinaus habe ich für die Unterstützung dieser Publikation den Direktoren und Beamten des Haus-, Hof- und Staatsarchivs, vornehmlich Frau Dr. Christiane *Thomas,* sowie des Niederösterreichischen Landesarchivs in Wien und der Landesarchive in Graz, Linz und Salzburg, der Österreichischen Nationalbibliothek, hier besonders Frau Dr. Eva *Irblich,* und der Universitätsbibliothek in Wien sowie der Bibliothek des Landesmuseums und der Universitätsbibliothek in Klagenfurt, ebenso den Stiftsbibliothekaren und -archivaren Prof. Dr. Karl *Rehberger* in St. Florian bei Linz, Hofrat Dr. Hans *Zedinek* in Lambach und P. Dr. Theodorich *Pichler* in Kremsmünster, sowie für das Stift Mattsee dem erzbischöflichen Konsistorialarchivar Dr. Hans *Spatzenegger* in Salzburg, dem Stiftspropst *Gebetsberger* und vor allem dem Stiftsdechant *Hagenauer* herzlich zu danken. Mein ganz besonderer Dank gilt dem leider inzwischen verstorbenen, überaus verdienstvollen Historiker der Khevenhüller, Professor Graf Georg *Khevenhüller* in Niederosterwitz, für alle vielfältige sachliche und fachliche Unterstützung, ebenso Seiner Durchlaucht dem Fürsten Max *Khevenhüller* in Pellendorf und seinen Söhnen, die während ihres Aufenthalts in Niederosterwitz im Jahre 1978 mir liebenswürdig zur Seite standen.
Zur sachgerechten Beschreibung der auf den Bildern gezeigten Rüstungen und Moden des 15.—17. Jahrhunderts habe ich mit aufrichtigem Danke grundlegende Hilfe durch Direktor Dr. Ortwin *Gamber* von der Waffensammlung des Kunsthistorischen Museums in Wien und Frau Dr. Ilona *Bresziansky-Pataky,* Hauptmitarbeiterin der Ungarischen Nationalgalerie in Budapest, genießen dürfen, ebenso bei der Feststellung der einzelnen Landschafts- und Figurenmaler sachkundige Unterstützung durch die Villacher Kunsthistorikerin Frau Dr. Hilde *Spielvogel* und meinen bewährten künstlerischen Mitarbeiter am Sozialgeschichtlichen Archiv und am Robert-Musil-Archiv in Klagenfurt, Fritz *Blaha.* Mit besonderer Freude sei zum Schluß vermerkt, daß die Bilder der Khevenhüller-Chronik in der vorliegenden Veröffentlichung in ihrer ganzen Schönheit wiedergegeben werden können, weil das Österr. Museum für angewandte Kunst in Wien die Chronik 1976 in der Restaurierungsanstalt der Österreichischen Nationalbibliothek auseinandernehmen ließ und nun die früher in den Folianten der Chronik eingebundenen Gemälde, deren Mitte damals im Falz verdeckt blieb, in sehr vorteilhafter Weise vom Text getrennt plan aufgehoben werden. So kam bei der Veröffentlichung dieses Prachtbandes zur Gunst des durch künstlerische Publikationen bekannten Verlages die Gabe der für die Vollkommenheit der Bilder notwendigen Voraussetzungen.

Klagenfurt, im August 1980 *Karl Dinklage*

VERZEICHNIS DER AUF DEN BILDTAFELN DARGESTELLTEN PERSONEN, ORTE, SCHLÖSSER UND LANDSCHAFTEN

(Schauplätze ohne Landesbezeichnung liegen in Kärnten)

Taf. 1 „Richard I." und „Schenkin von Osterwitz"; Burg Aichelberg nahe Villach

Taf. 2 „Albeg" und „Gertraud von Kraig"; Stadt Villach und Schloß Wernberg

Taf. 3 „Siegmund" und „Othild" (auch „Mechthild") von „Aufenstein"

Taf. 4 „Achatz" und „Christina von Sternberg"; Wildbann Landskron bei Villach

Taf. 5 „Richard II." und „Elisabeth von Himmelberg"; Burg Hohenwart nahe Velden

Taf. 6 „Hans I." und „Magdalena von Khünburg"; Kraiger Schlösser bei St. Veit an der Glan

Taf. 7 „Richard III."; Burg Sternberg nahe Velden

Taf. 8 Hans I. und seine zweite Gattin, eine geborene Ebringer von Federaun; Burg Federaun und Gailbrücke nächst Villach

Taf. 9 „Wilhelm" und „Margarethe von Auersperg"; Burg Weidenburg bei Kötschach-Mauthen

Taf. 10 „Wilhelms Tochter"

Taf. 11 Hans II. und Katharina geb. Pibriach; Burgen Ober- und Unterfalkenstein nahe Obervellach

Taf. 12 „Ulrich"; Schloß Groppenstein nahe Obervellach

Taf. 13 „Barthelmä"; Schloß Timenitz bei Magdalensberg

Taf. 14 Rudolf und Apollonia geb. Welzer; Schloß Wernberg nahe Villach

Taf. 15 Ulrich und Anna geb. Kellerberg; Stadt Villach mit Schloß Mörtenegg, der Kirche St. Martin und den Burgen Wernberg, Sternberg, Aichelberg und Landskron

Taf. 16 Wolfgang und Margarethe geb. Cleß; Schloß, Kirche und Dorf Tiffen bei Feldkirchen

Taf. 17 „Martin"; Markt Obervellach

Taf. 18 Siegmund II. und Anna geb. Meixner; Himmelberg mit Schloß Biberstein

Taf. 19 Augustin I. und Siguna geb. Weißpriach; Burg Karlsberg bei St. Veit an der Glan

Taf. 20 Burg und Schloß Liechtenstein bei Mödling, NÖ., und umliegende Siedlungen mit Fernblick auf Wien

Taf. 21 Ludwig; Schloß Weißenfels bei Tarvis, Italien

Taf. 22 Christoph mit Elisabeth geb. Mannsdorf und Anna Maria geb. Welzer; Burg Landskron und Dorf Gratschach bei Villach

Taf. 23 Hans V.; Villa Arganda bei Madrid, Spanien

Taf. 24 Barthelmä und Anna geb. Graf von Schernberg; Erzbaugebiet Innerkrems

Taf. 25 Barthelmä und Blanka Ludmilla geb. Thurn; Schloß Velden am Wörther See

Taf. 26 Barthelmä und Regina geb. Thannhausen; Weißblechfabrik in der Kreuzen bei Paternion

Taf. 27 Hans VI. und Elisabeth geb. Dietrichstein; Feistritz an der Drau

Taf. 28 Töchter und Schwiegersöhne Barthelmäs und der Anna Graf geb. Schernberg; Burg Sommeregg bei Seeboden

Taf. 29 Kinder und Schwiegersöhne Barthelmäs und der Blanka Ludmilla geb. Thurn; Ruine Himmelberg

Taf. 30 Kinder Barthelmäs und der Regina geb. Thannhausen; Floßofenwerk Eisentratten in der Krems

Taf. 31 Franz Christoph und Barbara geb. Teufel; Schlösser Frein und Frankenburg im Hausruckgebiet sowie Weyregg am Attersee, OÖ.

Taf. 32 Kinder Franz Christophs und der Barbara geb. Teufel; St. Georgen im Attergau mit den Schlössern Kogl und Wildenhag, OÖ.

Taf. 33 Franz Christoph und Susanna Eleonore geb. Kolonitsch

Taf. 34 Moritz Christoph und Sibylla geb. Montfort; Schloß Paternion

Taf. 35 Stadt und Khevenhüller-Schloß Spittal a. d. Drau

Taf. 36 Augustin II. und Anna Maria geb. Windischgrätz; Markt und Burg Mödling, NÖ.

Taf. 37 Stadt und Burg Gmünd

Taf. 38 Georg II. mit Sibylla geb. Weitmoser und Anna geb. Turzo; Schloß Mitterburg, Istrien

Taf. 39 Siegmund III. und Regina geb. Thannhausen; Propstei Kraig bei St. Veit an der Glan

Taf. 40 Paul und Regina geb. Windischgrätz; Burg, Schloß und Meierhof Karlsberg bei St. Veit an der Glan

Taf. 41 Kinder Pauls und der Regina geb. Windischgrätz; Ziergarten des Schlosses Wernberg nahe Villach

Taf. 42 Franz II. und Creszentia geb. Stubenberg; Burg Mannsberg am Krappfeld

Taf. 43 Feste Hochosterwitz

Taf. 44 Barthelmä II. und Regina geb. Herberstorf; Schlösser Annabichl, Ehrenbichl und Emmersdorf bei Klagenfurt

Taf. 45 Siegmund IV. und Siguna Elisabeth geb. Stubenberg; Eisenhammerwerk Pölling am Krappfeld

Taf. 46 Franz III.; Klagenfurt

Taf. 47 Franz I.; Schloß und Burg Mahrenberg im unteren Drautal, Jugoslawien

DER SINN DIESES BUCHES

Die vorliegende Veröffentlichung hat zum Ziele, die ältesten Bilder, die zahlreiche Kärntner Burgen und Schlösser, Städte und Märkte sowie einige aus Nieder- und Oberösterreich, der Untersteiermark, Krain und Istrien zur Anschauung bringen und in einer verantwortungsbewußten Wiedergabe aller Einzelheiten von unschätzbarem Werte sind, in annähernder Originalgröße und den Originalfarben der Öffentlichkeit zugänglich zu machen. Dazu zählen auch köstliche Darstellungen aus dem Kärntner Eisenbergbau, der eisenerzeugenden und -verarbeitenden Industrie sowie dem landwirtschaftlichen Betriebswesen. Das Band, das diese Vielzahl von Darbietungen zusammenhält, ist die seit der Mitte des 14. Jahrhunderts in Kärnten ansässige und in der ersten Hälfte des 15. Jahrhunderts vom Bürgertum in den Adel aufgestiegene Familie der Khevenhüller, die sich in der zweiten Hälfte des 16. Jahrhunderts durch die Initiative einiger hochbegabter Mitglieder zum führenden Edelgeschlecht Kärntens emporzuschwingen vermochte und mit dem stolzen Hochosterwitz bis heute die das Land weithin beherrschende Feste innehat. Die Gestalten dieses Geschlechtes lassen in ihren Gewändern des 15.—17. Jahrhunderts die Zeiten lebendig werden, denen sie in Kärnten und Österreich in leitenden Positionen das Gepräge gaben. Ihre geschichtlichen Leistungen den verläßlichen Quellen gemäß zur Darstellung zu bringen, ist neben der Erklärung der einzelnen Bilder ein Hauptanliegen der Texte dieses Buches. Dabei mußte angesichts des Fehlens einer dem heutigen Forschungsstand entsprechenden Geschichte der Khevenhüller und der gänzlichen Unwahrhaftigkeit der über ihre ältere Historie im späteren 16. und frühen 17. Jahrhundert aufgebrachten Legenden eine grundlegende Neubearbeitung der Geschicke der vorkommenden historisch bezeugten Personen durchgeführt werden, soweit das im Rahmen einer mehr auf optische Wirkung angelegten Veröffentlichung möglich erschien. Denn der Hauptwert der vorliegenden Publikation mußte in der Wiedergabe der ältesten bildlichen Darstellung von Örtlichkeiten und technischen Vorgängen liegen, deren Entdeckung und Bekanntgabe ein wahrer Schatzfund für die topographische und kulturhistorische Forschung ist.

DIE KHEVENHÜLLER-HISTORIE DES GRAFEN FRANZ CHRISTOPH KHEVENHÜLLER VON 1623 UND IHRE BEZIEHUNG ZU SEINEN „ANNALES FERDINANDEI", DIE KHEVENHÜLLER-CHRONIK VON 1625, DEREN BILDER UND IHRE MALER

Graf Franz Christoph Khevenhüller (1588—1650) sagt in Artikel 14 seines Testaments vom 4. 2. 1639[w]: „So hab ich auch zum 14ten von dem Khevenhüllerischen Namben und Stamen mit grosser Müehe und Unchosten etliche Büecher (darein auch die Universalhistori von Irer Mayestät Khayser Ferdinandi dess 2. Geburth an biß zu desselben seeligisten Endt begriffen) verfast, viel Conterfeit, wie sie einander succedirt, groß sambt der Khevenhüller gehabt und noch habenden Graff- und Herrschafften, auch Schlösser mahlen lassen. Die will ich, daß sie bey dem Maiorasco allezeit neben denen andern khayserlichen Schreiben und Protocollen verbleiben sollen."
Damit ist der Urheber der in diesem Buche veröffentlichten Bilder vorgestellt und gleichzeitig umrissen, welche Bedeutung sie innerhalb seines Werkes besitzen. Da wir dieses vorliegen haben und somit näher kennen, können wir anhand obiger kurzer, das Wesentliche hervorhebender Sätze des Autors feststellen, daß er eine Geschichte seines Geschlechtes geschrieben hat und zu deren Illustration Bilder, auf denen die Khevenhüller in chronologischer Reihenfolge in großen Figuren und dazu (als kleinerer Hintergrund) die Grafschaften, Herrschaften und Schlösser, die sie innegehabt oder 1639 noch -hatten, malen ließ. Es sind die Bilder, die wir hier veröffentlichen und auf die obige Beschreibung genau zutrifft. Er wünscht sie neben den kaiserlichen Schreiben, die er vor allem im Laufe seiner Tätigkeit als kaiserlicher Botschafter in Spanien (1617—1631) erhielt, und den Aufzeichnungen aus seiner politischen Wirksamkeit, den „Protokollen", beim Majorat, dem Vorläufer des Fideikommisses, aufbewahrt zu wissen, und erwähnt dazu auch als gleichfalls aufhebenswürdig die von ihm verfaßte Geschichte seines Herrn, dem er jahrzehntelang diente, Kaiser Ferdinands II. (1578—1637), samt den dazugehörigen Materialien. Als er diese „Annales Ferdinandei", wie der offizielle Titel der deutschen Ausgabe lautet, bereits 1636 in einem die Zusammenfassungen (Summarien) der Jahre 1578—1595 umfassenden, in Wien erschienenen Probeband und dann seit 1640 zunächst in Regensburg und dann wieder in Wien hatte in Druck bringen lassen können und bis 1644 schon 8 der 12 Bände publiziert waren, ließ er am Ende des 1. Bandes seines Handexemplars der Druckausgabe, das in Band 1 und 2 nicht weniger als 125 in pastosen Tempera-Deckfarben auf Papier (seltener Pergament) gemalte Original-Porträts der führenden Persönlichkeiten seiner Zeit enthält, ein Blatt einkleben, auf dem geschrieben steht:
„Dieweil mich dise Annales Ferdinandei so vil Müehe, Arbeit, Vleiß und Gelt gekhost, auch verhoffentlich daraus grosse Nachrichtung und Nutz zu nemen sein wirdt, sonderlich nachdem man denselben starck nachtracht, also hab ich meinen Successorn an der Graffschafft Franckhenburg das Original bey dem Schloß Cammer lassen und sie darneben vermahnen und bitten wellen, sie solten dise zway Thaill und die andern folgenden in gueter Obacht haben, zu seiner Zeit mit Bedacht lesen und ains und das ander data occasione wol applicirn, sonderlich aber es niemants aus dem Schloß ausleichen, damit es nit etwan verlohren und in frembte Hendt khombe. Wie ich nun der tröstlichen Hoffnung lebe, sie werden diss mein Begehrn vleissig und trewlich voltziehen, also wünsche ich inen von Gott dem Allmechtigen, das sie darauß solche guete Frücht seugen khönnen, wie es zu Gottes Ehr, zu ihres allergenedigisten Landtsfürssten Diennst und zu irer aignen Seel- und Leibswolfart gedeyen möge, und gib inen hiemit meinen vätterlichen Seegen. Geben im Schloß Cammer im Attersee am Tag sancti Martini dess ainthausentsechshundertvierundviertzigisten Jahrs.

Frantz Christoph Khevenhüller
G[raf] zu F[rankenburg]"

Wir zitieren diese Erklärungen des Grafen Franz Christoph Khevenhüller wörtlich, obwohl die „Annales Ferdinandei“ nicht unmittelbar zu unserem Thema gehören. Denn diese Worte offenbaren die innere Einstellung des Autors der beiden großen Geschichtswerke der ersten Hälfte des 17. Jahrhunderts, der 4762 Seiten umfassenden Khevenhüller-Historie und der 12 Foliobände füllenden Geschichte Kaiser Ferdinands II., zu dem, was er geschaffen hat, und zeigen die Liebe, Sorgfalt und Opferfreudigkeit, die er darauf verwendete, und sein enges persönliches Verhältnis zur Geschichtsschreibung. Noch näheren Einblick in sein Werk gewährt die Dedikationsadresse der „Annales Ferdinandei“ an König Ferdinand III. vom 25. Juli 1636, die im genannten Jahr, also noch zu Lebzeiten Kaiser Ferdinands II., in dem oben erwähnten Vorabdruck der Summarien für die Jahre 1578 bis 1595 in der Druckerei der Witwe Rickhes zu Wien erschien und mit folgenden Worten eingeleitet wird:
„Es ist nunmehr etlich Jahr, das ich mit grosser Müehe und Arbeit ein Universal-Histori von 200 Jahren her zu meiner selbst aigenen Nachrichtung und Curiositet in wehrender meiner von Ihr Kayserlichen Mayestät mein allergnedigisten Herrn auffgetragenen Gesandtschafft neben meiner Gehaimben Rathställ und bey Ewer Königlichen Mayestät Königlichen Gemahlin Obristen Hoffmaisterambt zusammengetragen, und nachdem ich darmit bey Tag und Nacht vil Zeit, Sorg, Müehe und Uncosten angewendt, so hab ich solches alles woll anlegen und dardurch mein allergehorsambiste Schuldigkeit erzeigen, benente Histori auff die Zeit von höchstgedachter Kayserlicher Mayestät Geburtstag an biß zu Endt dises jetzigen lauffendten 1636. Jahr stellen und sie in Annales und dieselben in drey Thail, alß deren erster von höchstgedachter Kayserlicher Mayestät Geburt an biß zu Antrettung dero Ertzhertzogischen Regierung, den andern von dannen biß zu der Kayserwahl und den dritten von dort an biß zu Endt deß lauffendten 1636. Jahrs ab- und außthaillen wollen und mich derhalben sie Annales Ferdinandeos zu nennen und Ewer Königlichen Mayestät zu ein allergenedigisten Protectore dises Wercks mit dem schuldigen undertheinigistem Respect zu erkiessen und es derselben gehorsambist zu dediciern understanden.“
Ja, bei Tag und Nacht hat der Historiker Graf Franz Christoph Khevenhüller viel Zeit, Sorge, Mühe und Unkosten verwenden müssen, um schließlich das Geschichtswerk über Kaiser Ferdinand II., dessen Botschafter in Spanien er 14 Jahre war und daher besonders genauen Einblick in die politischen Verhältnisse seiner Zeit gewinnen konnte, dessen Sohn König Ferdinand III., dem er 1631 die spanische Infantin Maria als Gemahlin zugebracht hatte und deren oberster Hofmeister geworden war, widmen zu können. Dieses Werk stellt den Grafen Franz Christoph Khevenhüller in die Reihe der bedeutendsten Historiker des 17. Jahrhunderts und macht seine auf einem großen Quellenmaterial aufgebaute Darstellung zur wichtigsten Geschichtsquelle des Dreißigjährigen Krieges. Anna Gräfin Coreth, die Historikerin der österreichischen Geschichtsschreibung des Barockzeitalters, hebt den Charakter der Annales Ferdinandei als pragmatischer Geschichte ganz Europas hervor und preist dieses Werk mit der Feststellung, daß es auf weite Sicht über alle zeitgenössischen Arbeiten als umfassendste, monumentalste hervorragt.
Wir mußten Franz Christophs öffentlichem Wirken hier so viel Aufmerksamkeit schenken, weil seine Khevenhüller-Historie und die Annales Ferdinandei in seinem Schaffen so eng miteinander verbunden sind, daß sie nicht mit Erfolg getrennt betrachtet werden können, und wir können jetzt erst zur Wiedergabe der Dedikationsadresse übergehen, mit der Graf Franz Christoph Khevenhüller am 31. 12. 1623[ö] seine Khevenhüller-Historie seinem von ihm hochgeschätzten Stiefbruder und Vetter Freiherrn Paul Khevenhüller widmete. Dieser war wie Franz Christoph ein Enkel Augustin Khevenhüllers (†1516) und der Sohn des 1594 verstorbenen Freiherrn Siegmund III. Khevenhüller, dessen Witwe Regina, geb. von Thannhausen, 1596 in zweiter Ehe die dritte Gemahlin von Franz Christophs Vater, dem Grafen

Barthelmä Khevenhüller, wurde, dessen zweiter Ehe Franz Christoph selbst entstammte. Paul war im Hause Barthelmäs herangewachsen und hatte Franz Christoph in Erbschaftsangelegenheiten nach seinem Vater unterstützt, indem er zu Frieden und Ruhe beitrug, wie die Khevenhüller-Historie[f] berichtet, zumal er bei seiner eigenen Mutter, die ja auch Barthelmä überlebte, Einfluß hatte. Insbesondere aber hatte Paul dem Franz Christoph in dessen Geldverlegenheiten, die er seinem ständigen Hofdienst zuzuschreiben hatte, ausgeholfen, ihm 1618[f], als dieser in Spanien vom kaiserlichen Hofe noch fast keine Gebühren für seine Gesandtschaftstätigkeit erhalten hatte, um 20.000 Gulden die Herrschaften Timenitz und Lassendorf samt den an die Khevenhüller verpfändeten Viktringer Untertanen sowie das aus der Erbmasse Barthelmäs stammende zweite Khevenhüller-Haus in Klagenfurt und den Meierhof daselbst ober der Stadt abgekauft und ihn daher für sich sehr eingenommen. Darum preist Franz Christoph in seiner Dedikation nicht nur Paul, sondern auch den guten Zusammenhalt zwischen den Khevenhüllern der verschiedenen Linien, wenn er sagt:
„Freundtlicher, vertrauter und vilgeliebter Herr Brueder unnd Vetter, demselben sambt allen seinen geliebten Zuegehorigen bin ich nach eüsseristem Vermögen zu dienen schuldig, willig und bereith. Zue Betzallung nur eines Thails diser Schulden und Ertzaigung meiner gegen im tragender Lieb und Affection hab ich im mein zöhenjäriges mit grosser Müehe, beharlichen Fleiß und nit wenigen Unchossten bey allen ob mir ligendten höchst wichtigen khayserlichen Geschefften aus guetem Grundt zusamengetragne khevenhillerische Historien oder Genealogiae hiemit dediciern und ihn freundtlich, diennst- und bruederlich bitten wollen, disse mein gehabte Müehe, Sorgfeltigkhait und Fleiß mit so brüederlichen Gemüeth und guetem Gefallen, alß wie ich's mit brüeder- unnd vetterlicher Affection und Lieb mit Fleiß guethertzig beschriben und ime dediciert, antzunemmen, auch sicherlich zu glauben, daß ich dadurch khein anders Interesse und Widerbelohnung sueche noch anderstwohin zille, alß das es zu unserer Voreltern Rhum, der Lebendtigen und der lieben Posteritet zuer Nachrichtung, Nutz, Forthpflantzung guetes Verstandts, auch Anraitz und Anlaßung, iren Vorfordern in Gottsforcht, Tugendten, Müehe und Arbaith wie auch in bestendiger Threw unnd Aufrichtigkhait zu dess hochlöblichen Hauß von Oesterreich Diennsten nachtzufolgen, dhienen und gedeyen möge. Waß ich mich in diser Arbaith zum maisten erfreith, ist, daß ich under unnsern Geschlecht allezeit guete Ainigkhait gespiert und das khainer gewesen, der sich in ainiger Rebellion oder Widerwerdtigkheit wider seinen Landsfürssten und Herrn brauchen lassen und daß sie unaussetzlich von Anno 1278 bis auf dise gegenwierttige Stundt - daß sein 344 Jar — dem hochlöblichen Hauß von Oessterreich in Khriegs- und Fridenszeiten beständig und mit guetem Ruem in ansehlichen Ämbtern und Officien gediennt haben, darunder dann ir etliche zu mermahlen ir Haab und Guet verlassen und ir sechs in offentlichen Schlachten ir Leben verlohrn. Dem Allmechtigen sey vor alle Gnaden Lob und Danckh gesagt; der welle gnedigelichen verleyen, damit sowoll wier Lebendtige alß unnser Posteritet in gedachter unnserer Voreltern Fuesstapffen treten, der Christenhait und dem hochlöblichen Hauß Oessterreich angenemb, gethrew und erspriesliche Diennst laisten und unns Khevenhiller undereinander von Hertzen und in grosser Ainigkhait vetter- und brüederlich lieben und also den verheissenen Segen von dem Hechsten hinfür wie bishero erwartten mögen. Dem thue ich unns alle threwlich, meinem Herrn Vettern und Bruedern aber mich diennstlichen bevelchen. Madrid, den letsten Decembris Anno 1623.

Meines Herrn Vettern und Bruedern diennstwilliger
jederzeit Frantz Christoph Khevenhüller, Graf zu F[rankenburg]."

Zehn Jahre hat Franz Christoph Khevenhüller mit großer Mühe, beharrlichem Fleiß und nicht wenigen Unkosten trotz seiner Belastung mit des Kaisers Amtsgeschäften an der Khevenhüller-Historie gearbeitet, heißt es in der Dedikation von Ende 1623. Schon am

8. 11. 1610[f] hatte der damals 71jährige Graf Barthelmä Khevenhüller seinen zu jener Zeit 22jährigen Sohn Franz Christoph, als er ihn zu seinen Grunduntertanen nach Kärnten schickte, um von diesen die jährlich für die Inhaberschaft ihrer Anwesen zu entrichtenden Stiftgelder einzunehmen und so die Verwaltung der khevenhüllerischen Güter kennenzulernen, mit den Worten entlassen: „Mein Sohn, unsere Voreltern, sonderlich aber unsere Uhr- und Ahnherrn und mein Brueder Graff Hannß Khevenhiller haben mit sonderer Threw und Fleiß ire aigene und andere Geschichten aufgetzaichnet, denen ich auch nachgevolgt hab. Weil ich aber nunmehr alt und schwach und du hierinnen mein Stöll mit deiner Jugent verreichten khanst, derwegen ich diss Jar die Handt von disem Werckh aufheben. Du aber wierdtest's mit Anfang diss 1611ten mit solcher Trew und Fleiß, wie ich's von dir hoffe, auflegen. Mit deme wierstu dich bey deinen Nachkhommen unsterblich machen und selbst darauß ein grossen Nutz schepfen. Der Allmechtige verleyhe, das es alles zu seinem Lob, zu deines Herrn, Vatterlandts und aignen Nutz gedeyen und du's vill lange Jar continuieren mögest. — Mit diser Benediction ist Herr Kevenhiller verraist und seines Herrn Vattern Vermahnung threwlich nachkommen, wie aus Continuation der Histori zu sechen." So heißt es auf Seite 2178 von Franz Christophs Khevenhüller-Historie in dem ihm selbst gewidmeten 16. Buch derselben, für das er seinen Mitarbeiter Georg Moshamer als Verfasser zeichnen ließ, weil er nicht sein eigener Autor sein wollte, weswegen hier von Franz Christoph in der dritten Person die Rede ist.
Nun hatte Barthelmä Khevenhüller allerdings keine Khevenhüller-Historie geschrieben, sondern ein von 1549—1562[l] reichendes Reisebuch verfaßt und von 1552 bzw. in der Ich-Form von 1555 bis Ende Dezember 1577 Tagebuch[w] geführt sowie weitere Eintragungen über sein Wirken in Schreibkalendern gemacht — diese und das Reisebuch nennt Graf Franz Christoph Khevenhüller als Quellen für das seinem Vater Barthelmä gewidmete 15. Buch der Khevenhüller-Historie[ke] —; aber der Sohn nahm das Geschichte-Schreiben ernst und begann tatsächlich 10 Jahre vor der Dedikation seiner Khevenhüller-Historie an Freiherrn Paul Khevenhüller, d. h. während des Jahres 1614 damit, nachdem er zuvor infolge seiner seit 1. 2. 1611[f] laufenden fast ständigen Verwendung im persönlichen Dienst des Königs und seit 13. 6. 1612 Kaisers Matthias dazu kaum Zeit hätte erübrigen können. Jedenfalls berichtet das 16. Buch der Khevenhüller-Historie erst auf Seite 2352 zum 10. 12. 1614 [f]über des Grafen Franz Christoph Geschichtsschreiber-Tätigkeit: „Den 10. ist er nachmittag weckh und hat Herr Ertzbischof [von Salzburg] ine im Wiertshauß freygehalten. Alß er nachhauß angelangt, hat er die Geschiecht von disem Jar nachvolgender Gestalt zusamengetragen: Den ersten Januarii ist dem Churfürst Pfaltzgraf Fridtrich von der Princeßin aus Engelandt ein Sohn geborn [. . .]." Und dann folgen die verschiedensten Ereignisse der europäischen und der Reichsgeschichte des Jahres 1614, dessen Ablauf im Leben Franz Christoph Khevenhüllers bereits auf den vorausgehenden Seiten geschildert war. Ebenso geschieht es 1615, daß er laut Seite 2378 der Khevenhüller-Historie im Dezember in seinem Schlosse Kammer im Attersee die staatspolitischen Ereignisse des Jahres aufzeichnet. Da auch nachweislich ganze Partien anderer Teile der Khevenhüller-Historie, die am Rand mit Dunkelrotstift oder Bleistift durch Graf Franz Christoph gekennzeichnet wurden, in dessen „Annales Ferdinandei" übernommen worden sind, müssen wir die beiden Werke Franz Christophs als eng zusammengehörig betrachten. Das tut er auch selbst, denn mit seinem Hinweis auf die 10jährige Arbeit an der Khevenhüller-Historie in deren Dedikation von Ende 1623 muß er auf seine Tätigkeit als Geschichtsschreiber seit 1614 Bezug genommen haben, wenn diese damals auch mehr der allgemeinen politischen Geschichte gewidmet war; denn bezüglich der Khevenhüller-Historie selbst heißt es erst auf Seite 3359[f] derselben zum Jahre 1619: „Den 30. Julij hat Herr Graf Kevenhiller die kevenhillerische Histori angefangen in Teutsch, Lateinisch und spanischer Sprach zu schreiben, wie in disem aignen Buech zu sechen."

Nur die Bücher 1 bis 15 seiner Khevenhüller-Historie hat Graf Franz Christoph Khevenhüller Ende 1623 seinem Stiefbruder und Vetter Freiherrn Paul Khevenhüller widmen können, ebenso eine viel kürzer gefaßte genauso weit reichende „Genealogia der wohlgebohrnen Grafen und Herren, Herren Khevenhüller zu Aichelberg", welche die ersten 2030 Seiten der Khevenhüller-Historie des Grafen Franz Christoph auf 126 Seiten zusammenfaßt und ihn auch zum Verfasser hat[ö]. Am Buch 16[f], das seine eigene Geschichte in der dritten Person unter Nennung Georg Moshamers als Autor bis Ende 1623 enthält, darunter auch namhafte Partien, die wörtlich in die „Annales Ferdinandei" eingingen, wurde 1623 und sogar noch 1624 gearbeitet. Auf Seite 4273 beginnt die Schilderung der Dienstverrichtungen des Grafen Franz Christoph Khevenhüller während des Jahres 1623 mit den Worten: „In disem 1623. Jar", während viel weiter vorn, auf Seite 2218 zum Jahre 1611 vom frühzeitigen Tod der spanischen Königin Margerita von Österreich die Rede ist, die mit nur 26 Jahren am 3. Oktober 1611 zu S. Lorenzo de Escorial verschied, „darüber dann der Khönig sein Gemahel bis in sein Todt getrauret. Ire Underthanen beweinen's noch diss 1624. Jar, darinnen dise Histori beschriben wierdt."
Bis die Khevenhüller-Historie des Grafen Franz Christoph mit seinem Schlußwort auf Seite 4761[f] seines Werkes am Schlusse des Jahres 1628 und des 19. Buches ihr Ende fand, verging übrigens noch so viel Zeit, daß er mit einer Ermahnung an seine Kinder, Brüder, Vettern und Muhmen enden konnte, „denen dieses mein zehnjähriges schweres Werk in die Hände kommt". Denn nun waren auch seit 1619 im engeren Rahmen der Khevenhüller-Geschichte 10 Jahre vergangen. Mag sein, daß Franz Christoph die ersten 15 Bücher seiner Historie dem Freiherrn Paul Khevenhüller auch deshalb widmete, um von diesem endlich hinreichende Nachrichten über dessen eigene Familie zu erhalten, dieser sich aber als überzeugter Protestant gegenüber dem Protestantenverfolger Franz Christoph zu nichts mehr herbeiließ und so die Angaben über die Kinder Pauls und seiner Gemahlin Regina von Windischgrätz, für welche die Seiten 4749 und 4750 vorgesehen waren, ausblieben. Georg Moshamer, der vom Grafen Franz Christoph den Auftrag hatte, eine Zusammenfassung von dessen überdimensionierter Khevenhüller-Historie in Gestalt einer Khevenhüller-Chronik zu machen („Genealogia und Beschreibung aller der Khevenhüller und Khevenhüllerin von Aichelberg und Sumereck, wie auch zue wemb und wer sie zue ihnen verheuradt, durch Georgen Mohshamer auss Herrn Graffen Frantz Christophen Khevenhüller Khevenhüllerischen Hystory gantz khürtzlichen in diss Compendio getzogen") und diesen Auszug laut Datum seiner Widmung an den Grafen am 9. 8. 1625 vollendete, nennt in Ermangelung von etwas Besserem falsche Namen und Geburtsdaten der Kinder Pauls. Der Graf selbst entschuldigt sich in seiner Khevenhüller-Historie am Beginn des dritten Teils, der das 17. bis 19. Buch umfaßt, für dessen durch Mangel an Nachrichten bedingte Kürze von nur 91 Seiten mit den Worten: „Die Ursach aber, warumb man hierinnen nit so ausfierlich als in den andren beyden Tafeln tractiert, sein zwo: die erste, das die maisten Historien vorher einkhommen und man sich in disem driten Thaill allein dahin referiert; und zum andren das mir Grafen Khevenhiller meine Vettern absteigender Lini nit mit denen notturftigen Schriften, wie ich woll gebetten und ghern gesechen, assistiert."
Wenn sich Graf Franz Christoph Khevenhüller in der Dedikationsadresse seiner „Annales Ferdinandei" an König Ferdinand III. vom 25. 7. 1636 darauf bezieht, daß er mit großer Mühe und Arbeit eine Universal-Historie von 200 Jahren her zur eigenen Unterrichtung und aus Wißbegierde während seiner 14jährigen spanischen Gesandtschaftszeit zusammengetragen habe, so war damit zweifellos auch das Studium der Kärntner Geschichte im weiteren Rahmen einer Habsburger-Geschichte gemeint; denn in diesem Land waren die Khevenhüller laut dem von Franz Christoph vielfältig benutzten Tagebuch des Grafen Hans V. Khevenhüller[w], das Graf Georg Khevenhüller 1971 publizierte, seit 200 Jahren in landesfürstlichen

Diensten gestanden, wie in einer Eingabe Hans' V. an König Maximilian II. vom 1. 1. 1563[t] zu lesen ist. Im übrigen versteht Graf Franz Christoph Khevenhüller unter einer Historia universalis, einer Universalgeschichte, das, was er in den „Annales Ferdinandei" der Öffentlichkeit dargeboten hat, d. h. Habsburger Geschichte im Rahmen der europäischen politischen Entwicklung. Denn nach Abschluß des Drucks von zwei Dritteln seiner „Annales Ferdinandei" im Jahre 1645, von denen er 50 Exemplare für Kaiser Ferdinand III. und seine Minister herstellen ließ, überreichte er diesem mit einer an den Monarchen gerichteten Dedikationsadresse vom 31. 12. 1645 die ersten 8 die Jahre 1578—1585 umfassenden der 60 Bücher seiner Universalgeschichte von der Geburt bis zum Tod Kaiser Ferdinands II. in lateinischer Sprache („Historiae universalis ab ortu usque ad decessum Ferdinandi secundi Augustissimi imperatoris libri 60 auctore Francisco Christophoro Khevenhillero comite in Franckenburg etc."), zu deren Herstellung er sich laut seinen an den Kaiser gerichteten Ausführungen infolge der starken Nachfrage vieler Interessenten und zum Zwecke der Verbreitung des Werkes in das nicht deutschsprachige Ausland veranlaßt sah. Diese Universalgeschichte enthält aber auch nichts anderes als die „Annales Ferdinandei", ist lediglich diesen gegenüber ein klein wenig kürzer gefaßt, wie schon ein Vergleich der Jahreszusammenfassung, des Summariums, für 1578 zwischen beiden Werken augenscheinlich macht, indem in der lateinischen Fassung einige Örtlichkeiten und Bemerkungen weggelassen sind, die in der deutschen erscheinen.

Wir erwähnen diesen Unterschied zwischen den zwei Ausgaben und die Bedeutung des Begriffes Universalgeschichte für den Grafen Franz Christoph Khevenhüller, weil es auch von seiner Khevenhüller-Historie eine lateinische Fassung wenigstens der ersten 14 Bücher gibt, die in dieser eine andere Numerierung, nämlich von 3—16 (statt 1—14) tragen und in deren Überschriften im Gegensatz zur deutschen Fassung, die nur von dem im jeweiligen Buch behandelten Khevenhüller und dessen Kindern redet, meist auch erwähnt wird, daß die Geschichte der gleichzeitigen Landesfürsten Kärntens mitenthalten ist. Diese Inhaltsangabe erweitert sich im 15. Buch, der Geschichte Christoph Khevenhüllers (1503—1557), neben den Fürsten auch auf die Landeshauptleute Kärntens, da Christoph selbst diese Funktion inne hatte, und mündet im 16. Buch, der Lebensbeschreibung des langjährigen kaiserlichen Gesandten am spanischen Hofe Hans V. Khevenhüller (1538—1606), der in der Zählung der Khevenhüller-Historie die (unrichtige) Ordnungszahl VII trägt, in einer Darstellung der denkwürdigen Ereignisse seiner Zeit beinahe auf der ganzen Erde („sui temporis memorabiliora per universam quasi terrarum orbem gesta"). Mit diesem Buch sind wir aber auch chronologisch bei der „Historia universalis", dem Schwesterwerk zu den „Annales Ferdinandei", angelangt, denn aus dem Text desselben sind verschiedene Partien in diese lateinische Universalgeschichte der Zeit Kaiser Ferdinands II. (1578—1637) übergegangen, wie aus der deutschen Fassung des genannten Buches der Khevenhüller-Historie in die deutschen „Annales Ferdinandei", die ja Graf Franz Christoph Khevenhüller laut seiner Angabe in der Dedikationsadresse der Historia universalis zuerst und vor dieser verfaßte. Auch bediente sich der Graf bei der Erstellung des lateinischen Textes mehrerer Mitarbeiter, wie er in der Dedikation sagt. Wir sehen jedenfalls, daß Habsburger-Geschichte vom Grafen Franz Christoph sozusagen als Universalgeschichte angesehen wird. Da die Habsburger aber seit 1335 Landesfürsten von Kärnten waren und in der Khevenhüller-Historie des Grafen Franz Christoph laut den lateinischen Überschriften vieler und dem Inhalt aller Bücher deren Geschichte mitenthalten ist, stellt schon die Khevenhüller-Historie auch eine Habsburger-Geschichte und damit bis zu einem gewissen Grade Universalhistorie im kleinen dar. Auch hier ist der lateinische Text gegenüber dem deutschen an manchen Stellen etwas knapper gehalten, ebenso wie bei dem Verhältnis zwischen „Historia universalis" und „Annales Ferdinandei".

Wenn die Habsburger, wie wir eben betonten, bekanntlich seit 1335 Landesfürsten in Kärnten waren, wie mochte es da sein, daß die Khevenhüller nach dem oben wiedergegebenen Wortlaut der Dedikation der Khevenhüller-Historie des Grafen Franz Christoph an seinen Stiefbruder und Vetter Paul schon seit 1278 in habsburgischen Diensten standen, als noch die Spanheimer in Kärnten regierten? Dies mag ein aufmerksamer Leser fragen, und er ist damit auf einen großen Mangel der Khevenhüller-Historie und der aus ihr hervorgegangenen Khevenhüller-Chronik gestoßen, deren Bilder wir hier veröffentlichen. Erst im 15., 16. und 17. Buch alter Zählung von 1619, bzw. im 13., 14. und 15. Buch neuer Zählung von 1623, betreten wir in des Grafen Franz Christoph Khevenhüller-Historie gesicherten historischen Boden. Denn erst bei der Geschichte Christoph Khevenhüllers (1503—1557) kann sich Franz Christoph darauf berufen, daß er sie „aus seinen von aigner Handt geschribnen Commentariis mit Fleis getzogen und in eine Ordnung gebracht“ habe, wie es auf Seite 360[ö] seines Werkes heißt, während wir auf Seite 566[ö] in der Überschrift des 14. Buches, das Hans V. (bzw. VII. nach der Zählung Franz Christophs) gewidmet ist, lesen, daß „darinnen auch die denckhwürdtigisten Geschefft und Geschichten, so seinerzeit fast in gantzer Welt gehandlet worden und sich zuegetragen, begriffen werden, alles aus seinen Handtbüechern und Prothocolen auf's khürtzest getzogen.“ Dieses Buch reicht laut Angabe auf Seite 562[ö] bis Seite 1357, umfaßt also insgesamt 792 Seiten, das 15., dem Grafen Barthelmä Khevenhüller gewidmete von Seite 1358 bis 2030 aber 673 Seiten, da ja das 16. Leben und Leistungen des Grafen Franz Christoph Khevenhüller selbst behandelnde Buch auf Seite 2031[f] seines Werkes beginnt. Ersteres, das samt dem Schluß des 14. Buches (ab Seite 1081) von dem hier behandelten Exemplar nicht aufgefunden werden konnte, nennt sich[ke] „History Beschreibung Bartholome Khevenhüller des Andern diss Nahmens von Aichelberg, darinnen seine Raissen, Geschäften, auch andere in Teutschlandt, Ungern und deroselben umbliegenden Ländern vorgeläuffene Geschichten sambt seiner dreyen Gemahlin und mit ihnen ertzeugeten Khindern Lebensläuff begriffen, alles auss seinem Raissbüch und Calendern mit Fleis auf das khürrtzeste aussgetzogen“, letzteres nicht weniger als 2340 Seiten umfassende Buch, für das bekanntlich des Grafen Mitarbeiter Georg Moshamer als Autor zeichnet, da der Graf nicht selbst sein eigenes Leben beschreiben wollte — obwohl er es natürlich tat —, trägt den Titel „Beschreibung Frantzen Christophen Khevenhillers zu Aichelberg, Gravens zu Franckenburg, Lebenslauf und was sich beyläufig darinnen und zur selben Zeit sowoll in aignen Gescheffften, anbefohlenen Verrichtungen und denckwürdigen Geschichten als andern sehr nutzlich zu wissenden Negotiationen zugetragen, sambt einer kurtzen Verzeichnuß seiner Reisen, wie es Georg Moshamer aus wolgedachten Herrn Graven Schrifften und Verzeichnuß mit großem Fleis getzogen und er Herr Grav es zu Continuirung der vorhergehenten Historien hieher setzen laßen. Das sechtzehende Buech.“

Darüber hinaus kann sich an von ihm genannten authentischen Quellen Graf Franz Christoph Khevenhüller noch im 18. Buch bei Freiherrn Georg Khevenhüller (1534—1587) zweier Briefe desselben bedienen; ferner bringt er von Franz I. (1535—1561) auf Seite 4704—4736 die „Beschreibung Frantzen Khevenhillers Lebenslauf, wie er's in einer Vertzaichnuß selbst beschriben, die ich Frantz Christoph Khevenhiller alsdann in die Ordtnung hierundter gesetzt“. Und im 19. Buch sagt er von Freiherrn Franz II. Khevenhüller (1562—1607): „Er hat bis auf das [15]94. Jar sein Leben nachfolgender Gestalt selbst beschriben“ und zitiert diese Quelle dann im Wortlaut.

Aber die in den Büchern 1—5, 9 und 10 behandelten Khevenhüller haben nie existiert, der im Buch 6 hat nicht Hans geheißen und ist erst um 1355 aus seiner fränkischen Heimat in die Stadt Villach eingewandert, um dort Bürger zu werden. Sein im Buch 7 behandelter Sohn Hans I. (bzw. II. der Khevenhüller-Historie) kommt 1396 zum erstenmal urkundlich vor, und eher ist die Familie in Kärnten nicht bezeugt. Er war ein reicher Tuchhändler

und blieb bis zu seinem Tode im Jahre 1425 (nicht 1380) Villacher Bürger, obwohl er es schon bis zur Stellung eines Burggrafen des Bischofs von Bamberg in Federaun brachte. Hans II. (III.) gelang 1427 der Erwerb der Burg Aichelberg und der wirkliche Aufstieg in den Adel. Er starb 1437 oder 1438 (nicht 1398) ziemlich frühzeitig und hinterließ drei Söhne, die einander in den Lehen folgten, Hans III. (IV.), gestorben 1460 (nicht 1439), Rudolf, gestorben 1466 (nicht 1496), der entgegen den Meldungen des 11. Buches der Khevenhüller-Historie keineswegs Landeshauptmann von Kärnten war und ebensowenig an der nie stattgefundenen Villacher Türkenschlacht von 1492 teilnahm, und Ulrich, gestorben 1492 (nicht unverheiratet 1473), dem Hans' III. Sohn Augustin folgte, mit dem wir besseren historischen Boden betreten, weil sein Sohn Christoph aufgrund von dessen Bibeleinträgen über seine Kinder deren Geburtstage dem Grafen Franz Christoph richtig überlieferte, wenngleich sein Sterbejahr nicht 1519, wie die Historie meint, sondern 1516 war. Weiters gab es weder einen Wilhelm Khevenhüller im frühen 15. Jahrhundert, der im 9. Buch der Khevenhüller-Historie mitbehandelt ist, noch den Hans V. des 10. Buches, noch einen angeblichen Sohn Rudolfs namens Ulrich II., sondern Wolfgang (†1536) und Siegmund II. (†1561) zu Wernberg waren Sohn und Enkel des einen 1492 gestorbenen Ulrich, der aber keineswegs auch einen Martin zum Sohn hatte, der es angeblich bis zum Salzburger Domherrn brachte, aber in deren Registern nicht aufscheint.
Jedoch gibt es aus der Zeit des Landeshauptmannes Christoph Khevenhüller (1503—1557) in Gestalt einer Galerie gute bildliche Quellen der wirklich in Kärnten bis dahin nachweisbaren Khevenhüller, die wir als Quelle erster Ordnung herausstellen möchten. Es war das um 1550 eine Zeit, als noch nicht Prädikanten und Lakaien die Familientradition der Khevenhüller verfälschten, und Landeshauptmann Christoph Khevenhüller, der als erster aus seinem Geschlecht historische Aufzeichnungen hinterließ, die sein Enkel Franz Christoph für das 13. (bzw. 15.) Buch seiner Khevenhüller-Historie benutzte, kannte sich in der Geschichte seines Geschlechtes aus, so daß er auf seinem schon vor seinem Tode nach der Gepflogenheit jener Zeit in der Villacher Pfarrkirche errichteten Epitaph seine Ahnen bis zu den väterlichen und mütterlichen Großeltern wahrheitsgemäß aufzeichnen ließ, ohne auch nur in Erwägung zu ziehen, daß einmal Epigonen die Unwürde besitzen könnten, seine mütterliche Großmutter aus dem Geschlechte der Zilhart zur väterlichen Großmutter zu machen und seine väterliche Großmutter aus dem Geschlechte der Lindegg zur Urgroßmutter, weil es ihnen nötig erschien, einen Hans V. in die Familiengeschichte einzufälschen. Landeshauptmann Christoph Khevenhüller kennt auch nur je einen Hans I., II. und III. Khevenhüller, genauso, wie wir das den historischen Quellen erster Ordnung entnehmen, und keinen mehr. Nur hat er sich durch das bereits 1518 erschienene lügenhafte Turnierbuch Georg Rüxners, das unter den Teilnehmern des 10. Turniers zu Zürich 1165 „Sigmund Käffernmüller von Eicherberg" nennt, dazu verleiten lassen, seinem ersten Hans Khevenhüller (Abb. 1, S. 20) die von Rüxner genannte Jahreszahl 1165 hinzuzufügen, war allerdings nicht bereit, den Vornamen Siegmund zu akzeptieren, da er genau wußte, daß diesen erstmals in seiner Familie sein jüngerer Bruder Siegmund 1507 bekommen hatte, weil er am Siegmundstag zur Welt gekommen war. Er gibt auch Hans II. (Abb. 2, S. 20) das fast richtige Sterbedatum 1434 statt 1437 und Hans III. (Abb. 3, S. 20) richtig 1460, nennt auch dessen Brüder Rudolf (Abb. 4, S. 20) und Ulrich (Abb. 5, S. 20) und sonst keine mehr. Für ersteren läßt er 1474 als Sterbedatum anbringen, wenngleich derselbe schon 1466 starb, für letzteren 1494, wobei anzunehmen ist, daß dieser 1492 das Zeitliche segnete. Nur sie steckt er in Harnische, da sie an kriegerischen Ereignissen teilnahmen und zum mindesten letzterer zum Ritter geschlagen worden war. Darüber hinaus läßt er nur die beiden Vertreter der Wernberger Seitenlinie, Ulrichs Sohn Wolfgang (1481 bis 1536), dessen Bild 1822 laut Inventar[k] vorhanden war, aber schon seit langer Zeit fehlt,

und dessen Sohn Siegmund II. (1515—1561), mit dem die Linie erlosch (Abb. 11, S. 21), porträtieren, weil es keine weiteren männlichen Vertreter des Geschlechtes seit mehr als 100 Jahren gab, und beschränkt sich im übrigen auf seinen Vater Augustin (Abb. 7, S. 21), dessen Sterbejahr er mit 1517 statt 1516 fast richtig angibt, und seine Brüder Georg (1499—1531, Abb. 8, S. 21), Ludwig (1502—1531, Abb. 9, S. 21), Hans IV. (1505—1538), der als Kriegsmann richtig im Harnisch abgebildet wird (Abb. 10, S. 21), Siegmund (1507—1552), dessen Bild die Jahreszahl 1550 („mit 43 Jahren") trägt (Abb. 6, S. 20) und damit zeigt, um welche Zeit diese Serie entstand, und Bernhard (1511—1548, Abb. 12, S. 21). Christophs eigenes Porträt (Abb. 41, S. 109) ist von besonders hoher Qualität. Wesentlich geringer ist diese bei den beiden der Zeit von Christophs Nachfolger Landeshauptmann Freiherrn Georg Khevenhüller entstammenden Porträts, die in Format und äußerer Form noch zur Serie gehören, wenn sie sich auch zeitlich davon absetzen, nämlich das von Georgs erster Gemahlin Sibylla Weitmoser (†1564, Abb. 13, S. 22), und das seiner zweiten Gattin Anna Turzo (Abb. 14, S. 22), die 1572 mit 26 Jahren samt dem im dritten Lebensjahr stehenden Töchterchen Elisabeth (geb. 1. 11. 1569) gemalt worden sein muß, nicht 1569, wie in der Rahmenpartie des Bildes angegeben ist. Jedenfalls haben wir in den oben genannten 14 Bildern aus der Zeit um 1550 (Abb. 1—12, 41 und Wolfgang) den wahren Khevenhüller-Stammbaum vor uns, wie wir ihn jetzt wieder aufgrund historischer Quellen unter vielen Mühen rekonstruieren mußten. Landeshauptmann Christoph Khevenhüller wußte über sein Geschlecht und dessen Herkunft Bescheid und ließ seinen direkten Vorfahren auch keine Ritterrüstungen anlegen, sondern die Kleidung von vornehmen Vertretern der Stadtadeligen und Patrizier, wie das der geschichtlichen Wahrheit entsprach.
Da trat ein Ereignis ein, das die Khevenhüller veranlaßte, ihren Stammbaum zu verfälschen. Hans V., Christophs ältester Sohn, der von König Maximilian II., an dessen Hof er diente, im Jahre 1562 das Ehrenamt eines Vorschneiders verliehen bekommen hatte, war von einem ungenannten Neider beim König verleumdet worden, er gehöre einer erst emporgekommenen Familie an, keinem alten Adel. Nach der Krönung Maximilians zum König von Böhmen in Prag am 21. 9. 1562 erbat sich daher Hans Urlaub, um mit seinen Verwandten zu Hause diese dem ganzen Namen und Stamm der Khevenhüller angetane unwahre Bezichtigung zu erörtern und Gegenmaßnahmen zu planen. Am 1. Jänner 1563 betonte er schriftlich und mündlich gegenüber dem König, daß die Khevenhüller seit 300 Jahren dem Adel angehörten und seit 200 Jahren als Edle den Habsburgern in vielen Ehrenämtern dienten, wenngleich das erst seit rund 150 Jahren der Fall war. Der König erwiderte, daß er dem falschen Angeber nicht glaube, gab aber dessen Namen weder damals noch später preis und beförderte Hans V. am 26. August zum Kämmerer, womit er seine hohe Wertschätzung für ihn und seine Familie bekundete, wurde Hans V. ja dann auch sein langjähriger Gesandter am spanischen Hofe.
Durch die den Khevenhüllern angetane schmachvolle Bezichtigung sah sich aber besonders Georg Khevenhüller, Hansens Vetter, seit eben dem Jahre 1562[s] Landesverweser von Kärnten, der bald nach Beginn des Jahres 1565[s] Landeshauptmann wurde, in seiner und seines Geschlechtes Ehre gekränkt und unternahm nun alles, um weiterer Verunglimpfung den Boden zu entziehen. Das geschah einerseits durch die Besorgung großer landesfürstlicher Gunstbeweise, begonnen mit der Landeshauptmannschaft für ihn selbst, über das am 13. 3. 1565[w] ihm und seinen drei Vettern Hans, Barthelmä und Moritz Christoph unter Hinweis auf deren „adelich trefflich alt Herkhomen" von dem seit 1564 Innerösterreich regierenden Erzherzog Karl verliehene Erblandstallmeisteramt in Kärnten, das jeweils der Älteste, in diesem Falle der 1533 geborene Georg selbst, innehaben sollte, ein Ehrenamt für „löbliche, ehrliche, wohlverdiente, alte Geschlechter", bis zur Verleihung des in den Urkunden von 1565 vorweggenommenen Freiherrnstandes durch Kaiser Maximilian II. im Feldlager

1: Hans I., ca. 1360—1425

2: Hans II., ca. 1385—1437

HANS KHEVENHVLLER VON AICHELBERG IST
DVRCH KHAISER FRIDRICH AZV RAM ZV
RITTER GESCHLAGEN WORDEN GESTORBEN
IM 1 4 6 0 IAR

3: Hans III., † 1460

RVEDOLF KHEVENHVLLER RITTER KHAY MT
DIENNER GESTORBEN IM 1 4 7 4 IAR

4: Rudolf, ca. 1420—1466

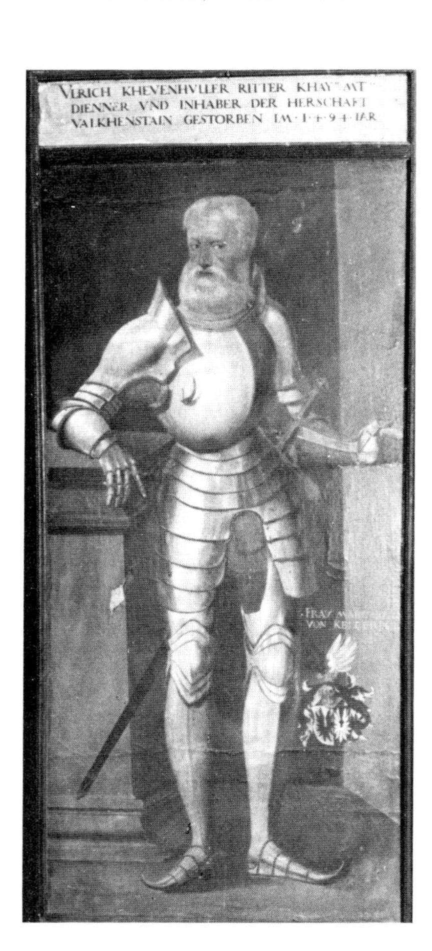

VLRICH KHEVENHVLLER RITTER KHAY MT
DIENNER VND INHABER DER HERSCHAFT
VALKHENSTAIN GESTORBEN IM 1 4 9 4 IAR

5: Ulrich, ca. 1430—1492

6: Siegmund I., 1507—1552

Die Ahnengalerie des Landeshauptmanns Christoph Khevenhüller, um 1550

7: Augustin I., 1453—1516

8: Georg, 1499—1531

9: Ludwig, 1502—1531

10: Hans IV., 1505—1538

11: Siegmund II., 1515—1561

12: Bernhard, 1511—1548

Die Ahnengalerie des Landeshauptmanns Christoph Khevenhüller, um 1550

13: Sibylla geb. Weitmoser, 1538—1564,
Georgs II. erste Gattin

FRAV ANNA GEBORNE TVRZIN
FREŸN HERRN GEORGEN KEVENHVLLERS
FREIHERNS·ZO·EGEMAHL IM·1569·IAR

14: Anna geb. Turzo, 1546—1607,
Georgs II. zweite Gattin, mit
Tochter Elisabeth, geb. 1569

15: Blanka Ludmilla geb. Thurn, † 1595,
Barthelmäs zweite Gattin

vor Raab am 16. 10. 1566[w] an ihn und seine drei Vettern „in Anbetracht der angenehmen, ansehnlichen, nützlichen und mannigfaltigen getreuen Dienste, welche die Khevenhüller als ehrliche Ritterliche vom Adel, wie uns glaubwürdig vorkommt, von vielen uralten Zeiten und unvordenklichen Jahren weiland unseren Vorfahren im heiligen Reich, auch Königen zu Ungarn und Böhmen und Erzherzogen zu Österreich, unter Aufbietung ungesparten Fleißes, auch Gutes, Blutes und alles ihres Vermögens allezeit gehorsamlich und nützlich erzeigt und bewiesen haben", wie der Kaiser zum Ausdruck bringt. In dieser Urkunde werden dann im einzelnen die Leistungen bestimmter Khevenhüller aufgeführt. Dazu ist zu bemerken, daß die Verdienste Hans Khevenhüllers um Kaiser Friedrich III. und der in Rom 1452 vom Kaiser zuteil gewordene Ritterschlag für den 1460 gestorbenen Hans III. zutreffen können, allerdings seine behauptete Teilnahme an der Türkenabwehr unhistorisch ist, ferner, daß sich der 1492 gestorbene Ulrich schwerlich um den 1493 erst seinem Vater gefolgten und 1508 Kaiser gewordenen Maximilian I. lange Jahre verdient gemacht haben und von diesem zum Ritter geschlagen worden sein kann, sondern hier bereits der nie ins Dasein getretene, angeblich 1494 mit Anna von Kellerberg verehelichte „Ulrich II." gemeint sein muß, der inzwischen in die Khevenhüller-Genealogie eingefälscht worden war. Die Verdienste Wolfgangs, der 1536 das Zeitliche segnete, um König Philipp von Spanien und Kaiser Karl V. mögen zutreffen, aber selbst noch in der Generation von Georgs Vater Siegmund und Onkel Christoph wird Ludwig neben Hans IV. angedichtet, er sei im Kampf gegen die Türken vor Clissa gefallen, obwohl dies nur 1538 für letzteren zutrifft, ersterer aber bei einem Sturm auf das Kastell Mailand zum Krüppel geschossen worden war und deshalb am 15. 9. 1528[s] von König Ferdinand I. eine Edelmannspfründe auf das Stift Admont erhalten hatte.
Da also Angaben gegenüber der kaiserlichen Kanzlei, selbst wenn sie dann in einem kaiserlichen Freiherrnbrief Platz fanden, so wenig der historischen Wahrheit zu entsprechen brauchten, wie dieses Beispiel zeigt, konnte Georg Khevenhüller es wagen, die Genealogie seiner eigenen Familie ungestraft entscheidend zu verfälschen. Das tat er offenbar sofort, nachdem ihm im Herbst 1562 sein Vetter Hans V. von der Verunglimpfung der Khevenhüller und der Anzweifelung ihrer altadeligen Herkunft am Hofe König Maximilians II. Mitteilung gemacht hatte, so daß schon bei der Bewerbung um den Freiherrnbrief von 1566 wesentliche Ergebnisse dieser „Belebung" des khevenhüllerischen Stammbaums vorgelegen haben müssen. Dabei half ihm offensichtlich der Kärntner angebliche Historiker jener sechziger und frühen siebziger Jahre des 16. Jahrhunderts, der 1570[ä] bezeugte Veit Hard, der sich unter Nachäffung des Namens des bedeutenden Historikers des 14. Jahrhunderts aus dem Franziskaner-Orden Johann von Winterthur oder Johannes Vitoduranus „Johannes Franciscus Vitoduranus" nannte und einen Katalog der österreichischen Hauptleute aus Kärnten, d. h. der Kärntner Landeshauptleute unter österreichischer Herrschaft (seit 1335) abfaßte, aufgrund dessen zweifellos Landeshauptmann Freiherr Georg Khevenhüller gegen 1575 in dem damals von ihm völlig neu erbauten Schlosse Wernberg eine heute nicht mehr erhaltene Galerie dieser Landeshauptleute, an deren Ende er selbst stand, anbringen ließ, so daß der Sekretär der Kärntner Landschaft Sebastian Sonntag für den von den Kärntner Landständen 1578 mit einer Darstellung der Geschichte Kärntens betrauten Prädikanten Georgs auf Hochosterwitz, Michael Gothard Christalnick, darüber ein Verzeichnis aufstellen konnte[n].
Aus Veit Hards Katalog der österreichischen Hauptleute wird Georg Khevenhüller vor allem entnommen haben, daß sich Mitglieder des Geschlechts derer von Aufenstein als Kärntner Landeshauptleute große Verdienste erworben haben, so schon der erste dieses Katalogs, Friedrich von Aufenstein, wie ihn Hieronymus Megiser in seiner voll auf der Kärntner Historie Christalnicks aufgebauten 1611/12 in Leipzig erschienenen „Chronica des löblichen Ertzhertzogthumbs Khärndten" unter Bezugnahme auf den Kärntner Vitoduranus schildert

und seine ernsten Bemühungen um die Verteidigung Kärntens gegen die angeblich 1343 in Kärnten eingefallene Herzogstochter Margarete Maultasch hervorhebt, deren in Wirklichkeit nie stattgefundene Siege über die Kärntner mit der Uneinnehmbarkeit von Hochosterwitz geendet haben sollen, so daß ihr Freiherr Georg Khevenhüller 1580[w] sogar auf dem künstlichen Hügel zu Füßen des Burgbergs, der „Maultaschschütt", ein Denkmal setzen ließ, das heute noch steht. Bei der Uneingeweihtheit der Hofkanzleien konnte es auch dahin kommen, daß Erzherzog Karl, seit 1564 Herrscher von Innerösterreich und großer Gönner des Landeshauptmannes Freiherrn Georg Khevenhüller, diesem als seinem geheimen Rat und obersten Kämmerer am 28. 5. 1571[w] nicht nur Hochosterwitz zu eigen gab, sondern ihm und seinen Vettern sowie deren Nachkommen gestattete, sich als Herren (bzw. Frauen) auf Hohen-Osterwitz zu bezeichnen und das Wappen der Aufensteine, einen Uhu, zu führen, weil diese hievor die Herrschaft Hochosterwitz innegehabt hätten; das geschah, obwohl weder Christalnick noch Megiser es anders wissen, als daß die Schenken von Osterwitz bis 1478 Inhaber dieser Herrschaft gewesen sind, wie das auch der Wahrheit entspricht. Lediglich aus der Tatsache, daß der erste Kärntner Landeshauptmann nach dem 1335 geschehenen Übergang Kärntens an Österreich, Friedrich von Aufenstein, angeblich gegen die der Sage nach Kärnten und schließlich Hochosterwitz angreifende Margarete Maultasch kämpfte, konstruierte man in jenem Wappenbrief Erzherzog Karls für Georg Khevenhüller und seine Vettern einen ehemaligen Besitztitel der Aufensteiner an Hochosterwitz, obwohl so etwas nicht einmal die Kärntner Geschichtsklitterer der zweiten Hälfte des 16. Jahrhunderts, Veit Hard und Michael Gothard Christalnick, behauptet hatten. Wie leicht mußte es unter diesen Umständen sein, die Khevenhüller-Genealogie im Sinne alter Adelszugehörigkeit zu verfälschen und so dem regierenden Fürsten, sei es dem Kaiser, dem König oder dem Erzherzog, Sand in die Augen zu streuen.

Daher konnte es Georg Khevenhüller wagen, obwohl Christalnick und der von ihm als Gewährsmann herangezogene Hard klagen, vor Friedrich von Aufenstein und dem Beginn der österreichischen Herrschaft in Kärnten im Jahre 1335 keinen Landeshauptmann daselbst historisch feststellen zu können, diesen ersten ihm bekannten Aufenstein zu nehmen, nicht nur um dessen Wappen als nunmehriger Herr auf Hochosterwitz verliehen zu erhalten, sondern auch aus seiner Vorfahrenschaft eine angebliche Othild von Aufenstein zu konstruieren und sie, obwohl die Aufensteiner erst gegen Ende des 13. Jahrhunderts nach Kärnten gekommen sind, dem aus Rüxners Turnierbuch bekannten angeblichen ältesten Khevenhüller, dessen von Christoph Khevenhüller noch abgelehnter Vorname Siegmund nun akzeptiert wird, als Gemahlin anzuhängen und selbst mit der Jahreszahl 1148 die Angabe 1165 des Turnierbuchs für dessen Turnierteilnahme in Zürich in den Wind zu schlagen. Das tat Georg Khevenhüller bereits in dem großen gemalten Stammbaum (Abb. 32, S. 78), den er laut Inschrift 1568 zusammengetragen hatte und der jetzt im Nordischen Museum in Stockholm aufbewahrt wird, weil er durch Freiherrn Paul Khevenhüller (1593—1655) nach Schweden gekommen ist, ebenso in dem 1571 auf sein Geheiß danach gezeichneten Stammbaum, den sein Vetter Freiherr Hans V. Khevenhüller 1573 in Kupfer stechen ließ (Abb. 22, S. 55)[l], während sie in seinem kleinen 1583/84[n] von ihm geschaffenen und eigenhändig aufgezeichneten Geschichtswerk[k] über die Khevenhüller „Der Herren Khevenhüller Leben Beschreibung" Mechthild heißt. Für den zwischen diesem angeblichen Khevenhüller-Ehepaar des 12. Jahrhunderts und den ersten Khevenhüllern des 14. Jahrhunderts klaffenden Zwischenraum machte Freiherr Georg Khevenhüller sowohl im Stammbaum wie noch breiter in seiner Khevenhüller-Lebensbeschreibung die Urkundenverluste anläßlich der Zerstörung Villachs durch Erdbeben im Jahre 1348 und Stadtbrand von 1524 verantwortlich. Trotzdem gelang es ihm, in letzterem kleinen Werke das bis dahin ganz sterile 13. Jahrhundert durch einen angeblich 1220 mit der Witwe Christina von Sternberg verheirateten

Achatz Khevenhüller zu bevölkern, indem er die Heiratsurkunde von deren Tochter Barbara mit Hans von Hohenburg aus dem Jahre 1240, die sich angeblich in der Hand der Hohenburger befand, persönlich gelesen zu haben behauptete.
Zur Überbrückung der Zeit war es auch notwendig, die ersten Khevenhüller weiter in die erste Hälfte des 14. Jahrhunderts hinaufzurücken und zu diesem Zwecke die Zahl der Träger des Namens Hans Khevenhüller von 3 auf 5 zu erhöhen. In allen drei Elaboraten des Freiherrn Georg Khevenhüller, den beiden Stammbäumen und der Khevenhüller-Lebensbeschreibung, wird mit „Hans I." bereits 1332 begonnen, 1367 „Hans II." zum Burggrafen von Federaun gemacht, obwohl das Hans I., der 1396 erstmals urkundlich aufscheint, nicht vor 1416 wurde; dann wird die Heirat von „Hans III." im Jahre 1418 mit Katharina von Pibriach bekanntgegeben, obwohl dies für Hans II. zutrifft, der auch die Burg Aichelberg renovierte, nicht „Hans III.", wie hier behauptet wird. Schließlich wird „Hans IV." 1429 Christina Zilhart zur Frau gegeben und behauptet, von den damals angeblich ausgestorbenen Zilharts stamme der Steinbock auf dem Helm des Khevenhüller-Wappens, obwohl derselbe schon von König Wenzel (1372—1400) Hans I. Khevenhüller samt dem Eichelwappen verliehen wurde und die Zilhartin, die den Vornamen Agatha oder Barbara trug, des 1557 verstorbenen Landeshauptmannes Christoph Khevenhüller mütterliche Großmutter war, vermählt mit Ulrich von Weißpriach[n], auch die Zilharts nicht ausgestorben waren. Gegenüber den Behauptungen der Khevenhüller-Lebensbeschreibung, die wir eben wiedergaben und die den mit Felizitas von Lindegg verheirateten Hans Khevenhüller übergehen,wird in den Stammbäumen behauptet, „Hans I.", dessen Hochzeit die Lebensbeschreibung auf 1332 ansetzt, sei in diesem Jahre schon gestorben, „Hans II." bereits 1362, „Hans III." 1398, „Hans IV.", verehelicht mit Felizitas von Lindegg, erst 1460, der angeblich mit Christina Zilhart verheiratete „Hans V." aber bereits 1426, und dessen Sohn sollte der nach den Stammbäumen 1519, in Wirklichkeit 1516 verstorbene Augustin sein. Man sieht: Die Geister, die Landeshauptmann Freiherr Georg Khevenhüller rief, deren wurde er nicht mehr Herr. Aber so unmöglich stehen die Jahreszahlen in den beiden Stammbäumen. Selbst Marshall Lagerquist, der den Stockholmer Khevenhüller-Stammbaum in „Fataburen" (Schweden) 1960 veröffentlichte, setzt hinter die Zahl 1460 ein „(?)".
In den Stammbäumen gibt es auch als Brüder „Hans' V." den Ritter „Ulrich", Hauptmann über Reiter und Knechte, der angeblich 1422 im Kampf gegen die Türken stand, und Rudolf, geboren 1418 und gestorben 1495, als dessen Sohn ein Ritter „Ulrich II." konstruiert wird, Hauptmann zu Falkenstein, vermählt mit Anna von Kellerberg und gestorben 1493, dessen Sohn Wolfgang zu Wernberg und Enkel Siegmund zu Wernberg im 16. Jahrhundert dann den Tatsachen entsprechen. In der Khevenhüller-Lebensbeschreibung von 1583/84 stirbt Rudolf, der nun als Türkensieger und Landeshauptmann von Kärnten bezeichnet wird, bereits 1488, während der angebliche „Ulrich II." hier erst 1494 heiratet, statt 1493 zu sterben, und 75 Jahre alt wird, ohne daß allerdings eine Jahreszahl genannt ist. Und dann gibt es da Querverweise auf „Barthelmä" Khevenhüller zum Jahre 1440, „Richard" (Reichardt) zu den Jahren 1343 und 1361 sowie „Wilhelm" zu 1395 und auf dessen Tochter, die den Patriarchen von Aquileja erstochen haben soll, als er ihr zu nahe treten wollte. Diese Verweise beziehen sich auf ein Khevenhüller-Exzerpt[k], das der Hochosterwitzer Burgkaplan Michael Gothard Christalnick aus der von ihm 1578—1588 im Auftrag der Kärntner Landstände verfaßten Kärntner Historie für den Landeshauptmann gemacht hatte. Darin paßte nur eines nicht, daß Christalnick ausdrücklich schreibt, die Khevenhüller seien mit Reichardt erst kurz vor 1343 aus Franken in Kärnten eingewandert, eine Meinung, die er noch 1592 in seiner Geschichte der Ortenburger vertritt, wie mir Wilhelm Neumann mitteilt, und an der er festhält. Die obigen von Christalnick neu in die Khevenhüller-Genealogie eingeführten angeblichen Khevenhüller fehlen in den Stammbäumen des Freiherrn Georg Khevenhüller, sind

aber dann von Graf Franz Christoph Khevenhüller in seine Khevenhüller-Historie übernommen worden, weswegen ihrer hier Erwähnung geschehen muß. Christalnick schildert auch Rudolf als Teilnehmer einer nie stattgefundenen großen Türkenschlacht bei Villach von 1492, obwohl er nach des Freiherrn Georg Khevenhüller-Lebensbeschreibung schon 1488 gestorben sein sollte.
Diesen Stand der Dinge kannten offenbar sowohl Barthelmä Khevenhüller, der ja seit 1581 Burggraf von Klagenfurt und dadurch in ständigem engem Kontakt mit seinem Vetter, dem Landeshauptmann Georg, war, wie des letzteren an der Familiengeschichte laut Schreiben Hieronymus Megisers vom 31. 5. 1606[w] interessierter Sohn Franz II. (1562—1607). In Barthelmäs Diensten stand nun seit Georgi (24. 4.) 1599[c] als Privatlehrer (Präzeptor) für seinen damals 11jährigen Sohn Franz Christoph, den späteren Geschichtsschreiber, Tobias Esel (Esellius), der diese Funktion bis 20. 5. 1604[c] ausübte, als er dann mit Barthelmäs Stiefsohn Paul nach Lauingen auf die Universität als Präzeptor ging, wo er noch laut Quittung am 3. 7. 1605[w] war, um dann in gleicher Funktion mit Paul nach Straßburg zu gehen, von wo wir von ihm mit dem Namen Tobias Eisel unterschriebene Gehaltsquittungen vom 14. 3., 1. 5. und 28. 8. 1606[w] vorliegen haben, die an Freiherrn Franz II. Khevenhüller gerichtet sind. Des Grafen Franz Christoph Khevenhüller-Historie schildert denselben Vorgang mit den Worten[f]: „Anno 1604 haben ihn seine Gerhaben [Verwalter seines Erbes] nach Straßburg Studierens halben mit seinem Hofmaister Tobias Euselio geschickht." Vom 30. 6. 1607 bis 30. 9. 1609[w] reichen dann wieder Quittungen und Rechnungen Tobias Eisels über seine Ausgaben als Präzeptor des etwa 1594 geborenen Sohnes Franz' II., Freiherrn Barthelmä II. Khevenhüller, der in Lauingen und Straßburg studierte und auch eine Reise nach Frankreich durchführte, wie des Grafen Franz Christoph Khevenhüller-Historie[f] aussagt. 1613[c] heiratete Tobias Eiselius, wie er in den Rechnungen von 1609[w] heißt, die khevenhüllerische Kammerjungfer Elisabeth, und Graf Barthelmä Khevenhüller bewirtete die Gäste an zehn Tischen.
Dieser Tobias Esel oder Eisel, dessen Namen Graf Franz Christoph Khevenhüller im 1. und 2. Buch seiner deutschen Khevenhüller-Historie mit „Euselius" wiedergibt, während die wenig ältere, offenbar weitgehend von Georg Moshamer besorgte lateinische Fassung an derselben Stelle „Eusebius" schreibt, verfaßte während seiner 14jährigen Tätigkeit in khevenhüllerischen Diensten „Fragmente vom khevenhüllerischen Geschlecht", in denen z. B. laut Zitat auf Seite 4698[f] behauptet wird, die dem Erzherzog Karl von Innerösterreich unterstehenden Lande seien durch die Regierungskunst des Freiherrn Georg Khevenhüller gelenkt worden. Dieser Tobias Esel nun, der sich gern mit dem Namen des berühmten Kirchen-Historikers des 3. Jahrhunderts Eusebius Bischofs von Cäsarea nennen hörte, hat mit seinen Fragmenten für die Khevenhüller-Historie eine unheilvolle Rolle gespielt, wozu er umsomehr in der Lage war, als der Familienhistoriker Graf Franz Christoph Khevenhüller ihn als seinen Lehrer in den entscheidenden Jugendjahren, dem 11. bis 16., sehr schätzte. Mit dem 12. Jahrhundert als Einwanderungszeit der Khevenhüller nach Kärnten wollte man sich nun nicht mehr zufrieden geben. Nein, „wie Tobias Euselius schreibt" bzw. „ut Thobias Eusebius scribit",heißt es im 1. bzw. ursprünglich 3. Buch von des Grafen Franz Christoph Khevenhüller-Historie, daß der erste Khevenhüller, „Richard" („Reichardt") anno 1030 zur Zeit Kaiser Konrads II. mit Bischof Eberhard von Bamberg nach Villach gekommen und dort zum Pfleger oder Amtmann gewählt worden ist. „Sein Vatter hat Hugon gehaissen", heißt es im 1. Buch der deutschen, hingegen „Nomen proprium patris sui nemo certo asserere potest" („Niemand kann den Namen seines Vaters sicher feststellen") im 3. Buch der lateinischen Fassung der Khevenhüller-Historie. Denn als dieses im Jahre 1619 oder auf des Grafen Franz Christoph Anordnung vielleicht schon früher geschrieben wurde, hatte man noch nicht von dem bambergischen Sekretär Daniel Pitl, den die deutsche Fassung der Khevenhüller-Historie als Gewährsmann nennt, die angeblichen bambergischen Salbücher oder Register von 995

(12 Jahre vor der Gründung des Bistums Bamberg!) und „Richards“ vermeintliche Vorfahren Wilhelm, Lukas, David und Hugo, mit denen man später die Khevenhüller-Geschichte gar bis ins Jahr 927 zurückzuverfolgen sich bemühte, kennengelernt, während man sich aber schon auf die den Namen Khevenhüller allerdings nicht nennenden, angeblichen Grabsteine mit dem Eichelwappen der Khevenhüller in der Pfarrkirche zu Künsberg in Franken und im Stift St. Johann im Haug zu Würzburg bezieht, durch welche der alte Adel der Khevenhüller gleichermaßen wie durch ihre Amtmannstellung in Villach erwiesen werden sollte[Ö]. Und wenn man schon Richards Grab nicht finden konnte, so vermutet es die Khevenhüller-Historie im Kloster zu Villach, ‚das bereits dreimal durch Wasser und Feuer verwüstet wurde‘; denn bezüglich des Grabsteins des nächsten angeblichen Khevenhüllers, „Albeg“, der ‚laut einer alten kärntnerischen Chronik‘ anno 1080 mit dem niemals existenten ‚Erzherzog Leopold oder Ludolph aus Kärnten‘ auf dem 8. Turnier zu Augsburg gewesen sein soll, wenn das dortige Turnierverzeichnis auch den Namen Khevenhüller ausgelassen und nur „von Aichelberg“ vermerkt haben soll, bezeugt Tobias Euselius, daß sich viele alte Leute noch an denselben und seine Inschrift erinnern, obwohl dieses ‚eingefallene, jetzt verwüstete Kloster vor 50 Jahren gar zugrunde gegangen ist‘, wie Seite 22[Ö] von des Grafen Franz Christoph Khevenhüller-Historie aussagt. Da Albeg 80 Jahre alt geworden sein soll, sind wir dann schon bei unserem von Rüxner her bekannten Siegmund im 3. (5.) Buch, bezüglich dessen Franz Christoph aber bei dem von diesem Gewährsmann genannten Turnierjahr 1165 bleibt und damit von seinem Onkel Georg (mit 1148) abrückt. Um die Jahrzehnte weiter zu überbrücken, läßt er Siegmund 100 Jahre alt werden, und um den nun im 4. (6.) Buch folgenden „Achatz“ nicht allein auf der angeblich von Freiherrn Georg Khevenhüller gelesenen Heiratsurkunde seiner Tochter von 1240 beruhen zu lassen, läßt sich wieder Tobias Eusebius brauchen, wie er von nun an in der Regel auch in der deutschen Fassung der Khevenhüller-Historie heißt und dessen „Schrift“ (die „Fragmenta vom khevenhillerischen Geschlecht“) von des „Achatz“ Tod im Jahre 1220 berichtet. Für „Richard II.“, der nicht nur als Knabe 1238 an des Herzogs Bernhard von Kärnten siegreichem Kampf gegen den bereits Jahrs zuvor, 1237, verstorbenen Bischof Egbert von Bamberg, sondern auch noch 1278 an der Entscheidungsschlacht zwischen König Rudolf I. von Habsburg und König Ottokar von Böhmen, der dabei Sieg und Leben verlor, auf dem Marchfeld teilgenommen haben soll, müssen dann im 5. (7.) Buch sein angeblicher Grabstein zu Villach im verfallenen Kloster und ‚die alten Schreiben zu Landskron‘ ausweisen, daß er 1290 gestorben sei. Er ist es, den Graf Franz Christoph Khevenhüller in der Dedikationsadresse seines Werkes an seinen Stiefbruder und Vetter Paul vom 31. 12. 1623 im Auge hat, wenn er behauptet, daß die Khevenhüller den Habsburgern bereits 344 Jahre dienen — übrigens ein Beweis, daß diese Widmung schon 1622 konzipiert wurde. Und wer ist wieder laut Seite 84[Ö] der Historie seine Quelle für die Teilnahme „Richards“: „Thobias Eusebius setzt: Hab's in einer alten Schrift, so zu Villach neben andren seinen hiertzue geherigen Sachen verbrunnen, gefunden.“ Das klingt fast wie ein Witz, denn wie konnte Tobias die alte Schrift finden, wenn sie neben andren Sachen „Richards“ verbrannt war? Die hier nun endlich gegebene Antwort auf die Frage des aufmerksamen Lesers, wie Graf Franz Christoph die Zeit der khevenhüllerischen Dienste bei den Habsburgern so weit über den Anfall Kärntens an Österreich im Jahre 1335 hinaufversetzen konnte, ist also sehr zweifelhafter Art.

Doch an den angeblich 1290 gestorbenen „Richard II.“ ließ sich im 6. (8.) Buch von des Grafen Franz Christoph Khevenhüller-Historie „Hans I.“ als dessen Sohn unschwer anschließen, wenn für diesen ‚einem alten Verzeichnis in den kärntnerischen Archiven‘ entnommenen vermeintlichen Vertreter des Geschlechtes das Jahr 1332 als Sterbedatum angenommen wird. „Richard III.“, von dessen angeblichen Taten der Jahre 1343 und 1361 schon Christalnick berichtete, wird zu seinem Bruder gemacht und für „Hans II.“, der dem

wirklichen Hans I. in der Khevenhüller-Genealogie entsprechen würde, 1380 als Sterbejahr angegeben; natürlich liegt er wieder im verfallenen Kloster zu Villach begraben, damit man das Grab ja nicht finden und die Nachricht überprüfen kann. Wir wissen aus dem Kalender der Villacher Pfarrkirche, daß er 1425 daselbst in St. Jakob bestattet wurde[a]. Zur weiteren Überbrückung dient dann sein angeblicher Bruder „Wilhelm", der 1418 in der offenbar erfundenen Türkenschlacht von Radkersburg gefallen sein soll; und dafür, daß dessen Tochter 1402 den Patriarchen von Aquileja, der ihr zu nahe getreten war, erstochen haben soll, werden sowohl „der Historienschreiber Vitoduranus", also Veit Hard, als auch Tobias Eusebius als Gewährsmänner bemüht. Letzterer soll in einer alten Schrift, die ihm Ludwig von Attems zu Liebenfels zum Abschreiben gegeben hatte, die Moritat verzeichnet gefunden haben. Für „Hans III.", der dem wirklichen Hans II. entsprechen würde und dessen Gattin tatsächlich Katharina von Pibriach war, wird 1418 als Hochzeits- und bereits 1423 als Sterbejahr im 8. (10.) Buch vermerkt und von „Hans IV.", Katharinas einzigem Sohn, der unserem Hans III. zum Teil entspricht und 1428, also als Neunjähriger(!), was dem Verfasser nicht auffällt, Felizitas von Lindegg geheiratet haben soll, wird im 9. (11.) Buch behauptet, er habe schon 1439 das Zeitliche gesegnet. Trotzdem soll er vier Söhne, „Hans V.", Rudolf, Ulrich und „Barthelmä", sowie vier Töchter gehabt haben. Ulrich soll 1473 bei einem Ausfall aus dem belagerten Klagenfurt von den Türken niedergehauen worden sein, der von Christalnick erfundene „Barthelmä" 1475 nach einem Türkenkampf ohne Kopf auf der Walstatt geblieben und „Hans V.", von dem das 10. (12.) Buch berichtet, 1480 einer im Türkenkrieg erlittenen Verwundung erlegen sein. Daß im 11. (13.) Buch die großen Leistungen des angeblichen Landeshauptmannes und vermeintlichen Türkensiegers der nie stattgefundenen Villacher Schlacht von 1492, Rudolf, eines Bruders „Hans IV.", bis ins Jahr 1496 breitgetreten werden, kann nicht wunder nehmen, wird doch zu allem Überfluß noch die Grabinschrift von 1496 aus dem alten nun zerfallenen Kloster in Villach im Wortlaut mitgeteilt, die dort angeblich der Grabstein getragen habe.
Rudolfs angeblichen Sohn „Ulrich II." läßt des Grafen Franz Christoph Khevenhüller-Historie gar bis 1546 leben und 75 Jahre alt werden, während wir wissen, daß der einzige Ulrich Khevenhüller 1492 starb. Daß dessen Sohn Wolfgang 1536 das Zeitliche segnete und in St. Jakob beerdigt ist, wo noch heute der Grabstein liegt, weiß auch die Khevenhüller-Historie, die ihn nur fälschlich zum Sohn Rudolfs macht und ihm einen angeblichen Salzburger Domherrn „Martin" zugesellt, der nie existiert hat, aber nach der Historie im Grab seines „Bruders" in der Villacher Pfarrkirche bestattet sein soll, was durch dessen nur auf Wolfgang Khevenhüller bezügliche Grabinschrift als unwahr erwiesen ist. Mit dem 12. (14.) Buch und dem Beginn des 2. Teiles des Werkes münden wir in die überlieferte Geschichte. Aber bis dahin ist es dem Grafen Franz Christoph Khevenhüller immerhin gelungen, über die nicht recht geglückten Versuche seines Onkels Freiherrn Georg Khevenhüller in den Jahren 1568—1584 hinaus die ältere Geschichtsklitterung ziemlich zu adaptieren, so daß ein Uneingeweihter da wenig Bedenken fand, zumal sich sein Werk auf dem Titelblatt von Ende 1623[ö], bis wohin es „vom Reichardt Khevenhiller" an reichte, rühmt, es sei „aus bewerthen und glaubwürdtigen thails in Truckh ausgeferttigten, thails handtgeschribnen Büechern und Historischreibern, Annalibus, auch sowoll offentlichen als privat und gemainen Monumenten, Schrifften, khayserlichen Privilegien und Freyheiten mit sonderm Fleis genommen und in drey Büecher [Bände] ausgetaillet durch Frantz Christophen Khevenhüller Graffen zue Franckhenburg". Ein aus den Lenden von Hugo 995 emporwachsender Stammbaum (Abb. 16, S. 29) zeigt die von Franz Christoph geschaffene Khevenhüller-Genealogie in ihrer Fortführung bis etwa 1740. Wir haben diese ganzen Versuche des späteren 16. und früheren 17. Jahrhunderts zur zweckbedingten Abänderung der wahren Geschichte des Geschlechtes der Khevenhüller deswegen hier vorführen müssen, weil wir doch zu erklären

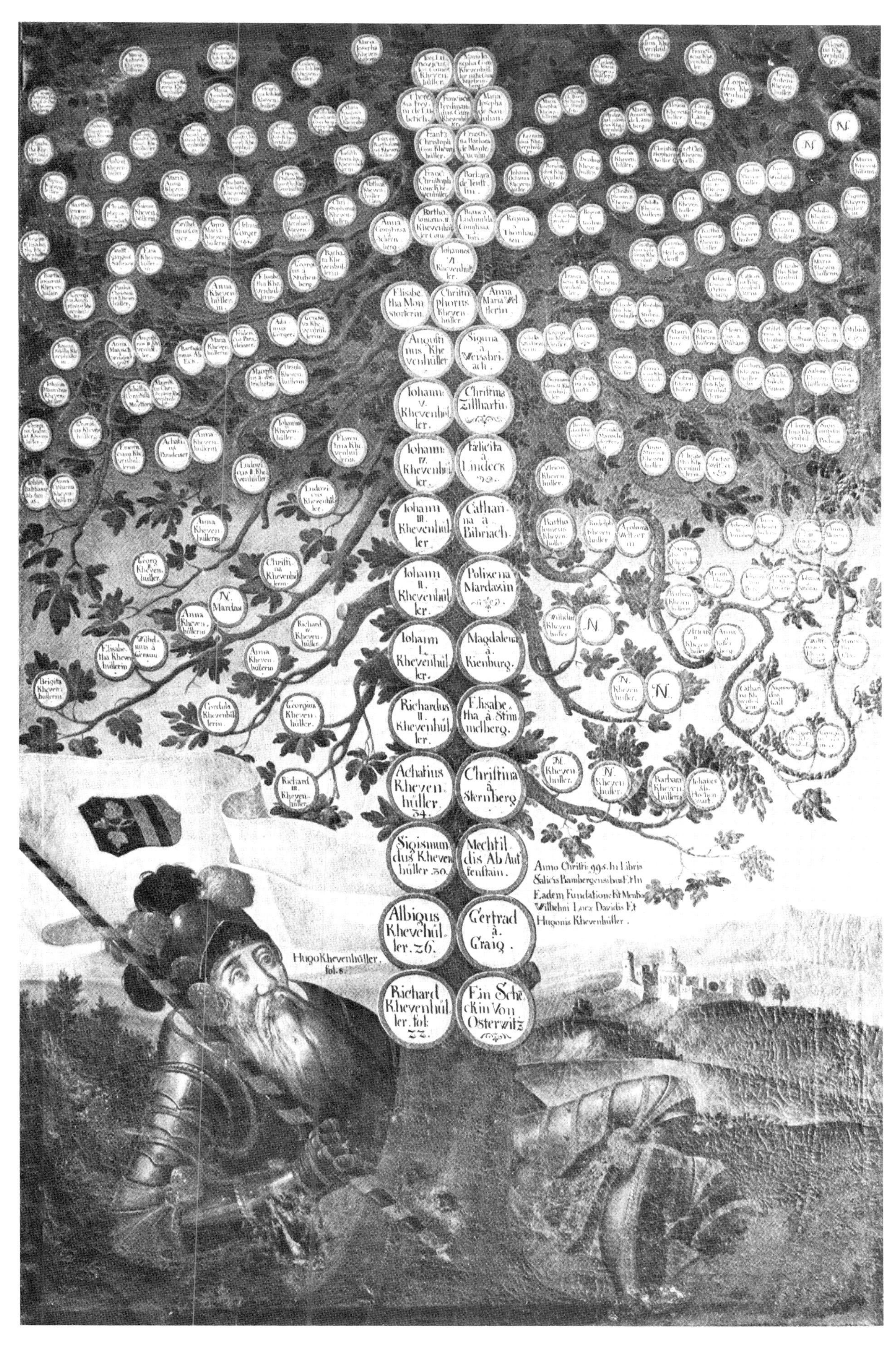

16: Vom angebl. „Hugo, 995" ausgehender Stammbaum der Khevenhüller-Genealogie Franz Christophs

Historia Joannis septimi Keuenhüllen, quae [illegible] [illegible] [illegible] omnia et suis manuscriptis [illegible] collecta

Liber decimus sextus

Vitam Johannis 7. Kheuenhülleri ab Aichelberg, suique temporis memorabiliora per universum quasi terrarum orbem gesta, e suis potissimum manuscriptis lecta comprehendens

1

Liber decimus sextus.

De vita cursu [illegible] propriis et agenis negotiis Joanni Keuenhülleri septimi huius nominis, ex suis manuscriptis collectus.

Joannes Keuenhüller Christophori Keuenhülleri et Ursulae Monstorfferin filius. natus A°. 1538. die martis post Dominicam Palmarum, hoc est 16. mensis Aprilis hora sep^ma vespertina in domo Keuenhüllerorum oppidi Spital dicto, [illegible] à materno Joanne à Monstorf [illegible] secundum maternum auum Joannem Monstorffer ab Oberaus nominatus est.

Virtutes ipsius nec non eruditio et multarum rerum experientia in cursu historiae ita splendet ut de iis particulariter hic tractare opus non sit. Magnanimus praesentiam exhibuit aggradabilem [illegible]

Erat hic eque amabilis ac gravis, natura [illegible] non vario suffragio, statura procerus ac proportionatus, vultu candidus et formosus barba subrufus, in rebus secundis nunquam elatus, in adversis nunquam fractus, ardua periculosaque negotia sapienter prudenterque, minus difficilia tranquille ac feliciter ad exitum perducens. ut ex historia satius constiterit. Post obitum matris [illegible] pater ipsum auiae maternae educandum ad annum usque aetatis undecimum reliquit

[illegible]

17: Anfangsseite der Vita Joannis Khevenhülleri (letzte Korrekturfassung zu Abb. 18)

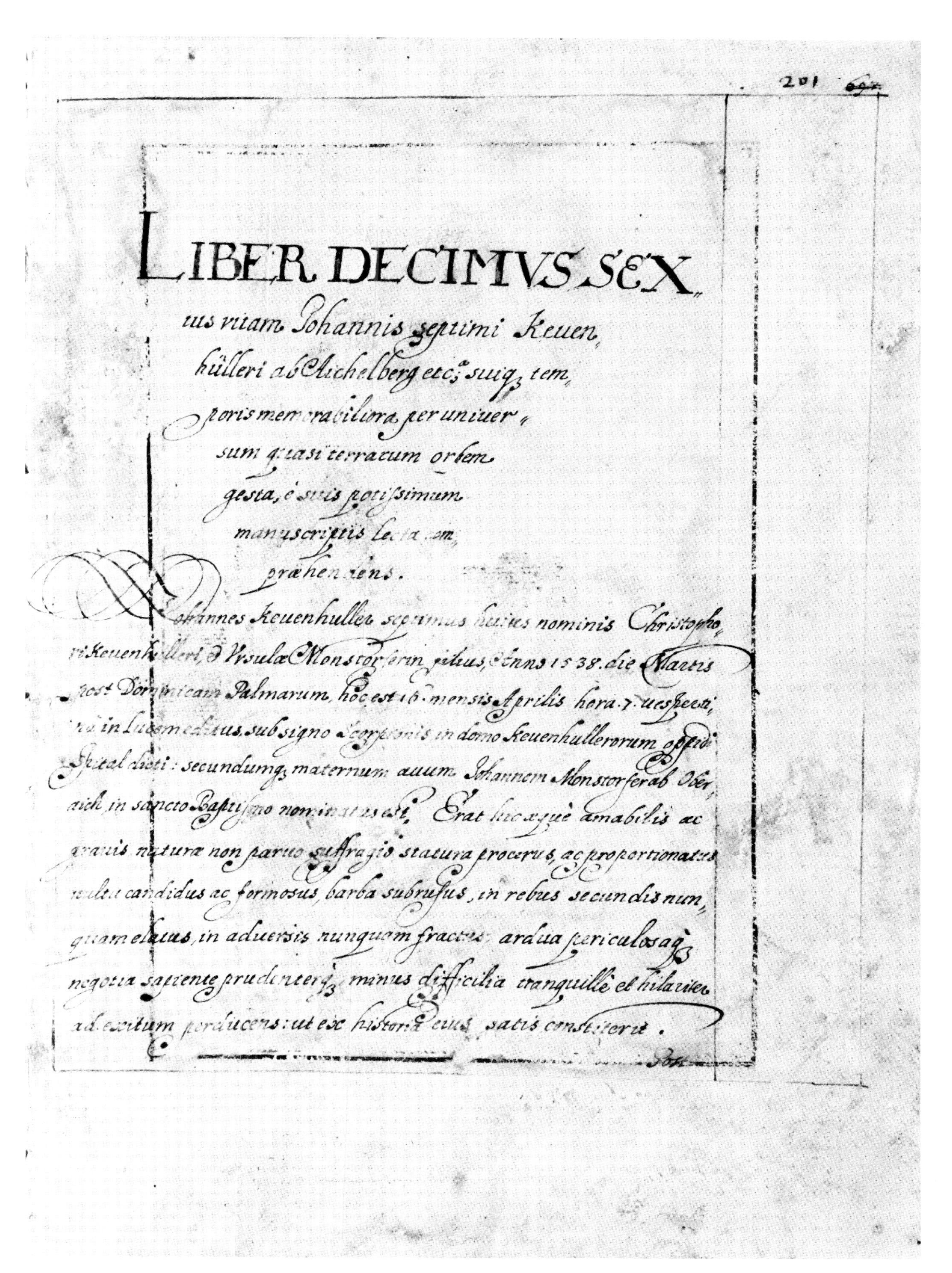

201 69

LIBER DECIMVS SEX-
tus vitam Johannis septimi Keuenhülleri ab Aichelberg etc. suiq; temporis memorabiliora per uniuer-
sum quasi terrarum orbem
gesta, é suis potissimum
manuscriptis lecta com-
præhendens.

Johannes Keuenhuller septimus huius nominis Christophori Keuenhülleri, & Vrsulæ Monstorferin filius, Anno 1538. die Martis
post Dominicam Palmarum, hoc est 16. mensis Aprilis hora 7. uespera,
in Lucem editus, sub signo Scorpionis in domo Keuenhullerorum oppidi
Spital dicti: secundumq; maternum auum Johannem Monstorfer ab Oberaich, in sancto Baptismo nominatus est. Erat hic æquè amabilis ac
grauis naturæ non paruo suffragio statura procerus, ac proportionatus
uultu candidus ac formosus, barba subrufus, in rebus secundis nunquam elatus, in aduersis nunquam fractus: ardua periculosaq;
negotia sapienter prudenterq; minus difficilia tranquillè et hilariter
ad exitum perducens: ut ex historia eius satis constiterit.

18: Anfangsseite der Reinschrift des Hans V. gewidmeten 16. (später 14.) Buches der lateinischen Khevenhüller-Historie des Grafen Franz Christoph

haben, daß 13 von den 47 Tafeln, die wir in diesem Bande veröffentlichen, mit den Khevenhüllern in Wirklichkeit nichts zu tun haben, sondern Fabelfiguren zur Darstellung bringen. Allerdings sind sie wegen der gezeigten Landschaften, Städte und Burgen sowie der Moden interessant. Aber es kommt noch etwas hinzu: Auf 19 der im vorliegenden Bande wiedergegebenen Farbtafeln steht auf der Rückseite der lateinische Text von des Grafen Franz Christoph Khevenhüller-Historie, und sie sind dann in die Khevenhüller-Chronik, die Georg Moshamer im Auftrag des Grafen Franz Christoph Khevenhüller als Extrakt aus dessen Khevenhüller-Historie 1625 vollendete, eingebunden und der Text der Historie auf der Rückseite ist durch jeweilige Aufklebung eines leeren Blattes kaschiert worden. Erst bei der Restaurierung der Khevenhüller-Chronik des Wiener Museums für angewandte Kunst im Jahre 1976 kam dieses Faktum zutage, und wir können in den Fällen, in welchen der lateinische Text der Khevenhüller-Historie des Grafen Franz Christoph noch anderweitig überliefert ist, dies auch beweisen. Wir bilden hier zu diesem Zwecke die Rückseite unserer Tafel 23, die dem Grafen Hans V. Khevenhüller gewidmet ist, mit dem Anfang des 16. (später 14.) Buches ab (Abb. 18, S. 31) und dazu den in der letzten Korrekturfassung gleichlautenden Text am Anfang der Vita Ioannis Khevenhülleri (Abb. 17, S. 30) aus dem Khevenhüller-Depot des Wiener Haus-, Hof- und Staatsarchivs. Im selben Depot liegt auch der Anfang des „Tomus secundus Genealogiae et Historiae Kevenhillerorum ab Aichelberg ab Augustino Kevenhillero ad praesentem usque illius successorem Matthiam rectae lineae“, d. h. des 2. Bandes von des Grafen Franz Christoph Khevenhüller-Historie, der von Augustin Khevenhüller (1453—1516) bis zu des Grafen Franz Christoph zu früh verstorbenem Sohn Matthias (1614—1636) reichen sollte. Er beginnt mit der Überschrift: „Liber duodecimus de Augustino Kevenhillero eiusque liberis tractat compendiosamque descriptionem vitae Imperatoris Maximiliani Primi tanquam archiducis Carinthiae exhibet“, hat also schon hier die jüngere Nummer 12 statt der älteren Nummer 14 für das Buch, welches Augustin Khevenhüller, aber auch der Geschichte Kaiser Maximilians I. gewidmet ist und so von der Khevenhüller-Historie zur Historia universalis reicht. Innerhalb des Bandes beginnt dann auf Folio 134 die „Historia Christophori Kevenhülleri ex suis commentariis propria manu scriptis desumpta, cui adiunximus illam liberorum suorum, principum item et praefectorum Carinthiae. Liber decimus quintus“. Hier ist für die Geschichte Christoph Khevenhüllers, seiner Kinder sowie der damaligen Landesfürsten und Landeshauptleute von Kärnten noch die ältere Ordnungszahl 15 für das betreffende Buch verwendet. Wir stehen also in der Zeit, als Graf Franz Christoph Khevenhüller sich der Geschichte seines Großvaters Christoph zuwandte, an dem Punkte, da man beschloß, die Zählung der Bücher der Khevenhüller-Historie zu ändern, weswegen anzunehmen ist, daß die alte Zählung, welche wahrscheinlich in Buch 1 und 2 die im späteren Buch 1 mit der Geschichte „Richards I.“ zusammengezogenen Einleitungskapitel über die Herkunft des Geschlechts aus Franken und über seine Besitzungen absonderte, während diejenigen über die Wappen und über den Erbhuldigungsakt laut Überschrift zum 3. (später 1.) Buch in der lateinischen Fassung mit enthalten waren, in die Jahre 1619—1621 gehört, was für die Datierung unserer Einblattafeln (mit der alten Zählung auf der Rückseite) wichtig ist.

Wie sich der Umfang der auftragsgemäß erheblich kürzeren Khevenhüller-Chronik zur Khevenhüller-Historie des Grafen Franz Christoph verhält, ist daraus ersichtlich, daß der Anfang des 3. Buches alter Zählung über „Richard I.“ auf Seite 78 der Khevenhüller-Historie, aber auf Seite 25 der Khevenhüller-Chronik steht, der des 13. Buches über Rudolf auf Seite 213 der ersteren bzw. 95 der letzteren und der des 16. Buches über Hans V. („VII“) auf Seite 697 der Historie, die Seite 201 der Chronik entspricht. Diese reicht textlich bis 1623 und enthält auf Seite 534 nur noch als Nachtrag die beiden Kinder Maria Barbara (geb. 1. 7. 1624) und Karl (geb. 12. 7. 1625) des Grafen Franz Christoph. Die Geschichte des Freiherrn Paul

Khevenhüller reicht auf Seite 612 nur mehr bis Ende 1622. Nach vielen Leerseiten ist auf Seite 677—680 nach dem Diktat des Grafen Franz Christoph, der in der Ichform berichtet, die Geschichte vom Tode seiner ersten Frau über seine zweite Heirat bis zur Tochter Maria Franziska aus dieser Ehe eingetragen, und dieser Passus findet mit 1639 sein Ende. Daß der Graf selbst diese von seinem Mitarbeiter Georg Moshamer angefertigte Kürzung seiner Khevenhüller-Historie zu einem wichtigen Nachtrag benutzt, zeigt, daß der Autor der großen Khevenhüller-Historie persönlich die kürzere Chronik zur Publikation seiner historischen Arbeitsergebnisse nützlich fand. So kommt es, daß man sie nach 1639 nicht nur mit den adaptierten Bildern aus den ersten 14 Büchern der lateinischen Khevenhüller-Historie schmückte und diese deren beraubte, sondern daß man in der Folge auch die sämtlichen zwei Blatt breiten Bilder, obwohl man ihnen durch die Mittenfalzung schadete, in die Khevenhüller-Historie Moshamers einband. Ihr Text ist es, der auch im Laufe des 17., 18. und 19. Jahrhunderts durch chronologische Fortführung von verschiedenen Händen auf dem laufenden gehalten wurde, die Khevenhüller-Historie des Grafen Franz Christoph, obwohl die Grundlage aller weiteren Darstellungen zur Geschichte der Khevenhüller, aber in den Hintergrund trat. Allerdings wurde der Name Moshamers nur in einer dieser fortgeführten Fassungen verwendet, während Joh. Franz Joseph Graf zu Khevenhüller-Metsch, der ab 1823 als ältester den Fürstentitel führt und das bis 1730 reichende Werk „Leben der Grafen Khevenhüller“ zur Fortsetzung übernimmt [w] und diese bis 1824 verfolgt, auf Blatt I unter Hinweis auf den wahren Autor zum Ausdruck bringt, daß dieses 1622 begonnene Werk Graf Franz Christoph Khevenhüller geschrieben habe, obwohl es sich um den von Moshamer gekürzten Text handelt. Selbst mit barocken Bildern hat man eine andere bis über 1763 hinausreichende Version, die „Annales familiae comitum Khevenhüller“, ausgestattet [w], die sich an die im vorliegenden Bande veröffentlichten anlehnen, aber den landschaftlichen Hintergrund vermissen lassen und bis zum Fürsten Joh. Franz Joseph (1762—1837) reichen. Nur am Rande sei vermerkt, daß es von Moshamer auch eine lateinische Khevenhüller-Genealogie „Ex stemma sive genealogia Khevenhullerorum“ (Madrid 1625)[c] gibt, ebenso ohne Nennung Moshamers eine spanische Fassung der Geschichte der Khevenhüller von 1624 mit 953 Seiten Umfang[ke] „Genealogia y historia de los heroicos hechos, cargos, embaxadas, commissiones, y negociaciones, que dentro y fuera de su patria han tenido los Barones y Condes de la casa y apellido de los Queuenhilleres de Aichelberg, Condes de Franquenburg“, die Graf Franz Christoph Khevenhüller seinem Vetter und Stiefbruder Freiherrn Paul Khevenhüller eigenhändig widmete, ferner unter Betonung der Verfasserschaft des Grafen eine nur 46 halbbrüchige Folia starke spanische Zusammenfassung der „Annales Ferdinandei“, die „Historia del Invictissimo y sempre Augusto Emperador y gloriosissimo Monarqua Ferdinando 2do deste nombre conquesta per el Excellentissimo Senor Conde de Khevenhüller“.[w]

Für die zeitliche und künstlerische Einordnung der im vorliegenden Band publizierten Bilder ist es nun wichtig zu sehen, daß Taf. 46 die Stadt Klagenfurt zu einem Zeitpunkt wiedergibt, als die 1591 fertiggestellte Dreifaltigkeitskirche des damals neuen evangelischen Bürgerspitals und nunmehrige Jesuitenkirche noch den vor dem Brand von 1636 bestehenden niederen Turm mit nur einer Schallöffnung über dem Giebel hatte, wie er in Christoph Senfts Plan von 1605 (siehe Abb. 66, S. 214) zu sehen ist, und sich nach rechts anschließend das Bürgerspitalgebäude erhob, aber von dem 1613 bis 1617 erbauten Franziskanerkloster oder gar seiner 1624 geweihten Kirche, die sich in dem Raum zwischen dem Bürgerspital und dem massigen Eckbastionsturm der Stadt erheben müßten, noch nichts sichtbar ist. Vielleicht ist dieses Bild, das durch den Buchstaben A in die Frühzeit der Anlage der Khevenhüller-Historie gehört, als man meinte, die einzelnen Objekte im Text bezeichnen zu müssen, noch zu Lebzeiten Graf Barthelmä Khevenhüllers geschaffen worden. Der an den Rand gestellte Freiherr Franz III. wurde von Figurenmaler III offenbar erst später auf dem Bilde angebracht. Sicher sind die Tafeln 26 und 30 aufgrund der dargestellten Personen ins Jahr 1612 zu setzen, weil die Gestalten des Grafen Barthelmä Khevenhüller und seiner Gemahlin Regina auf Tafel 26 für mit 1612 datierte Kupferstiche (Abb. 50, 51, S. 128) Vorbilder waren und bei Tafel 30 das Alter der hier abgebildeten Kinder Barthelmäs diese Datierung nahelegt. Sie gilt aber auch für die auf den Bildern gezeigten Eisenindustriebetriebe, weil wir aus Barthelmäs Aufzeichnungen wissen, daß die Weißblechfabrik in der Kreuzen 1610[c] in Betrieb ging, für den Floßofen in Eisentratten, der die Kreuzen belieferte, eine jüngere Bildwiedergabe daher wenig wahrscheinlich ist. Schließlich ist es klar, daß Tafel 31 auf 1622/24 datiert werden muß, da Graf Franz Christoph Khevenhüller von Frankenburg das Schloß Frein 1621 erwarb, die viergiebelige Hoftafern in Frankenburg im Spätherbst 1621 erbauen ließ und am 8. 12. 1623 den Orden des Goldenen Vlieses bekam, den er trägt, während die Datierung der Tafel 32 durch das Alter der Kinder desselben ins Jahr 1622 gegeben ist und wir schließlich Tafel 33 gegen die Mitte des 17. Jahrhunderts ansetzen müssen, da Franz Christoph die Gräfin Kolonitsch erst 1636 heiratete und die geschlossene Kragenform beider Dargestellten so datiert wird. Andererseits ist die Datierung des Bildes der Kinder des Freiherrn Paul Khevenhüller im spätsommerlichen Ziergarten des Schlosses Wernberg (Tafel 41) durch deren Alter und die Tatsache der Emigration Pauls mit seiner Familie im August 1629[d] auf 1628 zwingend.

Bei der Beurteilung der Maler, welche die einseitigen Bilder der von Graf Franz Christoph Khevenhüller vor der deutschen Textierung ab 1619 ins Leben gerufenen lateinischen Fassung der Khevenhüller-Historie und die zweiseitigen der daraus in des Grafen Auftrag komprimierten deutschen Khevenhüller-Chronik von 1625 geschaffen haben, darf man sich nicht wundern, daß hier eine ebenso große Zahl beteiligt war wie bei den Handschriften aus der in Frage kommenden Zeit Schreiber, ließ sich Graf Franz Christoph, wie er in seinem Testament vom 4. 2. 1639[w] sagt, die Illustrationen doch viel kosten. Auch werden für deren Besorgung während der fast ständigen Abwesenheit des Grafen Franz Christoph aus Kärnten, während deren aber die Geschichtswerke entstanden, seine Verwandten Barthelmä II., Siegmund III. und Franz III. von der Linie Hochosterwitz, da auf diesem Schlosse die Ahnengalerie Christoph Khevenhüllers und andere Vorlagen vorhanden waren, den Grafen Franz Christoph ebenso unterstützt haben wie sein Stiefbruder und Vetter Paul für dessen Herrschaften Wernberg, Sommeregg und Timenitz sowie sein Bruder Hans VI. für Spittal und Paternion. Das war schon deswegen notwendig, weil die einzelnen Landschaften in der Regel mit viel Genauigkeit an Ort und Stelle gemalt werden mußten, wie der Leser des vorliegenden Bandes auch aus der Detailbeschreibung der einzelnen Tafeln sehen kann.

Es muß ferner beachtet werden, daß für die Figuren in der Regel ein anderer Maler tätig war als für die Landschaften, weswegen wir zwischen Landschafts- und Figurenmalern unterscheiden. Die Datierung der einzelnen Blätter läßt sich des öfteren aufgrund historischer Fakten festlegen, wie wir zeigen konnten. Dabei gilt für die Großzahl der Bilder die Herkunft aus einer Werkstätte mit verwandter künstlerischer Auffassung, detailreich im Hinblick auf landschaftliche Einzelheiten und die Wiedergabe der Gewänder, mehr stereotyp bei den Porträts. Insgesamt wird keine hohe Kunst geboten, sondern das Niveau steht im allgemeinen auf der Stufe guter Kupferstiche, die allerdings nie der Wirkung der Farbe nahekommen können, die unseren Künstlern zur Verfügung stand. Dabei gibt es mehr zeichnerisch eingestellte Meister, daneben Schöpfer durchaus malerischer Veduten. Gelegentlich sind an der Landschaft eines Bildes zwei Maler beteiligt oder hat der Leiter der Werkstätte persönlich eingegriffen; für die Kampfszenen gab es einen eigenen Spezialisten. Niederländische Einflüsse auf die Landschafter sind nicht zu bestreiten; für einzelne Figuren ist die Kenntnis der Plastiken des Grabmals Kaiser Maximilians I. in der Innsbrucker Hofkirche bzw. der Zeichnungen dazu Voraussetzung.

Landschaftsmaler I, der mehr zeichnerisch als malerisch veranlagt war, verwendete zur Hervorhebung der Bildtiefe Zonen verschiedener Farbgebung der Pflanzen, vorn grün, im Mittelgrund blaugrün und im Hintergrund blau oder auch nur grün und blaugrün. Da seine Wiedergaben aber sehr zart und pastellartig sind, geht von seinem Bild von Klagenfurt (Tafel 46) eine erhebliche Wirkung aus. Sowohl bei der Propstei Kraig (39) wie bei Annabichl (44) ist die Darstellung in der Ferne verschwimmender Felder und Wiesen und damit eine Auflockerung der Bildfläche wohl gelungen. Die Wiedergabe von Personen bei der Arbeit oder bei der Wegbenutzung macht dem Landschafter I sichtlich Vergnügen. Aus Rücksicht auf die Anwendung von Farbzonen sind unter den Einblattbildern die zur Propstei Kraig sachlich gehörigen Kraiger Schlösser (6), bei denen unser Maler Grün, Blaugrün und Blau den drei verschiedenen Entfernungsebenen zuweist, ebenso wie das Bild von Federaun (8) als Schöpfungen des Landschaftsmalers I anzusehen.

Daß Klagenfurt am Anfang der Illustrationen zu einer der beabsichtigten Khevenhüller-Chroniken stand, geht auch aus dem Buchstaben A hervor, der ihm zur Bilderklärung in einer Zeit zugeordnet wurde, als man noch eine solche für nötig hielt. Das gilt ebenso für die einseitigen Tafeln 1 bis 4, die sich von den übrigen erheblich unterscheiden und von denen hier 1 und 2, Aichelberg und Villach, interessieren, mit minutiöser Genauigkeit gemachte Landschaften mit Andeutungen einzelner Bäume bis in 20 km Entfernung, durchaus zeichnerisch gesehen, die Gebäude extra konturiert, landschaftliche Anfängerarbeiten eines Bauzeichners, wie man meinen möchte, nur in der Perspektive gut. Wie so etwas malerisch aussieht, sonst aber von einer sehr ähnlichen Auffassung geprägt, zeigen die etwas späteren Einblattafeln Mörtenegg (15) und Wernberg (14). Den Unterschied bringt der Vergleich der beiden Villacher Tafeln gut zum Ausdruck: die weiche, stimmungsvolle Landschaft hier (15), graphische Härte dort (2); verbindend nur der niedrige Horizont bei den Tafeln 1, 2 und 14. Nennen wir den Maler von Aichelberg A und den von Wernberg B. Die einzelne Darstellungen bezeichnenden Buchstaben sind bei den Tafeln 1 bis 4 in Antiqua, bei Klagenfurt (46) in einer zeitgenössischen Schreibschrift angebracht. Auch diese Äußerlichkeit kennzeichnet zwei ganz verschiedene Hände. Dabei kann der Gebrauch der Antiqua so aufgefaßt werden, daß die Bilder noch der Spätrenaissance zuzurechnen sind.

Wir nannten die beiden Landschafter des Villacher Raumes A und B, weil wir ihnen nichts anzuschließen haben. Landschaftsmaler I ist hingegen offenbar das Haupt einer Werkstätte und hat bei seinen Mitarbeitern ähnliche, wenn auch einfachere Leistungen hervorgerufen. Dahin gehört das anfängerhafte Bild Mahrenberg (Tafel 47) mit den großen ungeschlachten, gar nicht recht geratenen Gebäuden im Vordergrund; es gehören hierher aber auch

so gute Darstellungen wie die Burg Karlsberg (19) und das sehr diffizile Schneebild aus der Innerkrems (24), andererseits die drei einander nahestehenden Einblattafeln Weidenburg (9), Hohenwart (5) und Sternberg (7) mit ihrer sehr einfachen monotonen Waldbehandlung, vor allem aber die durch eine differenziertere Landschafts- und Pflanzenwuchswiedergabe bei kluger Verwendung von Licht und Schatten gekennzeichneten wohlgelungenen Bilder Falkenstein (11), Groppenstein (12), Obervellach (17), Tiffen (16) und Biberstein (18). Neu ist hier zusätzlich das Beginnen, Siedlungen aus der Vogelschau zu sehen, das sich übrigens auch auf dem Bild von Landskron (22) im Hinblick auf die zu Füßen der Burg liegende Ortschaft Gratschach äußert. In Bildern wie dem sehr sorgfältig gearbeiteten Landskron (22), dem köstlichen Wörthersee-Bild Velden (25) und der Spitzenleistung Hochosterwitz (43), auch dem besonders gut gelungenen Einblattbild Timenitz (13) kann man übrigens die Hand des in seiner Entwicklung fortgeschrittenen Landschaftsmalers I persönlich erkennen. Auf manchen dieser Bilder ist das räumliche Sehen schon weiter entwickelt, besonders bei dem Kabinettstück Hochosterwitz (43); es äußert sich auch in der Schattenbehandlung der Dächer. Natürlich wird entsprechend der Wesensart von Landschafter I in der Darstellung der Architektur eine besondere Vervollkommnung erzielt.
Auf vielen Zweitblattafeln, die Graf Franz Christoph Khevenhüller zur Chronik-Illustration hat machen lassen, wie aus Punkt 14 seines Testaments vom 4. 2. 1639[w] entnommen werden kann, treten uns im Anschluß an die durch Landschaftsmaler I begründete Werkstätte schließlich zwei verschiedene, deutlich faßbare Landschafter entgegen, die wir II und III nennen wollen. Der eine trägt eine ganz zeichnerische Bildauffassung zur Schau, die wieder bis in weite Entfernung jeden einzelnen Baum sehen läßt, kaum verkleinert trotz steigendem Abstand. Das gilt für die aus der Vogelperspektive gemalten Tafeln Pölling (45), Paternion (34), Spittal (35) und Eisentratten (30). Ab 1612, als letzteres Bild entstand, ist also *Landschaftsmaler II* faßbar und noch bis 1625, dem ungefähren Datum für Pölling. Dabei ist es wahrscheinlich, daß die Landschaft jenseits der Lieser auf dem Spittaler Bild der Maler geschaffen hat, der Tiffen, Obervellach und Biberstein malte. Für Landschaftsmaler II kennzeichnend sind die stark hervorgehobenen Gebäude aus der Vogelschau, an sich als Denkmale dankenswert, aber so unmalerisch und unwirklich wie nur möglich.
Eine besonders glückliche Erscheinung am Ende der Tafeln zur deutschen Khevenhüller-Chronik ist jedoch der wahre *Landschafter,* Maler *III,* der endlich räumlich sieht, die Vegetation in der Ferne dieser Entfernung entsprechend wiedergibt und die im Vordergrund ihrer Proportion gemäß. Seine Spitzenleistungen sind der stimmungsvolle Blick ins Drautal auf dem Bilde Feistritz (Tafel 27), der bis zu den Gailtaler Alpen reichende im Blatt Weißenfels (21) oder die malerische Landschaftsgestaltung auf dem Blatt Mannsberg (42). Wie eine Gralsburg taucht die Mitterburg in Istrien (38), die Landschafter III nicht selbst gesehen hat, sondern nur Schilderungen und dem sogenannten Burgenbild auf Hochosterwitz entnehmen konnte, aus einem theatralischen, von schrägen Sonnenstrahlen bizarr durchleuchteten violettgrauen Hintergrund auf. Auch Himmelberg (29) und Sommeregg (28), selbst die Landschaft hinter dem Garten von Wernberg (41) sind Leistungen des Landschafters III, der überdies die Landschaft um Gmünd (37) geschaffen hat.
Für Mödling (36) und Liechtenstein (20) wurde offenbar ein dortiger Maler herangezogen, der die Ferne durchaus malerisch sieht, Bildtiefe kennt, in Details aber nur dort, wo er mag, genau ist. Von einem mehr diskursiven Maler aus der Schule Lukas van Valkenborchs stammt das Attergau-Bild (Tafel 32), weswegen die Einzelheiten so wenig stimmen. Für das Doppelbild Frein und Weyregg (31) aus dem Jahre 1622 ist wohl ein oberösterreichischer Meister mit flottem Pinsel als Landschafter tätig gewesen; das Bild von Villa Arganda in Spanien (23) steht Tafel 31 nahe.
Bei den *Personenmalern* können wir nicht mit den Werken des Landschafters I beginnen, da die Figuren zu Klagenfurt (46) und zum Schlosse Annabichl (44) erst um 1625/30 hinzutraten,

sondern hier steht an der Spitze ein *Figurenmaler A*, der die gefühlvollen sensiblen Paare auf den Einblattafeln 1 bis 3 in ihren verspielten Trachten schuf, denen jeweils die Kapitalbuchstaben A und B beigefügt sind. Durch ihre Gestik und Bewegung heben sich diese guten Arbeiten aus dem übrigen Bestand hervor. Das Paar auf Tafel 4 entstammt derselben Werkstatt, der Figurenmaler A angehörte. Die Art der Figuren ist sehr ähnlich, aber die Verhaltenheit größer. Diese Figuren stammen aus der Zeit um 1619. Aufs stärkste unterscheiden sich von solchen gekonnten Darstellungen die von einem der Moritatenszene keineswegs gewachsenen Anfänger versuchten Figuren auf Tafel 10.
Bleiben wir bei den Einzelblättern, so verbindet die Tafeln 5, 7, 9 und 12 nicht nur der Umstand, daß auf ihnen im Mittelgrund kleine Kampfszenen vorkommen, die alle auf einen talentierten *Schlachtenmaler* zurückgehen, jeweils in der Mitte einen oder mehrere Gefallene zwischen den streitenden Parteien bzw. auf Tafel 9 zwischen den in der Feindverfolgung begriffenen Reitern und der Nachhut. Es verbindet diese Tafeln auch die aufs stärkste betonte Streitbarkeit der darauf abgebildeten, die Bilder beherrschenden angeblichen Khevenhüller, gleichgültig ob diese einen geschwärzten oder gebläuten Harnisch tragen. Die Stellung, rechts Standbein, links Spielbein, ist die gleiche, bemerkenswert auch der freundliche Gesichtsausdruck trotz des martialischen Äußeren. Und kann schon das altertümliche Gewand des Gewappneten auf Tafel 5 nicht so wirksam ins Bild stehen wie die Harnische auf den drei anderen Gemälden, so wird doch durch den starken Farbakkord des roten Rockes des Ritters und des leuchtend blauen Oberkleides seiner Gemahlin durch *Figurenmaler B* dasselbe erreicht. Die Stärke der wehrhaften Wirkung wird augenfällig beim Vergleich des reich goldverzierten gebläuten Harnischs des Ritters auf Tafel 12 oder gar des geschwärzten Harnischs desjenigen auf Tafel 7 mit dem gebläuten Harnisch des ersten Khevenhüllers in Kärnten auf Tafel 6, der sogar einen ganz ähnlichen Sturmhut auf hat wie der „schwarze Ritter" auf

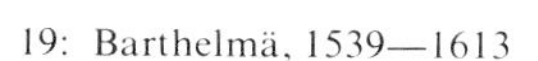

19: Barthelmä, 1539—1613

20: Georg II., 1534—1587

21: Hans V., 1538—1606

Porträts aus Franz Christophs Handexemplar seiner „Annales Ferdinandei" (um 1640)

Tafel 7, aber der Landschaft so angepaßt ist, wie es die Kraiger Schlösser (6) zum Unterschied vom stark hervorgehobenen Groppenstein und Raufen auf Tafel 12 sind. Die Tafeln 6 und 8 mit den führenden Vertretern der zwei ersten historischen Khevenhüller-Generationen auf Kärntner Boden, dabei auf Tafel 8 das Spiegelbild der Kunigunde vom Maximiliansgrabmal in der Innsbrucker Hofkirche, auf Tafel 6 eine ihr sehr verwandte Figur, allerdings mit zu lang geratenen Armen, stehen mit Recht am Anfang einer Serie und sind auch figürlich um 1620 zu datieren und einem *Figurenmaler I* zuzuweisen, der zum Landschaftsmaler I das Korrelat bildet.

Und während *Figurenmaler C* mit den auf den Einblattafeln 11 und 14 bis 18 dargestellten zierlichen, gezierten Figuren und der betont detailreichen Stofflichkeit ihrer Gewandung in eine Sackgasse der Entwicklung geht, die er selbst dann nicht aufgibt, wenn er sich, wie bei Siegmund Khevenhüller auf Tafel 18, an ein zeitgenössisches Vorbild (Abb. 11, S. 21) halten sollte, von dem er aber nur die Kuhmaulschuhe übernimmt, geht von *Figurenmaler I* wie von dem Landschaftsmaler I eine ganze Werkstatt und Schule aus, welche Vorbilder genau übernimmt, wie den Ludwig (Abb. 9, S. 21) auf Tafel 21, den Augustin (Abb. 7, S. 21) auf dem Burgenbild Karlsberg (Tafel 19), die Frauen Sibylla und Anna (Abb. 13 u. 14, S. 22) auf dem Gemälde des Landeshauptmannes Freiherrn Georg Khevenhüller (Tafel 38) oder auch die qualitätvolle, ehrfurchtgebietende Gestalt des Landeshauptmannes Christoph Khevenhüller (Abb. 41, S. 109) auf der Landskroner Tafel (22), die der Mitarbeiter von Figurenmaler I zwar in Äußerlichkeiten genau kopiert, aber an Ausdruckskraft keineswegs erreicht. In diesen Kreis gehören auch die Bilder des Freiherrn Siegmund Khevenhüller auf Tafel 39 und des Freiherrn Moritz Christoph auf Tafel 34, die Ritterfigur Franz' I. auf dem Mahrenberger Blatt (47) und Barthelmä Khevenhüller mit seiner ersten Gemahlin Anna Graf von Schernberg auf Tafel 24. Besondere Leistungen, die Figurenmaler I persönlich auf einer fortgeschrittenen Entwicklungsstufe vollbrachte, stellen die Gemälde des kaiserlichen Botschafters in Madrid, Grafen Hans V. Khevenhüller (23), nach einer Vorlage von etwa 1595 und seines Bruders Freiherrn Barthelmä Khevenhüller mit seiner zweiten Gattin Blanka Ludmilla (25), diese nach einem Vorbild aus dem gleichen Jahre (Abb. 15, S. 22), dar, als Schloß Velden schon gebaut war. Die Blässe von Blanka Ludmilla gegenüber ihrem rosenwangigen Vorbild entspricht ihrer Kränklichkeit in ihrem letzten Lebensjahr. Die Beinstellung Barthelmäs stimmt mit der des Ritters auf Tafel 13 überein, der auch als Bewegungsstudie eine virtuose Sonderleistung aus dem Kreise des Figurenmalers I ist und in seiner Impulsivität sogar den Bildrand überschreitet.

Zur Schule des Figurenmalers I, der allerdings auch in seiner besten Zeit die Figuren mehr flächig sieht, gehört übrigens in der Gestalt des *Figurenmalers II* ein Beherrscher plastischer Figurenmalerei, der in dem auf 1612 datierten Gemälde des Grafen Barthelmä Khevenhüller und dessen dritter Gemahlin Regina von Tannhausen (26) eine Spitzenleistung vorlegt. Es ist nicht unwahrscheinlich, daß die Figuren des Aufsehers und der in der Weißblechfabrik Beschäftigten von derselben Hand sind, ja, auch die Innenräume und die Fässer, woraus die geringe Beherrschung der Perspektive erklärlich wäre. Gleiche Datierung ins Jahr 1612 kann Tafel 30 mit den Kindern aus der dritten Ehe Barthelmäs beanspruchen, wo aber stereotype Gesichter auftreten, eine spätere Zeitstellung Tafel 28 mit Barthelmäs Kindern erster Ehe, wo sogar die weiblichen und männlichen Porträts nach einem Schema gebildet sind, während die um 1620 anzusetzende Tafel 29 mit den Kindern aus Barthelmäs zweiter Ehe etwas mehr Variationen bietet. Auf Tafel 43 mit Franz II. Khevenhüller und seiner Gemahlin Creszentia von Stubenberg strebt Figurenmaler II wieder Porträtähnlichkeit an, ebenso auf Tafel 36 um 1620 mit Augustin II. Khevenhüller und Gemahlin.

Einem *Figurenmaler III,* der auch aus des Figurenmalers I Schule kommt, aber nicht die plastische Begabung des Figurenmalers II besitzt, sind die feinempfundenen Porträts Hans' VI.

Khevenhüller (27) mit Gemahlin und Paul Khevenhüllers (40) mit Gemahlin, ebenso die der Kinder Pauls im Ziergarten zu Wernberg (41), auch die Brunnenfiguren und Stelen daselbst samt dem ganzen Garten zuzuweisen, so daß nur die Landschaft außenherum ein Werk des Landschaftsmalers III bleibt. Aus der Hand des Figurenmalers III stammt wohl auch das feinempfundene Porträt Hans' VI. Khevenhüller im silberbrokatenen Wams auf Schloß Hochosterwitz (Abb. 52, S. 132). Die meist sehr flächenhaft empfundenen Bilder dieses Malers zeichnen sich durch überreiche Betonung von stofflichen und Zierdetails aus. Diese Tafeln sind zwischen 1625 und 1629 zu datieren.
Gleichzeitig sind die an die Kunst des Figurenmalers III angelehnten, aber mit schnellem Pinsel hingeworfenen, von barockem Geist getragenen Darstellungen des *Figurenmalers IV* aus der Zeit zwischen 1625 und 1630 auf den Tafeln 44 bis 46 mit ihren schmalbrüstigen Männern und Frauen, dazu der ungepflegten männlichen Haartracht, die in merkwürdigem Gegensatz zu der zeitbedingten überheblichen Pose der Männer steht.
Ein oberösterreichischer Maler mit gleichfalls schnellem Pinsel und einem ausgeprägten Gefühl für überbetonte Zierlichkeit hat den Grafen Franz Christoph Khevenhüller und seine erste Gattin Barbara auf Tafel 31 gemalt und nach dem Vergleich des Kopfes der Mutter mit dem ihrer Tochter Judith Bianca wahrscheinlich auch die Kinder aus dieser Ehe auf Tafel 32, beide im Jahre 1622. Ein anderer oberösterreichischer Figurenmaler mit den für seine Zeit typischen Allüren hat schließlich gegen 1650, auch mit raschem Pinsel, den Grafen Franz Christoph Khevenhüller und dessen zweite Gemahlin Susanna Eleonore vor gebauschten Bordüren porträtiert; die im Vergleich zur Figur zu kleinen Gesichter zeigen ihn in der Nachfolge des Malers von 1622. Die menschliche Anatomie verschwindet unter der barocken Fülle der aufgeblähten Stoffe.
Figurenmaler I wurde von Graf Franz Christoph Khevenhüller auch für das Porträt des Freiherrn Georg Khevenhüller (Abb. 20, S. 37) in seinen „Annales Ferdinandei" herangezogen, ebenso für das des Hofmarschalls Erzherzog Ferdinands (des späteren Kaisers Ferdinand II.) Pankraz Freiherrn von Windischgrätz, während fast alle anderen Porträts, so das des Grafen Franz Christoph, unser Frontispiz, und das des Grafen Hans V. Khevenhüller (Abb. 21, S. 37), der Figurenmaler F schuf, der plastisch sieht und den Gesichtsausdruck wirkungsvoll wiedergibt, allerdings nach italienischer Manier bemüht ist, den Porträtierten etwas zu große Augen zu malen, eine Eigenheit, die ein Mitarbeiter von ihm (F_1), der das Porträt von Graf Barthelmä Khevenhüller (Abb. 19, S. 37) für die „Annales Ferdinandei" malte, unschön übersteigert. Wir sehen also auch bei den gemalten Porträts des im Stift Mattsee aufbewahrten Handexemplars von Graf Franz Christoph Khevenhüllers „Annales Ferdinandei" genauso wie bei den im vorliegenden Bande veröffentlichten Bildern einen Hauptmaler samt Werkstätte tätig, dazu allerdings wegen der Einförmigkeit des Materials nur für wenige Porträts neben unserem Figurenmaler I drei andere Maler, auf die insgesamt nur 9 von 125 Bildern der „Annales Ferdinandei" zurückgehen.
Ortwin Gamber hat übrigens zusammenfassend festgestellt, daß die Maler der im vorliegenden Bande veröffentlichten Bilder neben dem Hofgrabmal Kaiser Maximilians I. und seinem Kunstkreis, worauf wir schon hinwiesen, niederländische Darstellungen um 1470, eine deutsche Bilderhandschrift von etwa 1480 und eine niederländische aus dem 2. Jahrzehnt des 16. Jahrhunderts, dazu Porträts aus der Zeit um 1525/30 wie um 1550 als Vorlagen oder Anregungen verwendet haben. Vor allem auf letztere, die ja in der Galerie des Landeshauptmannes Christoph Khevenhüller auf Hochosterwitz den Malern unserer Bilder vorlagen, wird in der folgenden Einzelbesprechung der Bildtafeln Bezug genommen.

48: Khevenhüller-Wappen vermehrt durch Mannsdorf, laut Wappenbrief vom 22. 7. 1544 (s. S. 108)

DIE BILDER DER KHEVENHÜLLER-CHRONIK

A

B

D

Tafel 1

Ritterliches Paar des 15. Jahrhunderts Burg Aichelberg in Kärnten um 1620

Der Prunk der Illustrationen zur Khevenhüller-Chronik, einer durch Georg Moshamer 1624/25 besorgten Kurzfassung von des Grafen Franz Christoph Khevenhüller seit 1619 verfaßter Khevenhüller-Historie, beginnt mit einem charmanten Bild, das wie alle Einblattdarstellungen unseres Buches aus einer kalligraphisch besonders schön ausgeführten, lateinischen Fassung der genannten Historie herausgelöst wurde, für die sie angefertigt waren. Der Maler war bemüht, hier eine ihm uralt erscheinende Mode wiederzugeben, obwohl sie keineswegs, wie man vorgab, dem 11. Jahrhundert angehörte. Die spitze weiße Haube der Edelfrau, der aus Burgund kommende, sogenannte Hennin mit Schleier und Goldstickerei, weist den Kundigen vielmehr in die späte Gotik und kleidet die Dame mit ihrem purpurroten, golddurchwirkten Seidenbrokatkleid in vorteilhaftester Weise. Unter dem Hermelinsaum des Obergewands lugt unten das grünseidene, pelzgesäumte Unterkleid hervor, das bis auf die goldbestickten Pantoffel hinabreicht. Im weiten Halsausschnitt wird das weiße, gefältelte, goldgestickte Leinenhemd sichtbar und unterstreicht die Wirkung der den Hals zierenden doppelten Perlenkette. Ein goldener, aus rechteckigen Gliedern zusammengesetzter Schmuckgürtel vervollständigt die Garderobe der Schönen.

Ihr Gemahl trägt einen feinen gebläuten Harnisch mit vergoldeten Rändern über einem Ringelpanzerhemd mit vergoldetem Saum. Der Harnisch besteht aus Visierhelm, Bart, geschifteter Brust mit Rüsthaken und Beintaschen, Brechrandschultern, deren Konstruktion der späte Maler jedoch mißverstanden hat, Armzeugen ohne Unterarmröhren, Hentzen und komplettem Beinzeug. Die geflammte Folge unter den Kniebuckeln ist eine romantische Zutat zu dem vom Maler nicht mehr ganz verstandenen Vorbild eines niederländischen Harnischs aus der Zeit um 1500. Vom Schwert ist nur der skulptierte goldene Griff sichtbar.

Der Ritter faßt seine Gattin am rechten Arm und unterstützt damit ihre leicht und etwas zögernd auf die Burg Aichelberg mit der Linken hindeutende Gebärde. Allerdings hat er diese Feste nicht gebaut, wie die Chronik behauptet, noch hat es je einen Richard Khevenhüller gegeben, der um 1030 mit Bischof Eberhard I. von Bamberg nach Villach gekommen wäre und eine Schenkin von Osterwitz geheiratet hätte. Aichelberg ist wahrscheinlich eine Burggründung des frühen 13. Jahrhunderts. Das nach ihr benannte seit 1224[j] bezeugte, um 1300 ausgestorbene Kärntner herzogliche Ministerialengeschlecht führte einen Flügel im Wappen,[β] nicht die von König Wenzel im späten 14. Jahrhundert an Hans I. Khevenhüller verliehene Eichel, und die seit 1106[j] als herzogliche Dienstleute bezeugten Schenken von Osterwitz hatten einen silbernen Sparren im schwarzen Schild, aber keinen Goldpokal.[β]

Den angeblichen Richard Khevenhüller und seine auf der Rückseite des Originales unserer Tafel 1 mit dem lateinischen Text der Khevenhüller-Historie des Grafen Franz Christoph aufgezeichnete kurze Geschichte hat der von 1599 bis 1613 in khevenhüllerischen Diensten stehende Privatlehrer Tobias Eiselius, der in der Khevenhüller-Historie Tobias Euselius oder noch lieber Tobias Eusebius heißt[f], im frühen 17. Jahrhundert erfunden und „in seinen Fragmentis vom khevenhillerischen Geschlecht" niedergelegt, weswegen er in dem erwähnten Text auf der Rückseite unseres Bildes (vgl. Abb. 17, S. 31 und 18, S. 32) als Gewährsmann genannt wird.

Außer der liebenswürdigen Szene ist an unserem Bild nur von großem Interesse die älteste und einzige richtige Abbildung der Burg Aichelberg, die sich nach ihrem Neuaufbau im frühen 16. Jahrhundert als erste Burg, welche die Khevenhüller zur Gänze bereits seit 1427[j] inne hatten und die Hans II. Khevenhüller am 30. 9. 1431[j] von Herzog Friedrich von Österreich zu Lehen erhielt, mit ihrer Zinnenmauer, ihrem großen unteren Hof, dem Hauptbau, dessen Eingangstor noch heute sichtbar ist, dem östlichen Anbau und dem großen nach Osten vorspringenden Rundturm, schließlich der Stallräumlichkeit am unteren Ende des Hofes samt der Keusche, die der Burg zu Füßen liegt, noch in bester Verfassung präsentiert, während sie Valvasor schon 1680 nur mehr als Ruine zeichnen konnte, die heute noch weiter zerfallen ist.

In einer künstlichen Ruine, die Felix Baron Jöchlinger 1824 nahe dem Barockschlosse Damtschach zu Füßen von Aichelberg errichtete, ist noch der Wappenstein des ersten Khevenhüllers auf Aichelberg, Hans' II., und seiner Gemahlin Katharina von Pibriach erhalten geblieben (Abb. 27, S. 71) und jetzt auf Schloß Hochosterwitz an der zum Burghof führenden Stiege eingemauert. Nachdem Aichelberg im Kriege Kaiser Friedrichs III. mit König Matthias Corvinus von Ungarn zwischen 1480 und 1490 verödete und baufällig geworden war, hegte Augustin Khevenhüller die Absicht, seinen Sitz in das Dorf darunter zu verlegen, wozu ihm Kaiser Maximilian I. am 28. 6. 1511[h] mit der Bestimmung, auch den Namen Aichelberg dahin zu übertragen, die Genehmigung erteilte. Doch kam es nicht dazu, zumal Augustin bereits am 4. 3. 1516[a] starb. Vielmehr wurde die Burg Aichelberg renoviert, und von Augustins Söhnen residierte Siegmund laut Erbteilungsvertrag mit seinen Brüdern Christoph und Bernhard vom 12. 3. 1542[g] auf Aichelberg, wo sich damals das Archiv der Khevenhüller befand. Als namengebende Stammburg wurde Aichelberg bis zur Emigration der protestantischen Khevenhüller und dem damit zusammenhängenden Verkauf an Hans Siegmund von Wagensberg 1629[e] baulich instand gehalten, wenngleich Landskron und Hochosterwitz in der zweiten Hälfte des 16. Jahrhunderts die Hauptburgen der Khevenhüller wurden.

Tafel 2

Spätmittelalterliches edles Paar
Stadt Villach von Westen um 1620, darüber Schloß Wernberg in der Ferne

Hatte Tafel 1 in der Gestalt des Schlosses Aichelberg die älteste den Khevenhüllern zur Gänze gehörende Burg ins Licht gerückt, so sollte mit Tafel 2 auf Villach hingewiesen werden, wo dieses Geschlecht seit 28. 10. 1396[w] zuerst auf Kärntner Boden urkundlich nachweisbar ist und bis 1629 über das Eigentum an wichtigen Häusern[r] verfügte, von denen das heutige Hotel Post mit seinem Renaissanceerker und den spitzbogigen Gewölben im Innern, eine Erwerbung Christoph Khevenhüllers von 1548, noch den nachhaltigsten Eindruck zu vermitteln weiß. Das 1944 den Bomben zum Opfer gefallene, 1539 ebenfalls durch Christoph Khevenhüller erworbene spätere Villacher Rathaus spielte daneben als Georg Khevenhüllers „Venezianerhaus" eine bedeutende Rolle im Villacher Besitz des Geschlechtes; er nahm von einem 1912 abgerissenen Haus am Freihausplatz seinen Ausgang. Dieses hatte schon Hans II. Khevenhüller am 3. 6. 1429[b] von Bischof Friedrich von Bamberg gefreit erhalten, und weil bereits Hans I. Khevenhüller am 15. 8. 1399[b] den Garten in dessen Nähe von Bischof Albrecht von Bamberg zu Lehen bekam, ist anzunehmen, daß dieses nicht lehenbare, sondern eigentümliche Haus am Freihausplatz bereits seit der Einwanderung der Khevenhüller um 1355 nach Villach (vgl. Text zu Tafel 6) deren Domizil bildete. Auch ein Haus am oberen Hauptplatz, dem damaligen Villacher Rathaus gegenüber, besaßen sie schon 1400 und noch 1439 (vgl. Text zu Tafel 8).

Unser Bild in der Khevenhüller-Chronik verzichtet auf die Wiedergabe der dortigen Khevenhüller-Häuser und vermittelt einen Blick auf die Stadt Villach, wie er sich von der Nordflanke der Höhe 592 südwestlich St. Martin um 1620 darbot. Mit Hilfe der von Matthäus Merian 1649 veröffentlichten Ansicht von Villach samt Lageplan läßt sich eindeutig definieren, was auf unserem Bild zu sehen ist: Im Vordergrund links die Drau mit der 1814 abgetragenen Kapelle St. Anna darüber, im Hintergrund der Torturm der Villacher Draubrücke auf dem Nordufer und die Brücke selbst, dann, im Stadtmauerbereich vorgeschoben, die Villacher Stadtburg mit dem kleinen Spitzturm der Burgkapelle und dem hohen Wehrturm an einer Biegung der westlichen Stadtbefestigung am Südende des Burgvorsprungs: weiter sehen wir hervorragen den Turm des damaligen Rathauses am Kaiser-Josef-Platz, den der Stadtpfarrkirche mit seinem Umgang für den Feuerwächter in der Höhe, den schlanken Turm der 1889 abgebrochenen Minoritenklosterkirche und schließlich den oberen Torturm.

Das Bild der Stadt Villach, hinter der man in der Ferne das Khevenhüller-Schloß Wernberg sieht, ist von Landschaftsmaler A so natürlich wiedergegeben, wie es sich um 1620 darbot. Auf eine Dreinsicht in die Stadt, wie sie der Landschaftsmaler II auf späteren Blättern in andere Orte zu geben pflegt, ist hier vollkommen verzichtet.

Albeg Khevenhüller und seine Gemahlin Gertraut von Kraig, wie die hier Abgebildeten von der Khevenhüller-Chronik genannt werden, haben nie existiert, sondern wurden ebenso wie die Namen des Paares auf Tafel 1 von dem Hauslehrer der Freiherren von Khevenhüller, Tobias Eiselius alias Eusebius, auf den die Khevenhüller-Chronik Bezug nimmt, im frühen 17. Jahrhundert erfunden. Der Wappenschild der Kraiger war auch nicht von Rot und Weiß gespalten, sondern von Rot und Weiß schräggeteilt.[β] Da Albeg angeblich in einem Turnierbuch des hl. Röm. Reiches in der Bibliothek zu Wien vorkam und mit dem Herzog „Leudolph" (richtig Liutold) von Kärnten 1080 auf dem 8. Turnier zu Augsburg gewesen sein soll, hat ihm der Maler eine vor ihm am Boden liegende Turnierlanze und eine rotseidene Armbinde als Parteizeichen beigegeben. Er hat ihn auch, wie das bei Turnieren vorkam — in St. Veit a. d. Glan z. B. tjostierte 1227[j] ein Ritter als Frau Venus, ein anderer als Mönch verkleidet — mit einem weiblichen „gezaddelten" Kopfputz der Zeit um 1430 in Gestalt eines goldgeränderten, türkisblauen Seidentuches versehen. Das Kleinod, das er an goldener Kette um den Hals hängen hat, mag der Siegespreis bei dem Turnier gewesen sein. Der Anzug des 15. Jahrhunderts aus violettem Seidenbrokat, den Albeg trägt, zeigt geschlitzte Puffen. Die hellgrünen Unterärmel sind an Ellbogen und Handgelenk, die Hose — aus demselben Stoff wie das Wams — ist an den Knien ebenso geschlitzt und gepufft. Im Halsausschnitt wird das vorn geschnürte leinene Hemd sichtbar. Die spitzen Lederschuhe entsprechen der Mode der 2. Hälfte des 15. Jahrhunderts. Dolch und Schwert tragen skulptierte Goldgriffe; das Schwertgehänge führt mit einer grobgegliederten Goldkette über die linke (statt rechte) Schulter. Der Maler hat die Vorlage im Spiegelbild kopiert; die Figuren erscheinen daher seitenverkehrt.

Das goldbrokatene Obergewand mit Granatapfelmuster der Gemahlin des Ritters ist an den Achseln mit einigen Zaddeln versehen; die Unterärmel des blauen Untergewandes, das auch als Unterrock sichtbar wird, sind gepufft und geschlitzt wie beim Gatten. Der italienischen Renaissance und entspricht die Frisur mit den aus Goldfäden geflochtenen Bändern und dem weißen Schleier ebenso wie das weiße gefältelte, rot gestickte Hemd.

B
A
D
C

Tafel 3

Vornehmes Ehepaar des ausgehenden 15. Jahrhunderts Renaissancehalle mit Durchsicht auf eine Balustrade

Dem Gewand des Edlen auf Tafel 2 ist das des Edelmannes auf Tafel 3 nahestehend. Dieser ist auch durch die hinter ihm stehende Turnierlanze als Turnierteilnehmer gekennzeichnet. Er trägt einen burgundischen Hut mit roter Sendelbinde. Das unten geschlitzte und ausgezackte Wams besteht aus grünem Tuch. Ärmel- und Kniepuffen der grünen Tuchhose sind wie bei dem Mann auf Tafel 2 geschlitzt. Ein brauner Pelzsaum bildet den Übergang des Wamses zum weißen gefältelten Hemd. Degen und Dolch tragen goldene Ziergriffe; die braunen Lederschuhe sind nicht mehr so spitz wie bei dem Edelmann auf Tafel 2. Mit der Rechten dirigiert der Dargestellte einen weißen Windhund.
Besonders kostbar erscheint die Robe der Gattin. Das unten weitgeschlitzte, rotgoldene Brokatkleid stellt das weißbrokatene Unterkleid mit seinem Goldmuster auffällig zur Schau, und das große, durch einen blauweißen Einsatz hervorgehobene Dekolleté wird durch das hermelinbesetzte, schwarze, von einer Goldbrosche geraffte Samtcape gleichermaßen wie die Ärmelpartie des Unterkleides mehr betont als bedeckt. Zwei Reihen von Perlenschnüren zieren den feinen Hals der Schönen, deren Blondhaar unter dem Goldzackenrand der niederländischen Haube mit dem zum Cape passenden schwarzen Schleier nur wenig hervorlugt. Die Taille wird durch eine feingliedrige Goldkette betont, der goldene Gürtel besteht aus rechteckigen Ornamentgliedern.
Eine Renaissancehalle der vorgeführten Art ist in den Khevenhüller-Schlössern Kärntens nicht nachweisbar: wir finden lediglich das rhombische Ziermuster auf Wernberg und die Balustrade in Annabichl. Aber es ist an kein bestimmtes Khevenhüllerschloß gedacht, da dies sonst in der Bildbeschriftung angegeben wäre. Nach der Khevenhüller-Chronik sollen die Dargestellten Siegmund Khevenhüller und seine Gemahlin Ottilie von Aufenstein gewesen sein. Dabei wird darauf hingewiesen, daß Siegmund im Gefolge Herzog Hermanns von Kärnten 1165 an einem Turnier in Zürich teilgenommen und dort den ersten Preis gewonnen habe. Daher ist ihm auch die Turnierlanze beigegeben. Doch entstammt diese Angabe den Fabeleien des 1518 erstmals erschienenen Turnierbuches von Georg Rüxner, während Landeshauptmann Freiherr Georg Khevenhüller für seinen 1568 ausgeführten Stammbaum der Khevenhüller (Abb. 32, S. 78/79) und für seine Khevenhüller-Lebensbeschreibung von 1583/84 aus „des römischen Reichs altem Turnierbuch" entnommen haben will, daß Siegmund Khevenhüller im Gefolge des nie vorkommenden Herzogs Otto von Kärnten 1148 auf dem Turnier zu Zürich gewesen, sich da als ein Ehrlicher vom Adel in den Kämpfen und Ritterspielen männlich und gebührlich verhalten und nachher Mechthild von Aufenstein geheiratet habe. Er ließ sich sogar von Erzherzog Karl am 28. 5. 1571[W] das Wappen der ausgestorbenen Aufensteiner verleihen, obwohl diese eben erst 120 Jahre nach jenem angeblichen Zürcher Turnier 1286 mit Herzog Meinhard II. in Kärnten aufzutreten begannen und niemals Osterwitz innehatten, obwohl dies in der Urkunde als Grund für die Wappenverleihung angegeben wird. Die auf Tafel 3 wiedergegebenen Personen haben nie existiert und gehören also nicht in die historische Genealogie der Khevenhüller.

A
B
C

A
B

Tafel 4

Edler Weidmann des späten 15. Jahrhunderts mit Gattin Eichenwald mit Lichtungen im Wildbann Landskron in Kärnten

Am 1. 12. 1567[l] verlieh Erzherzog Karl an Freiherrn Hans V. Khevenhüller von Aichelberg und seine Brüder den Wildbann in der Herrschaft Landskron, nachdem schon König Ferdinand I. am 8. 7. 1542[l] deren Vater Christoph Khevenhüller (+3. 4. 1557) Schloß und Landgericht Landskron verkauft hatte. Zu diesem Wildbann gehörten auch die Wälder um die am 1. 5. 1545[l] von König Ferdinand an Bernhard Khevenhüller veräußerten Burgruinen und Ämter Hohenwart und Sternberg, die nach dessen Tod (1548) an Christoph Khevenhüller übergegangen waren. In diesem Gebiet stehen heute noch knorrige Eichen, und so mochte man den nächsten angeblichen Vertreter des Geschlechtes der Khevenhüller, der den Vornamen Achatz geführt haben soll und für den man keine Turnierbucherwähnung zur Verfügung hatte, gern bei der Ausübung des Wildbanns dargestellt haben; denn Jagen und Tjostieren waren wahrhaft ritterliche Aufgaben, und bei deren Pflege wollten die Khevenhüller ihr Geschlecht so weit wie möglich zurückverfolgen können. In den Bereich des Wildbanns paßte auch gut die Herkunft von Achatzens angeblicher Gattin Christina von Sternberg. Allerdings führten die Grafen von Sternberg die drei goldenen Sterne im roten Schild,[ß] nicht im schwarzen, wie das unser Maler ausgedacht hat.
Daß Achatz um 1220 Christina von Sternberg geheiratet habe und aus dieser Ehe eine Tochter Barbara hervorgegangen sei, die 1240 den Görzer Ministerialen Hans von Hohenburg geheiratet habe, will Landeshauptmann Freiherr Georg von Khevenhüller selbst dem Heiratsbrief der letzteren entnommen haben, den er im Schlosse Hohenburg gelesen habe. So kam dieses angebliche Faktum in eine von ihm 1583/84 verfaßte Lebensbeschreibung. Jagersberg soll Landskron ursprünglich geheißen haben und als Heiratsgut einer Sternbergerin für einen Herzog von Kärnten an die Herzöge gekommen sein, berichtet Jakob Unrest um 1500 in seiner Kärntner Chronik. In diesem Geschichtsbericht ist wahrscheinlich der historische Kern unserer von den Herzögen auf die Khevenhüller umgemünzten Chronikangabe zu suchen, darin auch der Anstoß, Achatz im Jagdgewand mit Jagdhund und Falken, Falknerhandschuh, Hirschfänger und anachronistischer Pirschbüchse wiederzugeben. In Zaddeln, die hier goldgesäumt sind, endet unten das braune Samtwams des Jägers und schließt somit an derlei Zier am Gewand der Edlen auf Tafel 2 und 3 an. Der runde Pelzhut mit schmaler Krempe paßt ebenfalls in die Zeit um 1480, ebenso die grüne goldgefranste Haube (Gugel) um Kopf und Hals des Weidmanns. Nur das gefältelte weiße, schwarzbordierte Röckchen über der blauen Tuchhose ist eine Modeform des früheren 16. Jahrhunderts. Schwarzer Samt, von der Edelfrau hoheitsvoll getragen, bildet den Stoff für deren Kopftuch und langes Gewand mit tiefem V-Ausschnitt, in welchem das pelzgesäumte, verschnürte, goldgelbe Mieder sichtbar wird, das oben eine Goldbrosche schließt. Die Taille wird durch einen sparsam durchbrochenen goldenen Gürtel betont. Über den Füßen erscheint in einer breiten Öffnung des Obergewandes der goldbrokatene, schwarzbordierte Unterrock der Dame, die ein venezianisches Spitzentaschentuch in der Rechten hält. Daß auch dieses edle Ehepaar kein Glied im Stammbaum der Khevenhüller bildete, ist klar, da es erst in den achtziger Jahren des 16. Jahrhunderts konstruiert wurde.

Tafel 5

Ritter des frühen 15. Jahrhunderts mit Gemahlin Burg Hohenwart in Kärnten; davor Reitergefecht

Dieses Bild wird beherrscht von zwei starken, satten Farben: dem leuchtenden Blau des spätgotischen, aus dem frühen 15. Jahrhundert stammenden seidenen Schlupfkleides der Frau mit ihrer Schleppe und vom Karminrot des mit goldenen Palmetten durchwirkten Brokat-Waffenrocks des Ritters. Das lang herabwallende Blondhaar der Schönen sowie das Schwarz der eisernen Bein- und Handbekleidung des Geharnischten, der gezückten Schwertklinge und der Scheide unterstreichen noch den Gegensatz zwischen Rot und Blau. Der Hermelinbesatz an Ärmeln und Halsausschnitt des Kleides, ihr gefälteltes goldbordiertes Hemd, der goldene Kopfputz, der weite violette, weiß und grün gestreifte Ärmel des Untergewandes der Dame, ihre geflochtene Goldkette mit Kreuzanhänger, der goldene Gürtel um die Taille und ein ähnlicher um die des Mannes, der weiße Pelzsaum an der Unterkante seines Wamses und der weiße Zungenkragen am Hals bilden nur Beiwerk; sie treten ganz und gar zurück hinter dem starken Akkord von leuchtendem Blau und Rot.

Richard II. nennt die Khevenhüller-Chronik den hier Abgebildeten, der König Rudolf von Habsburg und Kärntner Herzogen Heeresfolge geleistet haben soll. Bis in die Zeit Herzog Bernhards von Kärnten, ins Jahr 1238, als der in Wahrheit 1237 gestorbene Bischof Egbert von Bamberg angeblich mit dem Herzog kämpfte, soll sich seine Kriegsteilnahme erstrecken, und noch 1276 (richtig 1278) soll er mit König Rudolf gegen Ottokar von Böhmen in der Entscheidungsschlacht gestanden sein. Das alles ist ebenso bloße Erfindung des Tobias Eusebius, der es einer alten Schrift in Villach entnommen haben will,[ö] wie die angebliche Gemahlin Elisabeth von Himmelberg und deren Wappenschild, der vorn den halben schwarzen Reichsadler in Gold (nicht in Silber) und hinten in Rot (nicht in Schwarz) einen silbernen Schrägbalken tragen sollte.[ß]

Die Schlacht auf dem Marchfeld von 1278 hat der Maler in einer Teilszene in das Vorfeld der Burg Hohenwart projiziert, die er aus den südlich von ihr liegenden Mösern emporragen sieht; diese waren um 1620 nicht so geschlossen bewaldet wie heute.

Daß es sich auf unserem Bild sicher um die genannte Burg handelt, die Bernhard Khevenhüller am 1. 5. 1545[l] von König Ferdinand als Burgstall bzw. öden Turm erwarb, ergibt sich eindeutig aus einer näheren Prüfung der Anlage, die jetzt natürlich viel mehr verfallen ist als damals. Die weite Ausbreitung im Gelände, der in denselben Kehren an der gleichen Stelle wie heute aufsteigende Burgweg, der Bergfried und die Burgkapelle, die ja jetzt noch stehen, an den entsprechenden Stellen der Burg, wie sie Franz Kohla 1926 im Grundriß aufgenommen hat,[o] erleichtern die Identifizierung. Zur Gewißheit wird diese, wenn man sieht, wie links vom Bergfried an dessen Westeck zerborstenes Mauerwerk schräg nach außen allmählich abfällt, damals, vor mehr als dreieinhalb Jahrhunderten, wie unser Bild zeigt, und ebenso noch heute. Das Bild der Khevenhüller-Chronik aus der Zeit um 1620 ist als einzige erhaltene Ansicht der Burg Hohenwart von grundlegender Bedeutung. Ihre Geschichte unter den Khevenhüllern stimmt mit der von Sternberg (vgl. Tafel 7) überein.

Tafel 6

Ritterliches Paar des früheren 16. Jahrhunderts
Kraiger Schlösser bei St. Veit an der Glan in Kärnten

Anders als das Schloß Hohenwart, von dem der größte Teil nicht mehr existiert, sind die Kraiger Schlösser, deren älteste Abbildung aus der Zeit um 1620 in der Khevenhüller-Chronik vorliegt, noch heute von einem Abhang unweit dem Talboden 200 m nordöstlich von Grassen genauso zu sehen wie vor 350 Jahren. Hochkraig oben am linken Bildrand präsentiert sich mit seinen Türmen, Mauern und Zinnen ebenso wie auf unserem Bild: nur hat die Kapelle heute kein Dach mehr. Selbst der einzeln stehende Vorwerksturm rechts von der Hauptruine ist so plaziert — allerdings von hier jetzt ebenso wenig sichtbar wie der tief unten zwischen Hoch- und Niederkraig die Schlucht überquerende Viadukt einer mittelalterlichen Wasserleitung. Und dann ragt der steile Felsen hoch, auf dem sich die Bauten von Niederkraig erheben, nur heute — bis auf die Kapelle, die in der Barockzeit einen Zwiebelturm bekam — dachlos und so schon vor 125 Jahren, als der Kärntner Künstler Markus Pernhart die Kraiger Schlösser zeichnete. Das Wasser im Vordergrund ist jedoch nicht mehr so breit wie zu Beginn des 17. Jahrhunderts.

Die Herrschaft Kraig mit den Schlössern kaufte 1591[wi] Freiherr Siegmund III. Khevenhüller von Hans Grafen zu Hardegg, vererbte sie bei seinem Tode 1594 an seinen Sohn Paul, der sie laut einer Urkunde vom 2. 9. 1626[l] an Ludwig Grotta 1616 veräußerte; dieser erhielt 1630 das Prädikat von Grottenegg verliehen.

Der hier angeblich Dargestellte wird von der Khevenhüller-Chronik als Hans I. Khevenhüller bezeichnet, seine Gemahlin als Magdalena von Khünburg. Er soll am 28. 9. 1323 als Gefolgsmann König Friedrichs von Österreich zusammen mit diesem durch Kaiser Ludwig den Bayern gefangengenommen worden sein und sich auch unter den Kärntner Landsleuten befunden haben, die Herzog Otto von Österreich huldigten. Als sein Todesjahr wird 1332 angegeben, von dem Landeshauptmann Freiherr Georg Khevenhüller in seiner 1583/84 verfaßten Khevenhüller-Lebensbeschreibung behauptet, es sei das Hochzeitsjahr gewesen. Allerdings weiß dieser über ihn nicht mehr, als daß er nur einen Sohn gleichen Namens gehabt habe, der 1367 Burggraf von Federaun geworden sei.

Dem gegenüber ist zu betonen, daß die älteste genealogische Überlieferung der Khevenhüller, welche in den Bildern aus der Zeit um 1550 in Nieder- und Hochosterwitz besteht (Abb. 1—12, S. 21/22), nur drei Träger des Namens Hans Khevenhüller in älterer Zeit kennt, Hans III., wie wir zählen, „+ 1460", dann Hans II. unserer Zählung, „+ 1434", in Wirklichkeit wohl 1437, und schließlich Hans I. von dem wir wissen, daß er 1425 gestorben ist und von dem auf dem Bild behauptet wird, er habe mit dem nie existierenden Herzog Ottokar von Kärnten 1165 am Züricher Turnier teilgenommen, und dies, weil durch das phantasiereiche Turnierbuch Georg Rüxners bekannt war, daß ein Khevenhüller an diesem Turnier teilgenommen haben sollte, der aber Siegmund genannt wird. Dem entgegen stand die unter Landeshauptmann Christoph Khevenhüller noch recht intakte Familienüberlieferung, die nur drei Träger des Namens Hans mit Sicherheit als älteste Vorfahren kannte und niemanden darüber hinaus, weswegen man den ersten Hans notgedrungen aufgrund des für bare Münze genommenen Rüxnerschen Märchens ins 12. Jahrhundert hinauf projizierte.

Unter diesen Umständen möchten wir es nicht wagen, dem Vater des seit 1396 urkundlich bezeugten, 1425 gestorbenen Hans I. Khevenhüller den Vornamen Hans beizulegen, wie es frühestens in dem in Stockholm erhaltenen Khevenhüller-Stammbaum von 1568 (Abb. 32, S. 78/79) geschieht, da derselbe nicht nur diesen Hans einführt, sondern auch hinter Hans III. unserer Zählung (IV. des Stammbaums) noch einen weiteren Hans (V. des Stammbaums), den es nie gegeben hat, und dem des inzwischen 1557 verstorbenen Hüters der Khevenhüller-Genealogie, Landeshauptmann Christoph Khevenhüllers mütterliche Großmutter Christina Zilhart als Gattin zugeordnet wird, um ihn glaubhafter zu machen.

Aber eines hat Wilhelm Neumann im 15. Jahrbuch des Stadtmuseums Villach einleuchtend dargelegt: Der Vater des von 1396 bis 1425 in Villach urkundlich als reicher Bürger und auch seit 1416 als Burggraf von Federaun bezeugten Hans I. Khevenhüller (unserer Zählung) muß schon nach Villach eingewandert sein, nicht erst Hans I. Denn es wäre unter den damaligen Verfassungsverhältnissen unwahrscheinlich, daß auch des letzteren Schwester Anna in Villach seßhaft geworden wäre, die doch bald nach dem Jahre 1400 den Villacher Bürger Martin Lembacher heiratete, so daß Hans I., der noch in einer Urkunde vom 11. 8. 1400[v] dessen Nachbar heißt, in einer solchen vom 27. 8. 1415[v] als dessen Schwager bezeichnet wird. Anna Lembacher starb laut Kalender der Villacher Pfarrkirche St. Jakob am 4. 8. 1421,[a] also vier Jahre vor ihrem Bruder Hans I. Der Vater der beiden ist nach Meinung Neumanns, der durchaus beizupflichten ist, offenbar unter Ausnützung der in Villach von 1351 bis 1359 herrschenden Steuerfreiheit dahin zugezogen.

Die Stadt Villach hatte nämlich durch ein verheerendes Erdbeben am 25. 1. 1348 die Zerstörung zahlreicher Häuser sowie der Stadtbefestigung und Hunderte von Toten zu beklagen gehabt. Unter Gutheißung des Stadtherrn Bischof Friedrich von Bamberg und mit dessen Privileg publizierten die 12 Geschworenen und die Gemeinde zu Villach am 10. 1. 1351[w] eine achtjährige Steuerfreiheit und boten bereits Ansässigen oder Zuziehenden, die weder Haus noch Hofstatt in Villach hatten, die Erwerbsmöglichkeit einer solchen Liegenschaft an, welche dem Wert ihrer Habe entspräche, dazu die Verleihung des Bürgerrechts. Nur aus des Bischofs von Bamberg Städten durfte man lediglich mit dessen ausdrücklicher Genehmigung zuziehen. Die Ortschaft Kevenhüll bei Eichstätt liegt nicht im Gebiet des Bischofs von Bamberg; von dort konnte man ohne Umstände nach Villach ziehen, und so wird von diesem Recht um 1355 der Vater von Hans I. und von Anna Gebrauch

gemacht haben, den man vielleicht erst in Villach nach seinem Herkunftsort Kevenhüll benannte. Damit deckt sich auch der am 1. 1. 1563 von Hans V. Khevenhüller, dem späteren kaiserlichen Gesandten in Spanien, laut seinem Tagebuch gegenüber König Ferdinand mündlich und schriftlich vorgebrachte Hinweis, daß sein Geschlecht seit 200 Jahren in Österreich sei.
Nur war der erste Khevenhüller auf Kärntner Boden kein Ritter mit glitzerndem Harnisch, wie ihn Tafel 6 aufgrund der phantastischen Schilderung der Khevenhüller-Chronik glaubt darstellen zu müssen, sondern ein mit einem kleinen Vermögen versehener fränkischer Zuwanderer, dem das Villacher Bürgerrecht und die bis 1359 gültige Steuerfreiheit Anreiz zur Ansiedelung in der durch das Erdbeben entvölkerten wichtigen Handelsstadt boten. So kommt es auch, daß er natürlich nicht am Hauptplatz gegenüber dem Rathaus, wo erst der vermögende Sohn Hans I. Fuß fassen konnte, sondern in einem Seitenteil der Stadt nahe der Judenschule einen Siedelplatz fand, wo die Khevenhüller ihr altes Stammhaus bis ins 17. Jahrhundert hegten, obwohl sie bereits im 16. Jahrhundert über komfortable Wohngebäude in Villach verfügten.[r] *Daß die ersten Khevenhüller in Villach keiner hohen Abkunft waren oder gar dem Adel angehörten, wie die Khevenhüller-Chronik für die auf Tafel 6 Dargestellten glaubhaft zu machen sucht, wird schließlich durch die Tatsache erhärtet, daß des zugezogenen Khevenhüllers Sohn Hans I. und auch sein Schwiegersohn Martin Lembacher als bürgerliche Zeugen bei der Feststellung der Villacher Burgfriedsgrenze am 10. 3. 1400*[w] *am Schlusse der hinter dem Stadtrichter genannten Villacher erscheinen, d. h. selbst unter den Bürgern keineswegs zu den ersten zählten. Erst Hans I. ist im Laufe seines Lebens und Strebens der Aufstieg gelungen.*
Was wir auf Tafel 6 vor Augen haben, können wir daher nur ohne Beziehung auf die Khevenhüller als ritterliches Paar des frühen 16. Jahrhunderts bezeichnen. Prunkvoll ist der etwas phantastische gebläute Tonnenrockharnisch des Ritters, mit geätzten und vergoldeten Streifen reich verziert, Hals und Schulterstück mit Schwebescheiben versehen; auf dem Kopf hat er einen Sturmhut, und die Linke stützt sich auf ein Prunkschwert, ähnlich wie es am Maximilians-Grab in der Innsbrucker Hofkirche Herzog Leopold III. tut.[z]
Der angeblichen Khünburgerin, seiner Gemahlin, hat der Maler über das reiche goldbrokatene Untergewand, das breit zur Geltung kommt und im eckigen Halsausschnitt das weiße, offen getragene Hemd sehen läßt, ein goldfarben gefüttertes, violettsamtenes Obergewand mit goldbordierten, gepufften Ärmeln gegeben und auf den Kopf, der unter der Goldhaube das Blondhaar hervorquellen läßt, ein fesches Barett im gleichen Violett gesetzt. Eine Perlenkette um den Hals und die geflochtene Goldkette mit anhängendem Kleinod auf der Brust, je zwei Ringe mit gefaßten Edelsteinen an den Händen sowie der goldene Gürtel um die Taille vervollständigen die modische Tracht der Dame aus der Zeit um 1520. Auch der von Rot und Silber gespaltene Schild der Khünburger mit der Kugel in gewechselten Farben wurde erst 1468 mit dem von Schwarz und Silber geteilten Schild der Steierberger, der ein Türband in gewechselten Tinkturen zeigt, so vereint, wie er sich geviert auf unserem Bilde präsentiert;[m] *er paßt daher keineswegs zu dem in der Khevenhüller-Chronik mit unserem Bilde in Verbindung gebrachten Jahr 1332.*

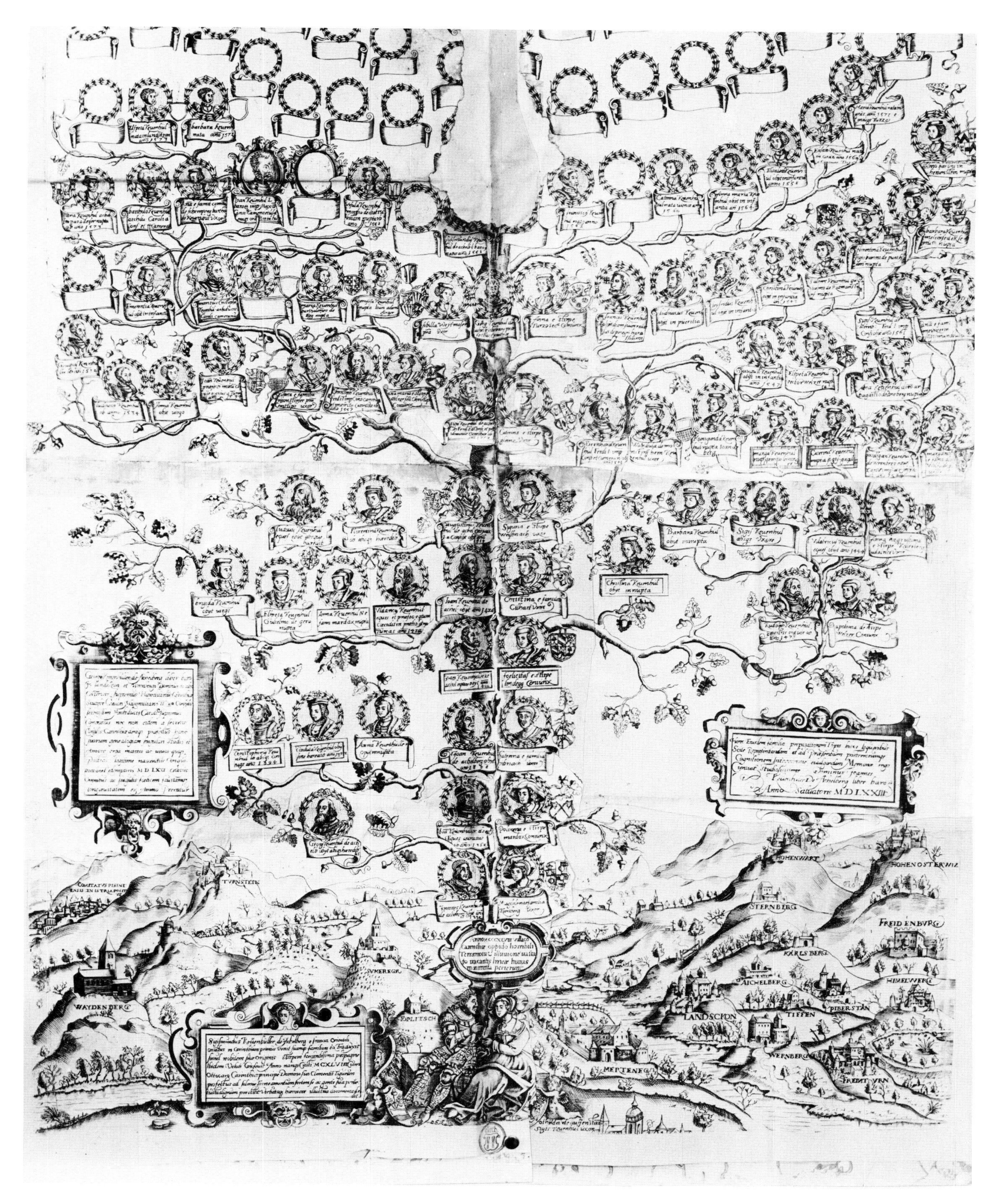

22: Von Georg II. entworfener Stammbaum, 1573

Tafel 7

Reiterhauptmann des frühen 16. Jahrhunderts Burg Sternberg in Kärnten

Eng verwandt mit dem gebläuten Harnisch des Ritters auf Tafel 6 ist der ebenfalls ähnlich phantastische geschwärzte Tonnenrockharnisch mit schwarz geätzten Streifen, den der Reiterhauptmann auf Tafel 7 trägt; auch er ist der Romantik des Maximilians-Grabes in Innsbruck verpflichtet, jedoch nur mit geringer Verwendung von Goldzier und darum ein Bild harten Kampfeswillens gegenüber der modischen Tändelei des Geharnischten auf Tafel 6. Der Kragen ist lappig gerandet, die Achseln sind angehängt, darunter sieht das Panzerhemd hervor, die Armmuscheln scheibenförmig. Auf dem romantisierenden Sturmhut bauschen sich eine schwarze und zwei gelbe Straußenfedern entsprechend den khevenhüllerischen Wappenfarben. Das Schwert ist nach Art der Renaissance-Prunkschwerter gestaltet, eine italienische Arbeit. Das Ringelpanzerhemd mit Kapuze liegt unter dem Plattenharnisch. In der Rechten hält die das Bild beherrschende Gestalt des „schwarzen Ritters" gravitätisch einen Kommandostab, das sogenannte „Regiment."

Im Hintergrund des Recken sind Fußvolk und Reiter in starken Formationen mit wehenden Fahnen im heftigen Ansturm gegeneinander. Vermeldet ja schon des berühmten Kärntner Chronisten und evangelischen Predigers auf Hochosterwitz Michael Gothard Christalnick eigens für die Khevenhüller aus seiner 1578 begonnenen großen „Chronik von Kärnten" hergestelltes Exzerpt[k] zum Jahre 1343, wie Reichard Khevenhüller und andere Edle als Hauptleute 800 Reiter und 2000 Fußknechte auf Anordnung Herzog Ottos unter Landeshauptmannschaftsverwalter Friedrich von Aufenstein zu den 1000 Reitern und 5000 guten Bogenschützen Erzherzog Albrechts und dem zahlreichen Kriegsvolk des Grafen Heinrich von Görz, der Markgraf Ludwig von Brandenburg in Tirol angreifen wollte, stoßen ließen, und von dem Hinterhalt, vor dem Reichard Khevenhüller den Grafen von Görz warnte, sowie der Umzingelung durch 50 Tiroler Reiter, aus der Erzherzog Albrecht den Grafen von Görz sowie Reichard Khevenhüller und drei weitere Kärntner Adelige rettete. Allerdings ist an dem ganzen Bericht kein wahres Wort, Herzog Otto bereits 1339 gestorben und Herzog Albrecht von Österreich als friedliebender Herrscher in der Lage gewesen, die Zwistigkeit mit dem Brandenburger ohne Waffengewalt beizulegen. Auch der Aufstand, den 1361 die Wolfsberger Bürger gegen den Vizedom des Bischofs von Bamberg, Eberhard von Kollnitz, erregten und den Landeshauptmann Graf Johann von Pfannberg angeblich mit besonderer Unterstützung Friedrich Welzers, Reichard Khevenhüllers und Konrads von Silberberg niederschlug, ist nicht verbürgt. Reichard III., wie er in der Khevenhüller-Chronik heißt, ist in Wirklichkeit eine Sagengestalt, und er ist es auch nicht gewesen, der entsprechend der Angabe Christalnicks sein Geschlecht aus Franken nach Kärnten führte, obwohl dessen Übersiedlung ins Kärntner Land tatsächlich nahe dem Beginn der 2. Hälfte des 14. Jahrhunderts erfolgte.

So liegt der Wert unseres Bildes in der einzigen erhaltenen Ansicht der Burg Sternberg, deren langgezogene Südwand noch dachlos in der feinen Zeichnung aus der Zeit um 1850 zu sehen ist, die Markus Perhart damals von ihr fertigte. Die Grundrisse des Vorhofs und der Burgkapelle im Westen sind heute noch erkennbar. Und wenn man sich beim Bildstock östlich der Ortschaft Sand aufstellt, so präsentiert sich der Fels mit den Resten der Burg Sternberg genau so wie vor 350 Jahren, und es setzt links davon an der gleichen Stelle die bewaldete Höhe 772 des Schmarotzwaldes an.

Den Burgstall und das Amt Sternberg verkaufte Erzherzog Ferdinand von Österreich am 1. 5. 1545[l] an Bernhard Khevenhüller von Aichelberg. Seit der Zerstörung der Burg Sternberg im Krieg um das Erbe der Grafen von Cilli (1456/57) hatte sie nie wieder Bedeutung erlangt. Daher erscheint sie auch auf unserem Bilde nicht mehr als burglicher Bau. Das Amt Sternberg wurde mit dem Amt Landskron in den Händen Landeshauptmann Christoph Khevenhüllers, der seinen Bruder Bernhard (+ 1548) beerbte und schon am 8. 7. 1542[l] Landskron erworben hatte, vereinigt. Es hat dann dasselbe Schicksal wie Landskron und wird schließlich als Erbe des unter die Fahnen König Gustav Adolfs von Schweden getretenen Hans VI. Khevenhüller 1632[e] von Reichs wegen konfisziert und kommt 1639[e] käuflich an Siegmund Ludwig von Dietrichstein.

Hans I. Khevenhüller (ca. 1360-1425), Burggraf zu Federaun, und seine zweite Gattin, eine geborene Ebringer (fälschlich als Polixena Mordax bezeichnet). Im Hintergrund Burg und Turm Federaun samt Gailbrücke

Hans I. Khevenhüller ist die erste urkundlich bezeugte Persönlichkeit aus dem Hause Khevenhüller, die uns auf den Bildern zur Khevenhüller-Chronik begegnet. Auch Burg und Turm Federaun, deren älteste erhaltene bildliche Darstellung aus der Zeit um 1620 hier vorliegt, vermochte er amts- bzw. lehensweise zu bekommen und hält daher von Rechts wegen den Richterstab des Burggrafen von Federaun und Landrichters im Kanaltal in der Rechten. Überdies war er Stadtrichter von Villach von 1413 bis 1416.

Wir begegnen dem auf Tafel 8 Dargestellten zum ersten Mal und damit auch quellenmäßig seinem Geschlecht in Kärnten in einer Urkunde vom 28. 10. 1396,[w] in welcher Peter der Liebenberger versichert, daß er dem ehrbaren Mann Hans dem Chefenhuler, Bürger zu Villach, seiner Wirtin (Ehefrau) und allen ihren Erben 26 Pfund guter Wiener Pfennige, die zu den Zeiten zu Villach gang und gäbe sind und um die er Gewand von ihnen gekauft hat, auf Fastnacht 1397 zahlen soll. Als bürgerlicher Textilhändler in Villach tritt uns also dieser erste Khevenhüller in Kärnten, den wir urkundlich fassen können, zunächst entgegen. Vom 15. 8. 1399[b] ist auch ein Lehenbrief Bischof Albrechts von Bamberg, des Villacher Stadtherrn, im Wortlaut erhalten, demzufolge dieser seinem Bürger zu Villach Hans Kevenhuler und dessen Erben das Gärtlein an der Judenschule (Synagoge) bei der Drau, das an den Weg bei des Guardians (des Villacher Minoritenklosters) Badstube reicht, auf seine, des Bischofs, Lebzeiten zu Lehen gegeben hat. Eine Hube zu Pogöriach, auf welcher der Mauteinnehmer hauste, und ein Gut zu Turdanitsch, auf dem Jakob der Beschorene saß, hatte ihm der Bischof schon am 31. 7. 1399[b] gegen jährliche Zahlung von 1/2 Mark Aquilejer Pfennige zu Zinslehen gegeben.

Ein Vertrag zwischen dem Grafen von Cilli und der Stadt Villach mit der Festlegung des Seebachs als Grenze gegenüber dem Landgericht Landskron vom 10. 3. 1400[w] sieht Hans Khevenhüller zusammen mit Martin Lembacher gegen Ende der vom Stadtrichter angeführten bürgerlichen Zeugen- und wahrscheinlich Geschworenenreihe. Am 11. 8. 1400[v] verkaufen Martin Lembacher, Bürger zu Villach, und Frau Gertraud ihrem lieben Nachbarn Johann Khevenhüller, seiner Frau und ihren Erben einen Acker unter St. Kathrein um 9 1/2 Pfund guter Wiener Pfennige. Da Lembacher am Oberen Hauptplatz ansässig war, muß Khevenhüller als Nachbar schon im Jahre 1400 dort das Haus gegenüber dem damaligen Rathaus besessen haben, von dem eine Urkunde vom 10. 5. 1439[v] berichtet, nicht nur das Stammhaus und spätere Freihaus unweit der Synagoge.

Einen Villacher Hauskaufbrief vom 27. 10. 1413[v] besiegelt Hans Khevenhüller in seiner Eigenschaft als Stadtrichter zu Villach mit seinem persönlichen Siegel (Abb. 23, S. 62). Ein Wappen hat ihm bereits König Wenzel (1376-1400) verliehen. Dies erfahren wir aus der Wappenbestätigungsurkunde des Königs Sigismund vom 9. 1. 1425:[w] einen von Schwarz und Gelb geteilten Schild, darin oben eine gelbe Eichel mit Stiel zwischen zwei gelben Eichenblättern, unten ein schwarzer gewundener Strich überzwerch, dann eine schwarze, gelb unterzogene Helmdecke und auf dem Helm einen halben Steinbock mit zwei Hörnern, vom Hals bis an die Brust gelb und den anderen Teil schwarz, einen Fuß schwarz, den anderen gelb, die Klauen schwarz. Auch eine Urkunde vom 27. 8. 1415[v] trägt das Siegel von Hans Khevenhüller, Richter zu Villach, sowie von seinem lieben Schwager Martin Lempacher, dem bambergischen Amtmann zu Villach, der als Hans Khevenhüllers Nachbar dessen Schwester Anna bald nach 1400 geheiratet hat. Khevenhüller ertauscht bei diesem Rechtsgeschäft von den Zechmeistern der Villacher Schuster- und Ledererzunft drei Äcker zwischen St. Johann und St. Martin sowie ein kleines Äckerl ober St. Martin bei Villach, eine Hofstätte zu Villach bei den Minoriten und eine solche auf dem nördlichen Drauufer beim Zehentstadel, aus der ein Gärtel gemacht wurde. Den größten Teil dieser Liegenschaften wollte der Ackerbürger Johann Khevenhüller offenbar im eigenen landwirtschaftlichen Betrieb nutzen.

Während der Zeit seiner Stadtrichterschaft war Hans I. Khevenhüller bereits Pächter der Villacher Maut des Bischofs von Bamberg, und am 31. 7. 1416[b] erneuert er diese Pacht von Georgi 1417 bis Georgi 1421. Die 4.230 Gulden für die vierjährige Pachtzeit hat er dem Bischof bereits bezahlt, als er den Julivertrag von 1416 schließt. Infolge seiner großen finanziellen Macht war Hans I. der gegebene Hüter Villachs in einer aufregenden Zeit. König Sigismund führte Krieg mit Venedig, wohin doch Villachs Handel ging, und übertrug das weltliche Generalvikariat über das Patriarchat Aquileja im Spätherbst 1411 dem Grafen Friedrich von Ortenburg, den schon König Wenzel, dem Hans I. Khevenhüller für seine treuen Dienste sein Wappen verdankte, hierzu berufen gehabt hatte. Die Grafen Heinrich von Görz und Friedrich von Ortenburg blieben auch 1413 die Bevollmächtigten des Königs, der sich im April desselben Jahres zu einem fünfjährigen Waffenstillstand herbeiließ. Doch bestanden die Gegensätze fort, und als die Stadtrichterwahlperiode Hans' I. zu Ende war, ersuchten Rat und Gemeinde von Villach am 15. 4. 1416[w] den bambergischen Vizedom in Wolfsberg, Walter von Güsbach, den Khevenhüller als Stadtrichter weiterzubestellen. Am 16. 4.[k] brachte Khevenhüller gegenüber dem Vizedom seine Befriedigung darüber und über die positive Haltung des Vizedoms zu seiner Weiterbestellung zum Ausdruck. Er betonte, er traue sich zu, falls Krieg und Verwirrung entstehen sollten, der Stadt und den Leuten daselbst nach bestem Vermögen Schutz gewähren zu können. Er wollte auf Wunsch des Vizedoms mit nach Graz reiten, wozu auch Siegmund Mordax und der

Pibriacher bereit wären, um dort Näheres über die Entwicklung der Zustände zu erfahren, da ja die Habsburger im Venezianer-Krieg Gegner König Sigismunds waren (Abb. 24, S. 62).

Dabei hatte sich Hans I. Khevenhüller politisch gut gesichert, indem er am 21. 4. 1415[l] eine Hube zu Jeserz unter Sternberg vom Grafen Friedrich von Ortenburg zu Lehen genommen und sich so in dessen Klientel eingereiht hatte. Da der wendige Mann in den Augen Bischof Albrechts von Bamberg der beste Schützer des von Villach nach dem umstrittenen Friaul und nach Venedig führenden, damals zu Bamberg gehörenden Kanaltals sein mußte, kam es nicht zu seiner Weiterbestellung als Villacher Stadtrichter, sondern am 31. 7. 1416[b] hatte er zu bestätigen, daß ihm der Bischof Schloß und Feste Federaun, die Villach gegen das Kanaltal sperrten, gegeben und ihn dort auf vier Jahre zum Burggrafen gemacht hatte. Damit verband sich offenbar das Landgericht im Kanaltal, wie auch die Abrechnung zwischen Bischof Friedrich von Bamberg und dessen Federauner Burggrafen Hans Khevenhüller dem Älteren, wie er nun heißt, vom 29. 12. 1421[b] erkennen läßt. Über seine Einnahmen im Kanaltal von Michaeli 1419 bis zum kommenden Georgitag 1422, ebenso über die Burghut zu Federaun und den Turm darunter, der auch auf unserem Bild sehr auffällig sichtbar ist, legt er Rechnung, wobei sich Einnahmen und Kosten gegenseitig decken, zumal Khevenhüller dem Bischof 5oo Gulden zur Auslösung der verpfändeten bambergischen Feste Dietrichstein geliehen hatte. Dabei hat den Turm unter Federaun Gerdraut Zarnarathin, Tochter des verstorbenen Ebringer von Federaun, ihrem „lieben Schwager" Hans Khevenhüller verkauft, weswegen sie am 16. 4. 1420[b] diesen Turm dem bambergischen Vizedom Walter von Güsbach aufsandte. Am 9. 1. 1422[b] empfing dann Hans Khevenhüller, Burggraf zu Federaun, von dem neuen Bamberger Bischof Friedrich seine Lehen, nämlich seinen Burgsitz unter Federaun in dem heute noch nahe der alten Straße von Villach nach Federaun stehenden, jetzt zerborstenen Turm, dann den uns schon von der Lehenvergabung des Jahres 1399 bekannten Garten bei der Judenschule in Villach, zwei Fleischbänke zu Villach und zwei Huben zu Vassach, ferner den Zehent zu Villach bei St. Martin, den er von Ritter Siegmund Mordax gekauft hat, zu dem die Verwandtschaft angegeben wäre, hätte Khevenhüller Polixena Mordax zur Frau gehabt, ferner eine Halbhube zu St. Michael, einen Acker im Gereut bei St. Leonhard und einen beim Kreuz in der Vorstadt, eine Hofstatt am Rindermarkt zu Villach und eine Stampfstatt, wohl einen Lederstampf, an der Fellach, schließlich an Zinslehen die schon 1399 überlieferte Hube zu Pogöriach und zwei Güter zu Turdanitsch. Der Vergleich des Umfangs dieser Lehen zu dem von 1399 kennzeichnet den außerordentlichen Aufstieg, den Hans I. Khevenhüller genommen hatte, ebenso wie sein Burggrafenamt sein Hochkommen in den Adel manifestiert, wenngleich er bis zum Lebensabend Bürger blieb. Auch seine Gattinnen gehörten in diesen gehobenen Bereich. Wilhelm Neumann hat im 15. Jahrbuch des Museums der Stadt Villach nachgewiesen, daß seine erste, am 26. Juli wohl des Jahres 1402[a] gestorbene Gattin Erentrudis geb. Volrer war, weil der herzogliche Pfleger zu Landskron Christoph Volrer von Hans II. Khevenhüller, dem Sohn Hans' I., in seinem Lehensrevers über die Burg Aichelberg vom 30. 9. 1431[w] als Bruder seiner Mutter sein Oheim genannt wird. Die Volrer sind in der 1. Hälfte des 14. Jahrhunderts Angehörige des niederen Adels. Die zweite Gattin Hans' I. war eine Tochter Nikolaus Ebringers von Federaun, der dort des Bamberger Bischofs Burgmann war, und Gerdraut Zarnarathin war ihre Schwester.

Der letzte Eintrag im Bamberger Lehenbuch, der unseren Hans I. Khevenhüller nennt, stammt vom 24. 5. 1423.[b] Er als der ältere und sein jüngerer gleichnamiger Sohn leisten Bischof Friedrich von Bamberg die Erbhuldigung hinsichtlich des Burggrafenamts zu Federaun. Am 28. 1. 1425[a] stirbt Hans I., wie der Kalender der St. Jakobskirche in Villach aussagt, „qui fuit multum solempnis civis Villaci", der ein hochberühmter Villacher Bürger war (Abb. 26, S. 63). Diesen Nachruhm kann er mit Recht in Anspruch nehmen.

Seine letzten Tage wurden ihm allerdings durch die große Aufregung vergällt, welche die Belagerung der Stadt Villach durch Graf Hermann von Cilli, den Erben Graf Friedrichs von Ortenburg, vom 17. bis 20. Jänner 1425 verursachte. Der Graf hatte viele Belagerungsmaschinen an die Stadt herangeführt, suchte sie zweimal zu erstürmen und schließlich durch eine Kriegslist einzunehmen. Aber die Villacher, die des Grafen und seiner Leute Häuser und Getreidekästen in der Stadt abbrachen und das Getreide entnahmen, verteidigten die Stadt erfolgreich; selbst Frauen und Priester beteiligten sich an der Verteidigung durch Löschen da und dort entstehender Brände. Wie nahe diese Belagerung Hans I. Khevenhüller gehen mußte, ergibt sich aus dem Widerstreit seiner Lehenspflichten gegenüber dem Bischof von Bamberg als Stadtherrn und dem Grafen von Cilli als Angreifer Villachs. Die Leiden jener Tage bildeten zweifellos die Ursache seines kurz darauf erfolgten Todes, zumal ihm die Villacher eine Mühle an der Drau und ein gutes Haus dabei abbrannten sowie andere Liegenschaften beschädigten, wie spätere Berichte erkennen lassen.

Wie ungeheuer groß sein Vermögen am Ende seines Lebens war, geht aus der Stiftung einer Gabe von allwöchentlich je 8 Wiener Pfennigen für 20 arme Leute in Villach hervor, die allerdings erst sein Enkel Hans III. am 10. 5. 1439[v] ausführte. Diese jeden Samstag zur Austeilung an die Armen nötigen 160 Pfennige wurden durch 34 Pfund 6 Schilling Wiener Pfennige (= 8.340 Pfennige) jährlicher Reichnisse von 17 Villacher Liegenschaften aufgebracht, von denen sie Hans I. Khevenhüller zu beziehen hatte. Dabei belegte er sein eigenes Haus nahe der Judenschule mit jährlich 3 Pfund Pfennigen Armengabe, während das Haus Lembachers die Hälfte zu reichen hatte, ebensoviel das der Frau Haberl. Nicht weniger als 5 Pfund mußte Dietz von zwei Kramläden und einem Verkaufsgewölbe samt Haus und Hofstatt leisten. Weitere zinspflichtige Inhaber von Villacher Häusern und Hofstätten sind zwei Schneider, ein Schmied, ein Schuster, ein Sporer, ein Tänzer, ein Binder und ein Kürschner. Alle diese und noch vier weitere Liegenschaftsinhaber hatten von Hans I. Khevenhüller Hypotheken empfangen, von denen sie nun die Zinsen an die Armenstiftung geben mußten. Dabei liegen das Haus des einen Schneiders namens Clement und das des Michel von

Ekk rechts und links vom Khevenhüllerhaus am oberen Platz dem Rathaus gegenüber, von dem Hans III. Khevenhüller für die Verwaltungsausgaben der Stiftung jährlich 5 Pfund Pfennige über die oben genannte, den Armen zugedachte Summe hinaus zu geben verspricht. Wie groß diese Stiftung war, kann aus dem oben erwähnten Kaufpreis des Lembacher-Ackers im Jahre 1400 erschlossen werden. Ein ganzer Acker am damaligen Stadtrand von Villach kostete nur 9 1/2 Pfund Wiener Pfennige, also 2.280 Pfennige, während jährlich für die Stiftung von Hans Khevenhüllers Liegenschaften 9.540 Pfennige eingingen, also mehr als das Vierfache dessen, was man für einen Acker zahlen mußte.
Wie wir oben aufgrund der im 15. Jahrbuch des Museums der Stadt Villach veröffentlichten Forschungen Wilhelm Neumanns festgestellt haben, war Hans I. Khevenhüllers zweite Gattin, die er ein paar Jahre nach dem Tode ihres vor 1399 verstorbenen Vaters Nikolaus Ebringer von Federaun nach seiner um 1402 gestorbenen ersten Gattin Erentrudis heiratete, eine geborene Ebringer von Federaun gewesen. Ihre Darstellung und die Hans' I. zu Füßen der Burg Federaun waren also seit 1416 durchaus am Platze, und daß es sich dabei nicht um Polixena Mordax handeln konnte, darauf haben wir aufgrund des Fehlens von Verwandtschaftsangaben in Urkunden und Briefen Hans' I. bei Erwähnung der Angehörigen der Familie Mordax schon hingewiesen. Das Mordaxwappen mit den zwei gekreuzten Mordäxten,[ß] welches die Frau mit der Linken an einem Riemen hält, ist also fehl am Platze. Im übrigen ist aber die Figur in weitestgehendem Maße eine malerische Spiegelung des Standbildes der Kunigunde am Maximiliansgrab in der Innsbrucker Hofkirche. Wie diese Schwester Maximilians I. in ihrem 1516 von Gilg Sesselschreiber geschaffenen Standbild hält sie in der Hand ein aufgeschlagenes Buch, um mit innerer Sammlung darin zu lesen, nur die Ebringerin in der rechten, Kunigunde in der linken Hand; sie ist aber sonst in der gesamten Haltung mit dem Innsbrucker Vorbild identisch. Die Wulstmütze, der Haarbeutel, der am Hals weit hinaufreichende, andererseits auch die Brust bedeckende Überkragen, das nur eine Schuhspitze freilassende Brokatgewand mit zerschnittenen Ärmeln gestatten so enge Vergleiche zwischen unserem Bild aus der Khevenhüller-Chronik und der Kunigunde des Maximiliansgrabes, daß unser Maler dieses oder eine Zeichnung davon bzw. dazu gekannt haben muß. Wir haben daher hier vor allem zusätzlich die Farbigkeit zu erwähnen, das Violett und die Goldstickereien an der Wulstmütze, das Goldbraun des Haarbeutels und des großen Überkragens, das Grün des Brokatgewandes mit dem dunkelgrünen Palmettenmuster und das rote Seidentaftfutter, das an den Ärmelenden die Hände rahmt und an der Schlitzstelle eines Ärmels am Armgelenk hervortritt. Die Glasperlenkette, die Kunigunde ober ihrem Überkragen trägt, ist hier durch eine weiße, schwarzbestickte Bordüre ersetzt. Der violette, goldgesäumte und am Ende goldgefranste Gürtel ist genau so gelegt wie bei Kunigunde. Das einzig Neue auf unserem Bild ist die Goldkette mit emailliertem Medaillon, die dem Überkragen aufliegt.
Leicht der Gattin zugewendet, ist Hans I. Khevenhüller im kurzen von silbergrauen Pelzstreifen gesäumten roten Samtrock dargestellt. Blaue Strümpfe stecken in braunen spitzen Lederschuhen. An dem mit einer Doppelreihe herabhängender Goldringe ausgestatteten goldenen Gürtel hängt der Dolch mit reichem, goldgeziertem Griff, über den ein Rosenkranz mit anhängendem Krukenkreuz gehängt ist. Den Kopf bedeckt ein brauner Pelzhut mit goldener Agraffe. Das Schwert mit Goldgriff liegt zu Füßen, ebenso ein gebläuter Visierhelm samt dazupassenden Eisenhandschuhen. Gravitätisch hält der Burggraf den Richterstab auf die Hüfte gestützt in der Rechten.
Die Holzbrücke über die Gail, die Gebäude des Ortes Federaun, gekrönt von dem khevenhüllerischen Turm, den die Familie noch bis ins 17. Jahrhundert inne hatte, die zur Drau herabführende alte Römerstraße von Villach mit der Matthäuskapelle und im Hintergrund hoch oben auf felsiger Höhe die noch gut erhaltene große Burg Federaun mit ihrem zinnengekrönten breiten Palas sind schätzenswerte Zeugen aus alter Zeit vor dreieinhalb Jahrhunderten, die sehr zum Verständnis der heute noch sichtbaren Gebäude und Gegebenheiten beitragen. Das umsomehr, als die Burg auf der Höhe durch Errichtung einer Befestigung gegen die Franzosen im Jahre 1809 und eines Schrotturms um 1860 erheblich gestört und verändert wurde. Josef Wagner weist schon 1845 in seinem „Album für Kärnten" darauf hin, daß nur noch der Turm im Orte seine ursprüngliche Gestalt habe. Unter den verschiedenen aus dem 19. Jahrhundert überlieferten Abbildungen kommt der Zeichnung Markus Pernharts aus der Zeit um 1850 besondere Bedeutung zu; sie läßt deutlich erkennen, daß von dem um 1600 stehenden Palas auf unserem Bilde damals noch hochragende Ruinen vorhanden waren. Das Gebäude vlg. Wirt in Unterfederaun, das als Zubehör des Turmes schon in Bamberger Lehenbriefen für Freiherrn Georg Khevenhüller vom 15. 3. 1567[l] und dessen Sohn Franz vom 11. 5. 1595[l] vorkommt, wurde 1815 erhöht, ebenso später der „Kreuzwirt" rechts davon und 1912 der Stadel des „Wirt" nach einem vorherigen Brand, der ganz Unterfederaun in Mitleidenschaft zog, auch den Khevenhüllerturm sein Dachgeschoß samt der Schindeldachung kostete. Der Wirt-Stadel weicht jetzt dem Autobahnbau. Ein Holzschuppen für Zillen, Bohlen und ein Boot, Gerätschaften zur Erhaltung der alten Holzbrücke, den unser Bild neben dieser zeigt, ist natürlich nicht mehr vorhanden, da auch die Holzbrücke schon vor Jahrzehnten einer modernen wich, die ein paar Meter flußabwärts die Gail überquert.

23: Siegel Hans' I., ca. 1360—1425, an einem Villacher Kaufbrief vom 27. 10. 1413

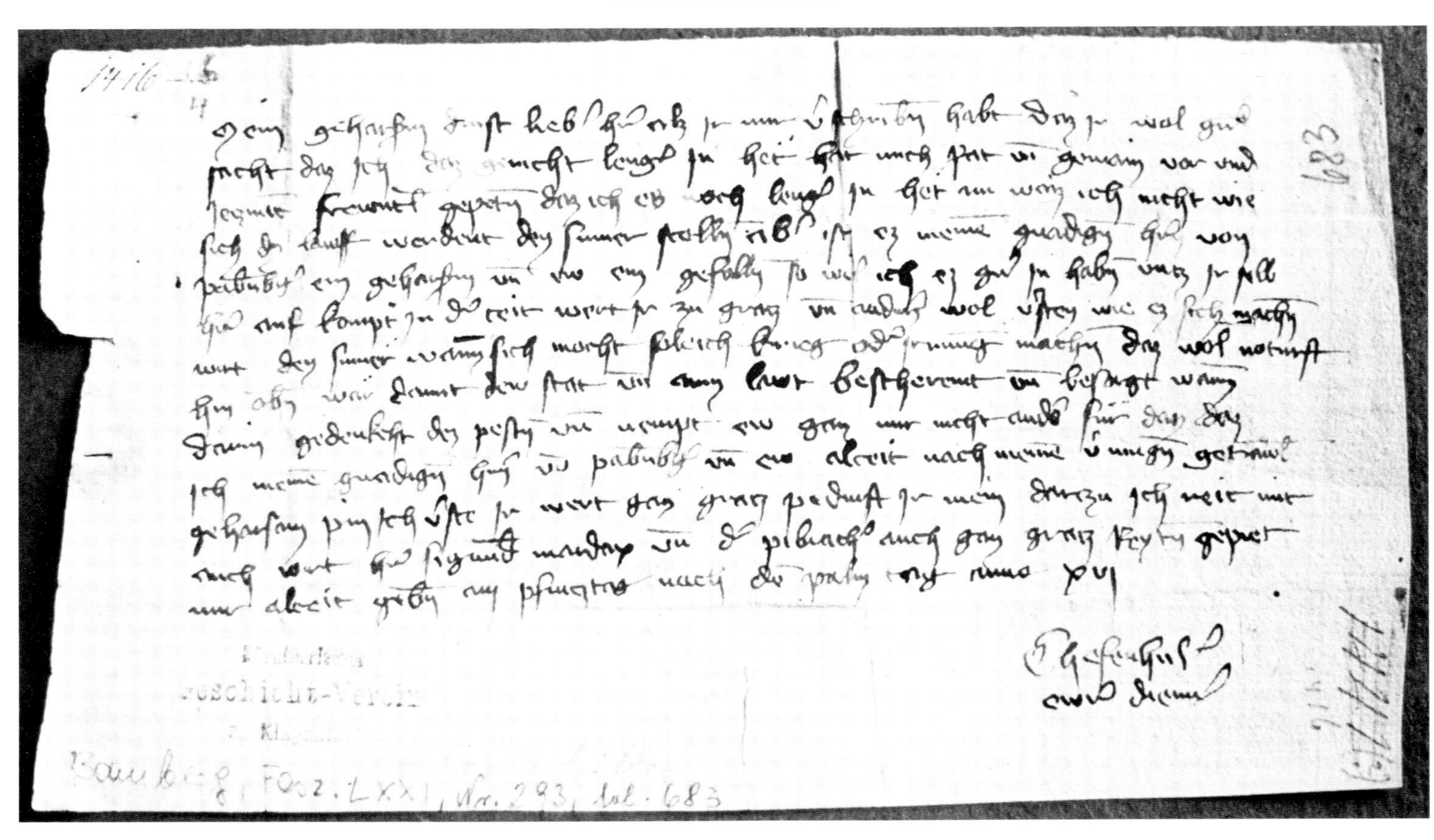

24: Brief Hans' I. an den Bamberger Vizedom zu Wolfsberg, Walter von Güsbach, vom 16. 4. 1416 (s. S. 58 u. 60)

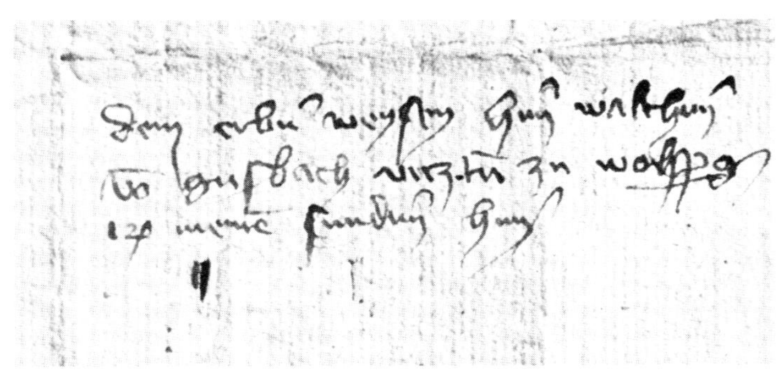

25: Anschrift des obigen Briefes

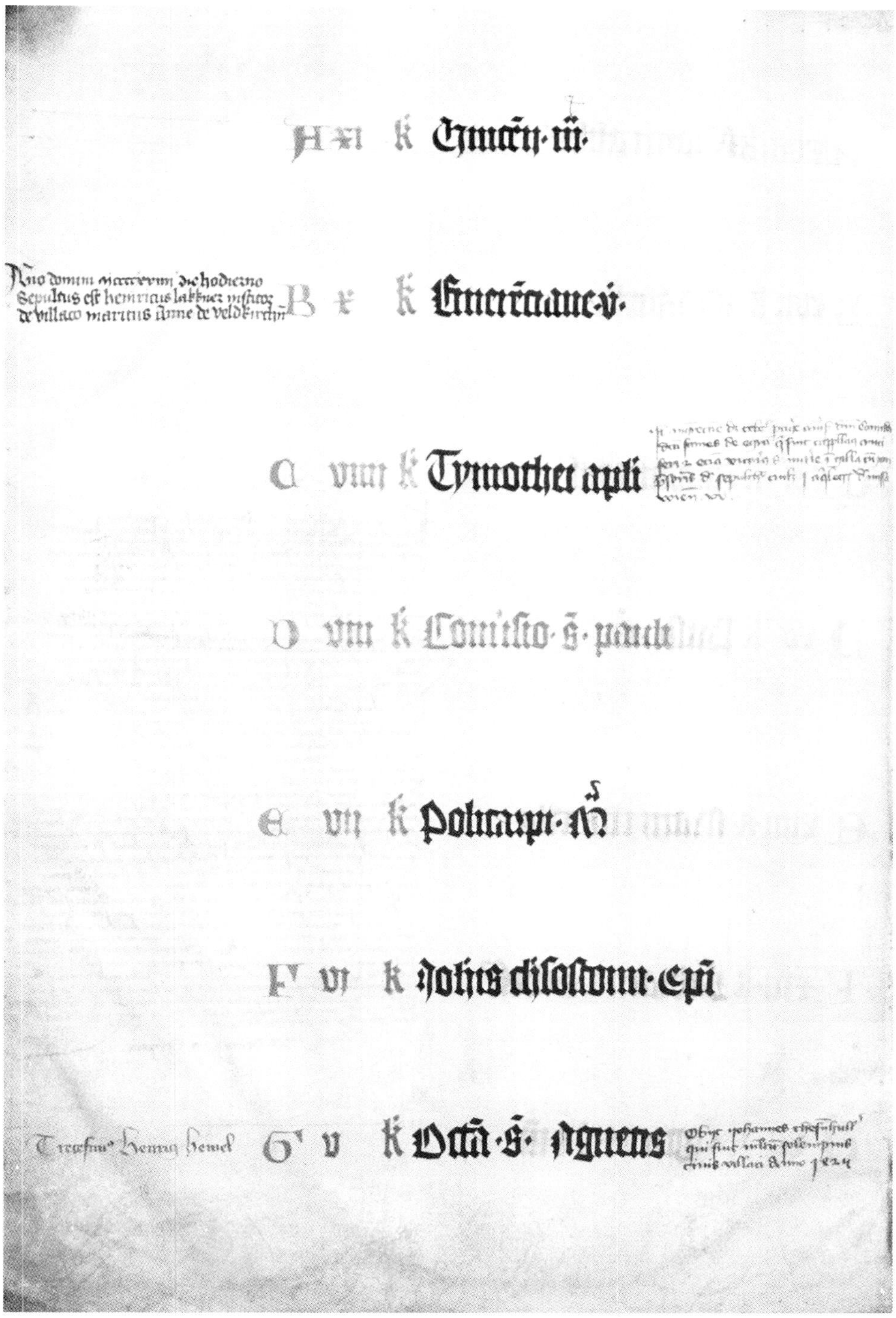

26: Eintragung des Todesfalls Hans' I. zum 28. Jänner 1425 im Jahrtagskalender der Kirche St. Jakob zu Villach (in 3 Zeilen rechts unten)

Tafel 9

Reiterhauptmann des frühen 16. Jahrhunderts im Kettenhemd mit Gemahlin Burg Weidenburg in Oberkärnten

Kaum tritt einmal eine Gestalt auf den Bildern zur Khevenhüller-Chronik auf, die historisch faßbar ist, wie Hans I., so folgt darauf schon wieder eine Fabelfigur, welcher die Chronik den Namen Wilhelm beilegt und ihn als Sohn Hans' I. bezeichnet, obwohl dieser nur Hans II. zum Sohn hatte, der auf Tafel 11 erscheint. Auch die älteren Stammbäume der Khevenhüller von 1568 und 1571 kennen Wilhelm nicht. Ebensowenig behandelt ihn die von Landeshauptmann Freiherrn Georg Khevenhüller 1583/84 verfaßte Lebensbeschreibung der Angehörigen seines Geschlechts.[k] Erst der Kärntner Chronist und evangelische Prediger auf Hochosterwitz Michael Gothard Christalnick berichtet von ihm im Khevenhüller-Exzerpt seiner Kärntner Chronik wohl 1584,[k] so daß die erwähnte Quelle von 1583/84 einen kurzen Hinweis auf ihn enthält, ohne die Passage zu übernehmen. Daß seine Gemahlin Margarethe von Auersperg geheißen habe, wußte noch nicht einmal die Khevenhüller-Chronik von 1625; daher ist ihr Wappen auch auf unserem Bild nicht angeführt.

Es kommt somit bei den auf dem Bild dargestellten Personen nur der Betrachtung ihres Gewandes Bedeutung zu. Die Edle ist in ein weißgrundiges Goldbrokatgewand des frühen 16. Jahrhunderts mit dunklem Granatapfelmuster gehüllt. Die breiten Trichterärmel enden in Hermelinbordüren. Der hermelinbesetzte Schulterkragen umrahmt das hier sichtbar werdende, oben rundgeschlossene Unterkleid aus rosa Seide. Darüber erhebt sich ein gezogener Hemdkragen mit hochschließender Halskrause. Das dunkelblonde Haar ist fast zur Gänze von einer goldgestickten, roten Renaissancehaube bedeckt, die ober dem Ohr eine große Rosette trägt. Die Füße stecken in roten, goldgestickten Stoffschuhen. An goldener Halskette trägt die Dame einen emaillierten Goldanhänger zur Schau; ihre Taille schmückt ein goldener Gürtel, und auch an den Fingern sitzen goldene Ringe.

Eine rosa Nelke mir drei Blüten, ein altes Hochzeitssymbol, reicht die Dame mit der Linken ihrem Gatten, der über einem Ringelpanzerhemd einen gebläuten Harnisch mit Längsstreifen trägt. Die gespitzten Schulterbuckel, die eisernen Handschuhe und der Tonnenrock sind von rotem Samt gesäumt; der Helm entspricht formal der ersten Hälfte des 16. Jahrhunderts. Vom goldenen Gürtel führt ein aus rechteckigen Gliedern gebildeter Goldgurt über die linke Hüfte nach unten, und daran hängt das Schwert mit langer, in Knöpfen endender Parierstange; vom Dolch ist nur der Oberteil des Griffes sichtbar. Mit der Rechten stützt sich der Geharnischte auf eine Reiterschlagwaffe. Vielleicht soll damit angedeutet werden, daß er nach einer Mär 1418 als einer der Kärntner Hauptleute fiel, die mit 200 schwergerüsteten Pferden und 2000 Fußknechten dem Herzog Ernst gegen Achmed Bey und seine Türkenscharen in die Steiermark zu Hilfe kamen. Die Walstatt, die hinter den beiden dargestellten Personen sich hinzieht, zeigt flüchtende Türken. 1395/96 soll Wilhelm Khevenhüller auf Seiten Herzog Wilhelms gegen den abgesetzten Kärntner Landeshauptmann Friedrich von Aufenstein mit Erfolg angetreten sein und zu dessen Gefangennahme verholfen haben, auch 1414 am Zollfeld dem Herzog Ernst zusammen mit seinem angeblichen Bruder Johann Khevenhüller gehuldigt haben; das weiß Christalnick zu erzählen.[k]

Wertvoll ist gegenüber dem ziemlich unzuverlässigen Kupferstich bei Valvasor, der an Ort und Stelle für seine 1681 erschienene „Topographia Archiducatus Carinthiae“ nur unzureichende Zeichnungen machte, die seine Kupferstecher dann ohne Autopsie des Dargestellten zu schönen hatten, die authentische Abbildung des Schlosses Weidenburg mit Turm am Südwesteck und dem auffälligen Knick in der Nordmauer; denn heute stehen nur noch Ruinen, und auch Markus Pernhart gibt um 1850 nur weniges wieder. Wenn man sich jetzt 80 m nördlich der Straße auf dem von Weidenburg nach St. Daniel führenden Feldweg aufstellt, so hat man die Stätte erreicht, von welcher der Maler unserer Bilder die Weidenburg und ihre Umgebung sah. Die Dellacher Alpe verläuft von da aus gesehen genau in der auf unserem Bild wiedergegebenen Gestalt von Ost nach West ober dem Schloßhügel abfallend; links sieht man aus einer felsigen Schlucht den Aßnitzbach hervorkommen und unter der Straßenbrücke verschwinden. Vom alten Verweserhause am Fuße der Burg stehen nördlich der Straße noch Ruinen; im 18. Jahrhundert trat das heute benutzte Gebäude seine Nachfolge an.

Historisch steht fest, daß König Ferdinand am 23. 9. 1544[g] 200 Gulden Gnadengeld und 300 Gulden Baugeld seinem Kärntner Vizedom Siegmund Khevenhüller auf Weidenburg verschrieb und am 5. 8. 1545[k] Hans von Graben zum Stein dem König die hinter dem Schloß und Burgfried Weidenburg gelegene Alpe aufsandte, die ihm Siegmund Khevenhüller abgekauft hatte. Am 12. 3. 1571[g] konnte von Erzherzog Karl Landeshauptmann Freiherr Georg Khevenhüller unter anderem Schloß und Amt Weidenburg gegen Abgabe der Herrschaft Thal in der Steiermark zu eigen erwerben. Dessen Enkel Paul verkaufte am 23. 4. 1615[o] Weidenburg an Christoph Kräll.

Tafel 10

Jungfrau des frühen 16. Jahrhunderts ersticht einen hohen Geistlichen Frührenaissancestube des 16. Jahrhunderts mit Himmelbett der Zeit

Unter Bezugnahme auf Veit Hard, einem Historienerfinder im 3. Viertel des 16. Jahrhunderts, der damals bei den Herren von Ungnad beschäftigt war und sich den Namen „Vitoduranus" des anerkannten Schweizer Historikers der ersten Hälfte des 14. Jahrhunderts Johann von Winterthur angeeignet hätte,[ä] berichtet wiederum der Kärntner Geschichtsschreiber und Hochosterwitzer Prädikant Michael Gothard Christalnick wohl 1584 im Exzerpt seiner Kärntner Chronik[k] von einer Moritat, die angeblich im Jahre 1404 des sagenhaften Wilhelm Khevenhüller Tochter in Klagenfurt vollbracht hat. Graf Franz Christoph übernimmt sie in seine Khevenhüller-Historie von seinem oftgenannten Lehrer Tobias Eusebius, der seinerseits von Ludwig von Attems die alte Schrift des Vitoduranus erhalten hatte, und berichtet auf S. 131/132[ö]: „Anno 1402 ist dem Antonio von Portogruaro Antonius von Caieta, cuius nominis unter den Patriarchen der andere, ein geborener Welscher, ein fast unkeuscher, unrainer und grober Mann succediert, welcher, als er im dritten Jahr seiner Regierung in Kärnten gen Klagenfurt kommen und allda mit dem Landeshauptmann was Vortreffliches seinem Bedünken nach wollte abhandeln, ist er auf einen Tag von dem Herrn Ulrich von Weißbriach zum Abendmahl berufen worden, und als er eine adelige Jungfrau einer überaus schönen und zierlichen Gestalt, und wie Vitoduranus in seinem Katalog vermeint, so sollte sie des Herrn Khevenhüllers Tochter gewesen sein, hat er zu derselben unziemliche Liebe gefaßt und ist dieselbe Nacht zugefahren und die edle Jungfrau, als jedermann zur Ruhe gegangen, notzüchtigen und schänden wollen. Wie sie aber in großen Sorgen gestanden und in der Eile gar nicht wußte, was sie tun sollte, da ging ihr ein, wie sie aus der Not eine Tugend machen und ihrer jungfräulichen Ehre mit Sorgen pflegen sollte. Indem nahm sie heimlich unter den Rock ein Messer und ging gegen den Pfaffen; der gedachte nun in seinem unkeuschen Herzen, er wäre mit ihr gar wohl daran. Als er sie aber unzüchtiglich umfangen wollte, hat die edle tugendreiche Jungfrau auch ihre Arme ausgestreckt und mit dem Messer, welches sie in der Hand hielt, ihn in die Weichen gestochen und den Garaus gemacht, also daß er gleich vom Stich niederfiel und an der Statt tot blieb. Das war dann sein rechter Lohn und hat die Jungfrau dessen nicht wenig Ruhm bei ehrlichen Leuten, sonderlich dem Herrn von Weißbriach und ihren Eltern."

Hieronymus Megiser, der sonst Christalnicks Kärntner Chronik für seine 1612 in Leipzig erschienene „Chronica des löblichen Ertzhertzogthumbs Khärndten" im wesentlichen zur Gänze verwendete,[n] hat diese Moritat nicht übernommen. Die historische Wahrheit bezüglich der Patriarchen von Aquileja besagt, daß Anton von Gaeta, dessen Vorgänger Johann Sobieslaw von Mähren allerdings am 12. 10. 1394 erschlagen wurde, wenngleich nicht von einer Frau, am 19. 4. 1395 sein Amt antrat und als Kardinal am 27. 2. 1402 abdankte, sein Nachfolger Anton II. Panciera am 8. 4. 1402 seine Regierung begann und am 13. 6. 1409 von Papst Gregor XII. abgesetzt wurde; erstochen hat ihn niemand.[kl]

Uns kann also nur wieder das Modische an unserem Bild interessieren. Da ist einmal die lange violette Soutane des Geistlichen mit purpurroter Paspolierung und ebenso gefärbten Knöpfen und Gürtel, schwarzer Hose und Schuhen; dann das rote, unten mit Goldborten versehene seidene Kleid der angeblichen Tochter „Wilhelms" mit rundem tiefen Ausschnitt sowie deren gefälteltes Hemd mit Halskrause, langen Ärmeln mit Rüschen und Weißstickerei. Auf dem Hinterhaupt sitzt ihr eine wulstartige, dunkle Nackenhaube mit Goldfadennetz. Auf dem Tisch liegt ein blauer Seidenmantel mit reicher Goldstickerei. Um den Hals trägt das Mädchen eine rot-gelbe Kette mit Anhänger. Die goldbestickten roten Pantoffel hat sie ausgezogen und neben den Tisch gestellt; sie hat nur weiße Bettschuhe an. Den Stich vollführt sie übrigens in die Brust des Mannes, nicht entsprechend der Chronik in den Unterleib. Das leinene Bettzeug ist offenbar von hervorragender Qualität; die durchbrochenen, mit Stickerei versehenen Partien sind mit blauer Seide unterlegt. Ein Himmelbett wie das dargestellte mit seinen roten Brokatvorhängen ist noch im Pfarrhof Obervellach erhalten, dessen Schlafgemach im 1. Stock auch eine ähnliche geschnitzte Türfüllung und eine fein ausgeführte Holzbalkendecke des 16. Jahrhunderts birgt. In dem 1548[r] von Christoph Khevenhüller am Hauptplatz in Villach erworbenen Patrizierhaus,dem heutigen Hotel Post, ist noch eine vergleichbare Holzbalkendecke des 16. Jahrhunderts zu sehen.

Tafel 11

Hans II. Khevenhüller, Pfleger zu Federaun und Herr auf Aichelberg, ca. 1385-1437, und seine Frau Katharina von Pibriach Burgen Ober- und Unterfalkenstein in Oberkärnten, überragt vom Gröneck

Mit Recht nennt ihn Landeshauptmann Freiherr Georg Khevenhüller in seiner Lebensbeschreibung der Herren Khevenhüller[k] den „anderen Hans", da auch er wenigstens ursprünglich dieselbe Zählung anwandte, wie wir sie aufgrund der historischen Quellen erster Ordnung beobachten müssen. Ebenso ist er auf den Bildern aus der Zeit um 1550 in Niederosterwitz der zweite Khevenhüller namens Hans (Abb. 2, S. 20), und das dort angegebene Sterbedatum 1434 stimmt beinahe, nur nicht die Angabe der Welzerin als Gemahlin, die für seinen Neffen Rudolf zutraf, wobei zu berücksichtigen ist, daß die ältesten Niederosterwitzer Bilder überhaupt Angaben über die Gattinnen meiden, da man darüber um die Mitte des 16. Jahrhunderts offenbar zu wenig wußte.
Daß Hans II. Khevenhüller sich neben dem Vater seit Beginn der zwanziger Jahre des 15. Jahrhunderts öffentlich zu betätigen begann, entnehmen wir der Bezeichnung Hans' I. als Hans der Ältere in Urkunden vom 16. 4. 1420[b] und 29. 4. 1421,[b] insbesondere aber der gemeinsamen Erbhuldigung von Vater und Sohn hinsichtlich des Burggrafenamtes zu Federaun am 24. 5. 1423[b] gegenüber Bischof Friedrich von Bamberg. Da der Vater kurz nach der Belagerung Villachs durch Graf Hermann von Cilli und den damit einhergehenden Kriegshandlungen am 25. 1. 1425[a] starb, ist es Hans II. gewesen, der die Ausgaben für die Befestigung von Federaun in den Jahren 1423 bis 1425 mit 32 Pfund 30 Pfennigen (= 7.710 Pfennige) abrechnete und davon berichtete, daß sein Vater und er während des Krieges mit dem Cillier Grafen 56 Bewaffnete als Söldner gehalten hatten und daß sie in der „Gegend" d. h. in der Umgebung von Afritz und an ihrem Hof zu St. Martin bei Villach, auf welchem später das Schloß Mörtenegg erbaut wurde, durch Feindeinwirkung Schaden erleiden mußten.[v] Über die Schäden innerhalb Villachs haben wir schon bei Hans I. berichtet.
Daß Bischof Friedrich von Bamberg seinem Burggrafen zu Federaun Hans II. Khevenhüller am 30. 4. 1429[b] auch alle die Lehen bestätigte, die sein Vater laut Lehenbrief vom 25. 11. 1421[b] innegehabt hatte, liegt auf der Hand. Am 3. 6. 1429[b] verlieh der Bischof überdies eine Mühle unter Federaun an Hans II., die zu seinem dortigen Besitz gehörte, und verband damit die Berechtigung, die Mühle flußaufwärts unter die Kirche zu verlegen, weil dort der Wasserzufluß besser war. Den Lehenbrief Bischof Friedrichs für Hans II. vom 30. 4. 1429[b] wiederholte für diesen auch dessen Nachfolger Bischof Anton von Bamberg am 3. 11. 1432.[b] Daß Hans II. Khevenhüller ebenso wie sein Vater eine eigene Landwirtschaft in Villach betrieb, bzw. betreiben ließ, geht aus einer Urkunde vom 7. 11. 1430[k] hervor, in der von des Khevenhüllers Durchfahrt zu seinem Stadel die Rede ist.
Am 29. 5. 1429[v] bekam Hans II. von Bischof Friedrich die drei bambergischen Ämter Tschinowitz, Bleiberg und St. Martin bei Villach mit einer großen Anzahl einzeln aufgezählter Untertanen gegen die Darleihung von 4.000 ungarischen Gulden verpfändet. Als Lohn für seine Burghut zu Federaun wurden ihm jährlich 47 1/2 Mark Agleier (Aquilejer) Pfennige (= 5.035 Agleier) ausgesetzt.
Hans II. ist auch nicht mehr Bürger von Villach wie sein Vater, sondern Standesherr, und dem entspricht Bischof Friedrich von Bamberg am 3. 6. 1429,[b] indem er seinem Burggrafen zu Federaun Hans II. Khevenhüller sein Haus samt Hofstatt zu Villach bei der Judenschule freit, so daß dieser und seine Nachkommen weder in steuerlichen noch in anderen Angelegenheiten dem Richter und Rat zu Villach unterstehen sollten. Diese besondere Ausnahme führte dazu, daß sich der Name Freihaus für die derart gefreite Liegenschaft über die Jahrhunderte erhielt und heute in der Bezeichnung Freihausplatz weiterlebt, weil dieser nach Schleifung von Khevenhüllers Freihaus 1912 an dessen Stelle geöffnet wurde. Aus besonderem Entgegenkommen setzte übrigens Bischof Friedrich 1429[v] seinem Diener Hans II. Khevenhüller eine jährliche Gabe von 2 Faß Wein je 14 Wolfsberger Eimer aus, solange dieser auf Bamberger Boden seßhaft sein werde.
In dieser Bestimmung kommt das Bemühen des Bamberger Bischofs zum Ausdruck, Hans II. als Lehensmann nicht ganz an den Kärntner Herzog zu verlieren. Denn einem innerösterreichischen Lehenregister des 15. Jahrhunderts ist zu entnehmen, daß Herzog Friedrich IV. von Österreich Ende November 1427[j] seinem Pfleger zu Landskron, Christoph Volrer, gestattete, die Feste Aichelberg dem Khevenhüller zu Villach schuldenhalber zu verpfänden. Dazu gehörten die Roßweide am Moos bei St. Bartholomä sowie Huben zu Trabenig, Schleben, Ragain, Umberg, das damals Jenhofen hieß, Kaltschach und St. Ulrich. Das Ganze klingt wie eine späte Erfüllung von Aspirationen auf die Feste Aichelberg, die schon Hans I. gehegt haben mochte, als er die Schwester des herzoglichen Ministerialen Christoph Volrer, Erentrudis, heiratete, die Hans' II. Mutter wurde, aber schon etwa 1402 starb, wie wir oben zeigten. Vielleicht hat die Eichel im Khevenhüllerwappen, das zur Zeit der ehelichen Verbindung Hans' I. mit der Volrerin im späten 14. Jahrhundert durch König Wenzel erteilt wurde, doch mit Aichelberg etwas zu tun, das Hans I. vielleicht durch diese Heirat zu erlangen hoffte.
Der Sohn jedenfalls bekam am 30. 9. 1431[j] nicht nur Aichelberg samt dem Landgericht und der oben genannten Zubehör als herzogliches Lehen, sondern auch am 14. 10. 1432[l] vom Grafen Hermann von Cilli den Turm zu Jenhofen, heute Umberg, mitsamt dem Meierhof weitere zwei Huben und einen Zehnten daselbst, zwei Gereute hinter Aichelberg, eine Hube zu Bresnig und eine halbe zu St. Michael als ortenburgische Lehen. Aus einem Lehenbuch der Grafen von Cilli von 1436[g] geht darüber hinaus hervor, daß Hans II. Khevenhüller

einen Burgstall zu Buchholz in der „Gegend", d. h. in der Afritzer Umgebung, als ortenburgisches Lehen innehatte, ebenso weitere Liegenschaften dort bis hin zu einer Mühle in Treffen. Diese alle muß schon Hans I. Khevenhüller von Graf Friedrich zu Ortenburg zu Lehen gehabt haben, so daß sie in dem Krieg Graf Hermanns von Cilli gegen Villach Schaden leiden konnten, wie wir oben gesehen haben. Ein Anger bei dem Turm zu Aichelberg und ein Gut am Turm kommen auch als Lehen Hans' II. Khevenhüller im Cillischen Lehenbuch von 1436[g] vor. Sie und andere Güter müssen ehedem ortenburgische Lehen von Jörg Volrer gewesen sein.

Hans II.Khevenhüller ist der erste seines Geschlechts, der eine Adelige zur Frau hatte. Daß dies Katharina von Pibriach war, behauptet nicht nur Landeshauptmann Freiherr Georg von Khevenhüller in seiner Khevenhüller-Lebensbeschreibung;[k] es gibt auch einen steinernen Zeugen dafür. Baron Jöchlinger, der 1824 sowohl von Landskron wie von Aichelberg Wappensteine und andere skulptierte Werkstücke zu der von ihm damals nahe seinem Schlosse Damtschach unweit Aichelberg errichteten künstlichen Burg schaffte, hatte darunter auch ein spätgotisches Stück, welches das Ehewappen Khevenhüller-Pibriach darstellt (Abb. 27, S. 71) und heute auf Hochosterwitz an der zum Burghof führenden Stiege eingemauert ist. Dies paßt ausgezeichnet zu dem Bericht über den Ausbau der Burg durch Hans II.

Wir haben hier auch den ersten Fall, daß auf einem Bild zur Khevenhüller-Chronik nicht nur der dargestellte Angehörige dieses Geschlechts, sondern auch seine Gattin namensmäßig den Tatsachen entsprechen, wenn auch nicht hinsichtlich ihrer Mode. Dazu muß noch das Wappen der Frau gleich aus der Reihe tanzen. Die Pibriach führten einen naturbraunen Biber im goldenen Schild.[ß] Unser Maler aber hat den Schild übereck geviert, den zwar naturbraunen Biber mit einem in Silber und Schwarz gesprenkelten Schwanz versehen und so zweimal in Rot sowie zweimal in Silber ins Wappen gegeben.

Das Gewand, welches Hans II. trägt, entspricht der Zeit um 1520, ist aber dem, was die Figuren des Niederländers Scorel auf seinen Tafelgemälden von 1517 in der Pfarrkirche des in der dargestellten Alpengegend liegenden Obervellach tragen (W. Fantur, Kärnten im Mosaik der Erde, S. 239), nicht sehr ähnlich. Die drei goldenen Knöpfe im Kragenteil des gefältelten Rocks aus lilabraunem Samt mit violetten Besätzen sowie geschlitzten und gepufften Ärmeln erinnern geradezu daran. Ein überhoher weißer Stehkragen mit gefältelter Krause raubt dem Kopf des Dargestellten fast die Bewegungsfreiheit und betont übermäßig die Magerkeit seiner Gestalt. Weder das schmucke hellviolette Seidenbarett mit Goldschmuck und Federnstoß noch das leuchtende Rot der Strümpfe können der Steifheit der Figur abhelfen. Dolch und Schwert mit skulptierten Goldgriffen kennen wir schon von anderen Bildern der Khevenhüller-Chronik, ebenso die schräg von der Schulter zu Hüfte führende doppelte Goldkette. Lediglich der schwarze Gürtel mit Goldschließen und durchzogenem Rosenkranz sowie Goldfessel ist etwas Neues; ebenso sind es die braunen Lederhandschuhe, die der Dargestellte in der Linken trägt.

Zu diesem merkwürdig ungelenken Mann steht Katharina mit ihrem feschen, von einer kostbaren goldenen Schließe zusammengehaltenen schwarzen, zobelverbrämten Samtcape und dem kecken, köstlich in die hochalpine Landschaft passenden schwarzen Samthütchen mit Feder, das nur durch eine Goldschnur wenig Zier empfängt, im angenehmen Gegensatz. So, wie ihre feingliedrige Rechte das Spitzentaschentuch dem Manne mit seinen Lederhandschuhen fordernd, aber doch ein wenig zaghaft entgegenhält, kommt ihre Grazie gut zum Ausdruck. Auch das übrige Gewand paßt köstlich zu der Schönen, so das rotseidene goldgestickte Haarnetz und die ebenso rote doppelte Korallenkette samt den roten Korallenohrringen, desgleichen das lange taillierte Miederkleid aus purpurroter Seide, das, vorn geschlitzt, unter roter Schnürung das weiße gefältelte Hemd sehen läßt, dessen Ärmel ebenfalls freiliegen und an drei Stellen durch goldene Borten gerafft sind. Typisch für die Renaissance ist die um die Taille und dann vorn weit nach unten geführte, aus reich skulptierten durchbrochenen Goldgliedern bestehende Gürtelkette mit ihrem urnenförmig geschwungenen Anhänger am Schluß unmittelbar über der schwarzen Blumenbordüre des Kleides. Daß eine reiche Frau jener Zeit auch etliche Goldringe an den Fingern trägt und der schwarze Rosenkranz ein Goldkreuz mit ein paar Goldanhängern sehen läßt, entspricht der Renaissancemode. Das durchaus alpin wirkende, fesche Kostüm von Katharina Khevenhüller geb. von Pibriach ist wie gemacht für das Mölltal nahe Obervellach, aus dem der Pfaffenberggraben nächst Oberfalkenstein zu dem dreieckigen schneebedeckten Gröneck mit seinen nahezu 2700 Metern emporweist, das damals wie heute von einer kleinen, aber auffälligen Bergnase mit 2255 Metern (am linken Bildrand) begleitet ist. Auch die Baumobergrenze hat sich gegenüber der Zeit um 1620 nicht gewandelt. Von der Burg Oberfalkenstein trägt der überdachte Kapellenturm ganz vorn auch heute noch seinen Dachreiter, während die anderen Wehrbauten jetzt stark verfallen sind und nur vom Palas und Bergfried noch größere Ruinen aufragen. Die alte maßgerechte Darstellung der Burg Oberfalkenstein auf unserem Bild ist also sehr wertvoll für die Erkenntnis von deren mittelalterlicher Wehrhaftigkeit. Und wie einmal Unterfalkenstein als Vorburg der oberen ausgesehen hat, das erkennen wir hier mit den beiden zinnengekrönten Türmen in aller Genauigkeit und können die Zuverlässigkeit unseres Malers wenigstens an dem Bergfried überprüfen, der noch von dem bekanntlich überaus sorgfältigen Markus Pernhart um 1850 genauso gezeichnet wurde. Die Darstellungen bei Valvasor von 1680 sind hingegen Musterbeispiele für dessen Unzuverlässigkeit, so daß wir nach deren Betrachtung mit noch mehr Vergnügen unsere Bilder von etwa 1620 ansehen. Falkenstein war übrigens nur kurze Zeit in khevenhüllerischen Händen, nämlich vom 8. 5. 1461[ö] bis 1468[u] pflegschaftsweise in denen des Ritters Ulrich Khevenhüller, dem Georg Skodl folgte, und vom 17. 5. 1597 bis 14. 1. 1610[g] in denen des Freiherrn Barthelmä Khevenhüller, dem Graf Hans von Ortenburg als Pfandbesitzer vorausging und Urban Freiherr von Pötting folgte, der 1614 von König Ferdinand II. das Eigentum daran erwerben konnte. Umso mehr ist es dankenswert, daß die beiden Burgen eine vorbildliche Wiedergabe in der Khevenhüller-Chronik erhielten.

27: Ehewappenstein Hans' II., ca. 1385—1437, und der Katharina geb. Pibriach aus der Burg Aichelberg

Hans III.

Für die Betrachtung der Gestalt Hans' III. Khevenhüller, von dem und seiner Gemahlin Felizitas von Lindegg das Bild der Khevenhüller-Chronik nicht erhalten blieb, dient zur Beurteilung einer Kopie aus der Mitte des 17. Jahrhunderts auf Schloß Hochosterwitz der Vergleich einer ebensolchen Kopie des eben besprochenen Bildes Hans' II. und seiner Gattin Katharina (Abb. 28, S. 73) mit dem Original. Die Figuren selbst sind von dem Kopisten annähernd getroffen, und dieser zeigt sich bemüht, seiner Vorlage aus der Zeit um 1620 nahezukommen. Nur der Hintergund und damit die Darstellung der dort wiedergegebenen Gebäude ist nicht zuverlässig. Oberfalkenstein mit einem offenen Tor und einem Rundturm vorn ist ganz unähnlich, Unterfalkenstein zeigt einen zweimal gestaffelten Bergfried, von dem keine Rede sein kann. Das Gröneck ist aus einer verhältnismäßig zahmen schneebedeckten Dreieckskuppe, die der Natur entspricht, zu einem wildaufragenden Felskoloß geworden.

Das muß man wissen, wenn man die Landschaft auf dem Hochosterwitzer Bild Hans' III. Khevenhüller und seiner Gemahlin (Abb. 29, S. 73) deuten will. Im Landgericht Großkirchheim besaß nämlich Freiherr Barthelmä Khevenhüller laut seinem Vermögensbuch das Amt Rangersdorf während der Jahre 1575 bis 1612, die dieses Buch umfaßt.[c] Dort finden wir die Brücke über die Möll, darüber alte Häuser in Plappergassen und in Rangersdorf unter der Kirche (Wirt), rechts davon das altertümliche Gebäude wie auf unserem Bild, und über einem hohen Wiesenabhang steht auf Höhe 1055 der Überrest der Rangersburg, von der heute noch ein Rundturmrest zeugt. Im Hintergrund ist wohl die Kirche von Lobersberg gemeint. Daß die Pfarrkirche von Rangersdorf einen höheren Turm hat und die Gebäude nicht genau getroffen sind, braucht angesichts der gezeigten Ungenauigkeit des Kopisten bei diesem Blick vom Hang des Lamitzer Berges entlang der Sonnseite des Mölltals nach Westen nicht wunder zu nehmen. Hans III. Khevenhüller, ein bereits älterer Mann mit grauem Bart, trägt einen schwarzen, mit Pelz verbrämten Faltenrock, wie er für die erste Hälfte des 16. Jahrhunderts typisch ist, über einem graublauen Gewand und hat eine schwarze Kappe mit Goldschnureinfassung auf. Seine reizende junge Frau hat auf dem Blondhaar eine gelbbraune Kappe mit tiefgeschlitztem Rand sitzen. Das rosaseidene, gefältelte Miederkleid ist mit einem blauen, goldgestickten Brustlatz versehen. Die weißblau gestreiften, durch rote Bänder an drei Stellen geschnürten Ärmel mit ihren Rüschenmanschetten gehören zum Unterkleid, das im Halsausschnitt oberhalb des Einsatzes sichtbar wird und in einer kleinen Rüschen-Halskrause endet.

Für Hans III. ist übrigens die Darstellung Vorbild gewesen, die in der zu Zeiten Landeshauptmann Christoph Khevenhüllers um 1550 geschaffenen ältesten Khevenhüller-Galerie für den ersten Hans Khevenhüller getroffen wurde (Abb. 1, S. 20), der sich allerdings laut den Lügen des 1518 erstmals erschienenen Rüxnerschen Turnierbuchs 1165 auf einem Turnier in Zürich befunden haben soll, worauf die Bildbeschriftung Bezug nimmt, wenn er bei Rüxner auch Siegmund heißt. Die Figur steht nur als spiegelbildliche Kopie dort gegenüber unserem Hans III. seitenverkehrt, aber genauso mit der einen Hand am Mantel, während zwar die andere zeigt, unser Hans III. aber ein paar Handschuhe hält. Sonst sind jedoch Schaube, Pelz, Untergewand mit Knöpfen, Strümpfe, Kuhmaulschuhe und die Kappe mit Goldschmuck vorn, Gesichtsausdruck, Haare und Bart direkt von dem Bild Hans' I. aus der Mitte des 16. Jahrhunderts kopiert, auch hinsichtlich ihrer Farbigkeit. Eine barock illustrierte Khevenhüller-Chronik, die bis 1763 reicht und unter dem Titel „Annales Familiae Comitum Khevenhüller" im Khevenhüller-Depot des Haus-, Hof- und Staatsarchivs in Wien aufbewahrt wird, kleidet allerdings Hans III. in einen schwarzglänzenden Harnisch mit Goldknöpfen, den Befehlshaberstab in der Rechten und eine wehende gelbe Schärpe um (Abb. 30, S. 73). Denn einen biederen Bürger konnte man ja in der Ahnenreihe eines so edlen Geschlechts nicht brauchen! Darum hat man auch die beiden allzu unmilitärischen Bilder des Malers um 1550 von Hans II. Khevenhüller (Abb. 2, S. 20) mit großem weißem Bart in langem schwarzen Talar und Kuhmaulschuhen (fälschlich mit dem Wappen der Anna Welzerin als angeblicher Gattin) und von Hans III. im schwarzen spanischen Mäntelchen mit schwarz anliegenden Beinkleidern und Schuhen, ein Taschentuch in der Rechten, mit stechenden schwarzen Augen und einem zweizipfligen schwarzen Spitzbart (Abb. 3, S. 20) nicht als Vorbilder für die Bilder der Khevenhüller-Chronik und der lateinischen Historie genommen.

Hans III. Khevenhüller begegnen wir nach dem verhältnismäßig frühen Tod seines Vaters erstmals urkundlich am 10.5. 1439;[v] er als der älteste führt da für sich und seine noch nicht

großjährigen Brüder Rudolf und Ulrich sowie seine Schwestern Cordula, Elsbeth und Anna eine Armenstiftung an die Jakobskirche in Villach durch, die ihr Großvater Hans I. gemacht hatte, die aber bis dahin nicht verwirklicht worden war. Wir haben bereits am Schlusse unserer Darlegungen über Hans I. den Umfang dieser Stiftung und den daraus ersichtlichen großen Reichtum des Stifters kennen gelernt.

Laut Lehenbuch der Grafschaft Cilli von 1457-60[g] empfing Hans III. Khevenhüller die Cillier Lehen seines Vaters für sich und seine Geschwister am 18. 10. 1457.[ö] Am 1. 10. 1442[k] bestätigte er dem Gandolf von Khünburg, von diesem namens des Bischofs von Bamberg 26 Pfund Wiener Pfennige zur halben Burghut auf Federaun erhalten zu haben, ferner am 29. 9. 1455[v] gegenüber dem bischöflichen Mautner in Villach, Withalm, den Empfang einer halben Burghut zu Federaun. Auch wurde er am 4. 1. 1444 mit der Burg Aichelberg und den zugehörigen herzoglichen Lehen belehnt,[r] nachdem er andere landesfürstliche Lehen bereits am 8. 4. 1440[ö] erhalten hatte. Da er seinem Vetter Jörg Pibriacher das Fischen in der Gail erlaubt, ebenso angeblich bambergische Lehengüter verkauft hatte, und wegen anderer Mißhelligkeiten kam es zu einem von 1445 bis 1456 dauernden Prozeß mit dem Bischof von Bamberg.

Hans III. wollte sich vor Angehörigen der Landstände oder dem König selbst verantworten; ein in diesem Zusammenhang am 13. 11. 1445[v] in Wolfsberg erfolgter Entscheid verschleierte nach Mitteilung Wilhelm Neumanns die Beschwerden des Bamberger Bischofs über Pflichtverletzungen und gewalttätige Übergriffe Hans' III. eher als daß er etwas entschied, so daß dadurch nichts Wesentliches erzielt wurde. Erst als Daniel von Kollnitz am 24. 9. 1455 das Landgericht von Rennstein bei Villach bis Pontafel, also im bambergischen Bereich, an Graf Ulrich von Cilli verkaufte, sah nicht nur der Bischof von Bamberg, sondern nun auch Kaiser Friedrich III., wie Neumann festgestellt hat, eine Gefahr gegeben, zumal Hans III. Khevenhüller auch Lehensmann des Cilliers war. Der Kaiser erließ am 19. 11. 1455 aus Graz ein Mandat an den bambergischen Vizedom von Giech in Wolfsberg, daß er bei Hans Khevenhüller die Öffnung der Feste Federaun durchzusetzen habe. Noch in der ersten Hälfte des Jahres 1456 gelingt die Entfernung Hans' III. aus seiner Stellung als Burggraf von Federaun, in welcher Funktion er noch am 29. 9. 1455[k] urkundet, und schon im Juni desselben Jahres amtiert dort der fränkische Edelmann Heinz von Thunfeld als Pfleger. In seiner Klagsverantwortung betont übrigens Hans III. gegenüber Bamberg, daß er keineswegs Federaun habe in fremde Hände, nämlich die des Grafen von Cilli, übergeben wollen. Er sei aber deswegen vor den Kaiser zitiert worden; auch hätten die Anwälte des Bischofs von Bamberg ihn aus nichtigen Gründen durch den Landesverweser Siegmund Kreuzer zu St. Veit in Gegenwart vieler Landstände gefangen nehmen und schwören lassen, wodurch ihm Schaden geschehen sei, den er einschließlich anderer genannter Forderungen auf 100.000 Gulden beziffert. Durch die Ermordung des Grafen Ulrich von Cilli in Belgrad am 9. 11. 1456, mit dem dieses Geschlecht ausstarb, verlor dann die Angelegenheit viel an Schärfe. Unter Bischof Philipp von Bamberg (1475-1487) kam es lange nach dem Tod Hans' III. zum Ausgleich mit Bamberg. Sein Bruder Ritter Ulrich Khevenhüller regelte am 11. 3. 1477[v] in Villach mit dem bambergischen Vizedom Georg von Schaumberg die Fehlhandlungen des Verstorbenen und erhielt am 25. 2. 1478[b] die Bamberger Lehen der Khevenhüller wieder.

Hans III., der anläßlich der Kaiserkrönung des deutschen Königs Friedrich III. in Rom von diesem zum Ritter geschlagen worden war, starb früh, 1460, wie sich aus der Belehnung seines Bruders Rudolf mit allen landesfürstlichen, ortenburgischen und cillischen Lehen der Khevenhüller am 8. 5. 1461[ö] durch Kaiser Friedrich III. erschließen und aus einem Brief Rudolfs für dessen Bruder Ulrich als Lehenträger der Kinder nach ihrem verstorbenen Bruder Hans an Niklas von Liechtenstein wegen der von diesem empfangenen Lehen vom 17. 11. 1463[g] entnehmen läßt.

„Hans V."

Da die Khevenhüller-Chronik bemüht ist, den Stammbaum dieses Geschlechts weit zurückzuerstrecken, hat sie aus in Wirklichkeit existenten drei Trägern des Vornamens Hans unter den spätmittelalterlichen Khevenhüllern fünf solche gemacht und vor unseren Hans I. einen weiteren Hans gestellt, von dem sie nicht mehr erzählt, als daß er mit Magdalena von Khünburg verheiratet gewesen sei (vgl. Tafel 6). Der wirkliche Hans I. hat in der Khevenhüller-Chronik die Ordnungsnummer zwei, Hans II. die Nummer drei und der eben behandelte Hans III. die Zahl vier. Hinter ihn reiht die Khevenhüller-Chronik noch einen „Hans V.", dem sie als Gemahlin Christina Zilhart zuordnet. Der Name Zilhart spielt aber nur in die mit den Khevenhüllern verwandte Familie der Weißpriach hinein. Barbara Zilhart war mit Ulrich von Weißpriach verheiratet, und deren Grabstein ist an der Pfarrkirche von Pusarnitz noch vorhanden, worauf Wilhelm Neumann im 15. Jahrbuch des Museums der Stadt Villach hingewiesen hat. Nur gibt es in einer Abschrift der Khevenhüller-Chronik aus der zweiten Hälfte des 17. Jahrhunderts ein Bild von dem angeblichen Hans V. Khevenhüller und Christine geb. Zilhart von geringer Qualität (Abb. 31, S. 73). Die Khevenhüller-Chronik behauptet von dem sogenannten Hans V., er habe die Feste Aichelberg restauriert. Daher ist auf dem Bild, das von einem Barockmaler der zweiten Hälfte des 17. Jahrhunderts stammt, eine Burg in den Wald gesetzt und dahinter der Ossiacher See zu sehen, dessen Ufer tatsächlich so, wie angedeutet, verlaufen; jedoch sieht die Burg, da der Maler in Landschaften ungeübt war, Aichelberg nur wenig ähnlich, und das Bild ist topographisch nicht verwendbar. Der angebliche Hans V. trägt einen glänzenden Harnisch mit einer roten Schärpe über der rechten Schulter und einen Befehlshaberstab in der Rechten, während die Linke am Schwertgriff sitzt. Christina Zilhart hält in der Rechten eine Blume ihrem Manne entgegen. Sie trägt ein schwarzes, gelb gefüttertes Oberkleid mit kurzen Ärmeln und ein weißes, vorn mit goldenen Haften zusammengehaltenes Unterkleid, dessen Ärmel rot gestreift sind. Im Halsausschnitt wird hinter einem roten Einsatz das weiße Hemd sichtbar. Auf ihrem schwarzen Haar trägt die Schöne eine kleine rotbraune Haube mit wehendem hellblauen Schleier. Der Steinbock im roten Schild ist das Wappen der aus Schwaben stammenden Zilhart.

28: Hans II. und Katharina geb. Pibriach (um 1670)

29: Hans III., gest. 1460, und Felizitas geb. Lindegg mit Rangersdorf und Rangersburg (um 1670)

30: Dieselben in einer nach 1763 erstellten Chronik „Annales Familiae Comitum Khevenhüller“

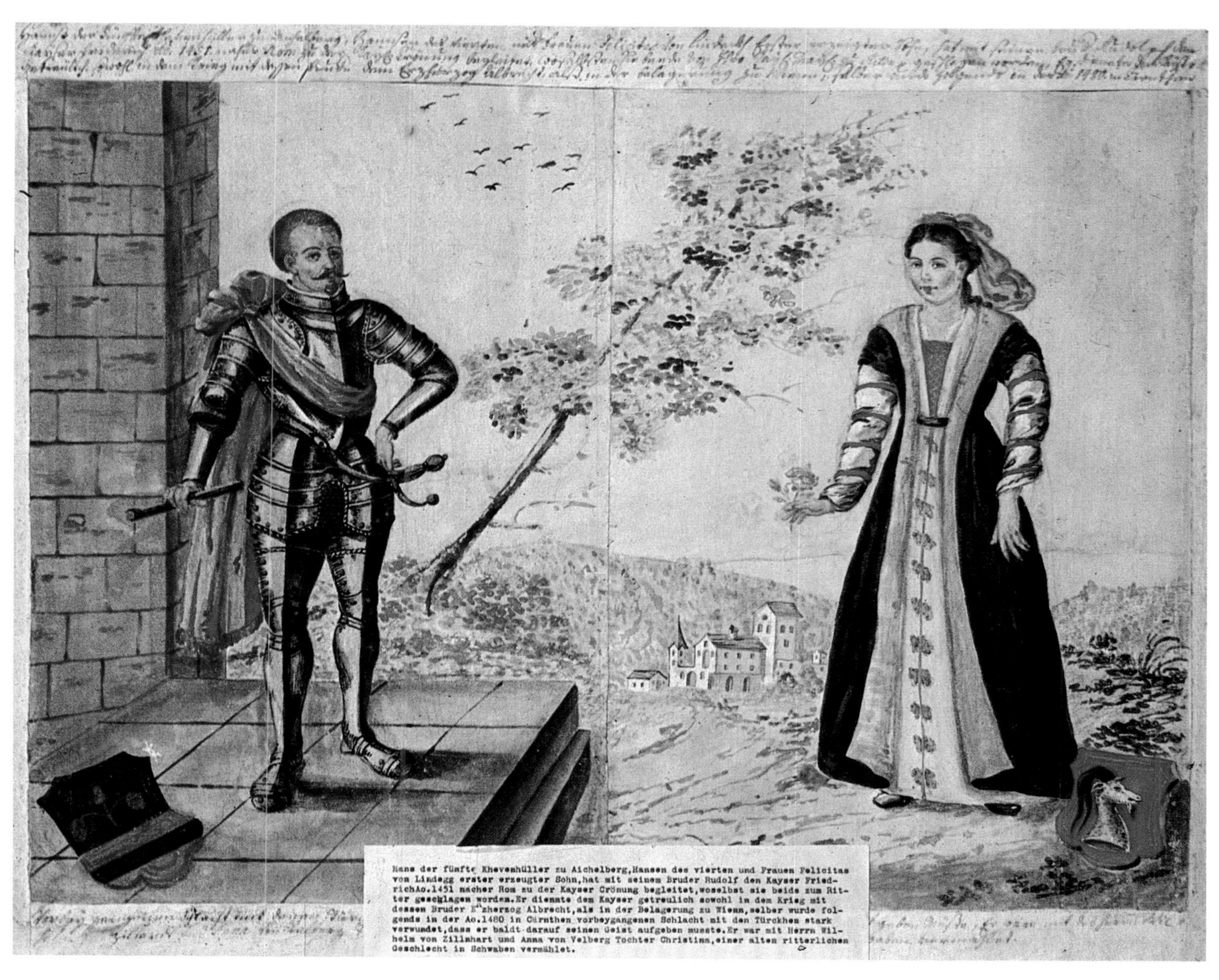

31: „Hans V.“ und „Christina geb. Zilhart“ nach einer Khevenhüller-Chronik aus der 2. Hälfte des 17. Jahrhunderts

Tafel 12

Hauptmann in phantastischem Prunkharnisch des 16. Jahrhunderts Schloß Groppenstein, Ortschaft Raufen und der gestaute Mallnitzbach in Oberkärnten, überragt vom Guggenigriegel (1531 m) und der Lassacher Höhe (2162 m)

Aus der Ehe Hans' III. Khevenhüllers mit Felizitas von Lindegg sollen nach der Khevenhüller-Chronik von 1625 , die ihn Hans IV. nennt, vier Söhne hervorgegangen sein: der eben behandelte „Hans V.", Rudolf, Ulrich und Barthelmä. Landeshauptmann Freiherr Georg Khevenhüller, der Hansens angeblich 1429 angetraute Gemahlin Christina Zilhart nennt und meint, der Steinbock im Khevenhüller-Oberwappen komme von diesem angeblich 1445 ausgestorbenen Geschlecht, obwohl derselbe doch schon in Hans' I. Khevenhüllers Wappenbrief von 1425 erscheint, berichtet einiges von Rudolf und sagt schließlich richtig, daß Augustin Khevenhüller der einzige hinterlassene Sohn Hans' III. war. Hinsichtlich Barthelmäs verweist er auf die Aufzeichnungen seines Predigers Christalnick. So erfahren wir über „Hans V.", dessen Bild in der Khevenhüller-Chronik von 1625 nicht enthalten ist, und über seinen angeblichen Bruder Ulrich nur aus dem Text der Khevenhüller-Historie des Grafen Franz Christoph von 1623[Ö] und der daraus extrahierten Khevenhüller-Chronik von 1625. Die ganze Verwirrung unter den späten Geschichtsschreibern rührt daher, daß Hans II. Khevenhüller drei Söhne hatte, Hans III., Rudolf und Ulrich, die einander in den Lehen folgten, wie wir noch sehen werden, aber infolge des frühen Todes Hans' II., Hans' III. und Rudolfs der beim Tode seines Vaters 1439 noch sehr junge Ulrich das Geschlecht im letzten Drittel des 15. Jahrhunderts repräsentiert und von ihm eine Seitenlinie bis 1561 weiterreicht, während der Hauptstamm von Hans III. über dessen Sohn Augustin fortgeführt wird, der aber erst nach dem Tode seines Onkels Ulrich das Geschlecht zu vertreten beginnt, 32 Jahre nach dem Hinscheiden seines Vaters Hans III. So lag es für die Geschichtsforscher des späten 16. Jahrhunderts nahe, aus der Gestalt Ulrichs einen Ulrich I. und II. zu machen. Da aber der in Wahrheit einzige Ulrich Anna von Kellerberg heiratete, können wir uns mit ihm erst bei Tafel 15 befassen und müssen den angeblich unverheiratet gebliebenen Haudegen „Ulrich I.", der auf Tafel 12 wiedergegeben ist, ins Gebiet der Sage verweisen.
Von dem hier dargestellten Ulrich heißt es in der Khevenhüller-Historie, daß er am 8. 5. 1461[Ö] von Kaiser Friedrich III. mit der Feste Falkenstein belehnt worden sein soll und der Kaiser ihn 1467 zum Ritter geschlagen habe. Als die Türken 1473 Klagenfurt belagerten, soll er mit zwei anderen Adeligen, wenig Fußvolk und geringer Erfahrung einen Ausfall gemacht haben, dessen Mißlingen ohne Nennung Khevenhüllers auch Jakob Unrest, der Kärntner Geschichtsschreiber jener Zeit, berichtet, und dabei von den Türken niedergehauen worden sein. Darauf deutet der Reiterkampf auf unserem Bild mit dem Erschlagenen im Vordergrund. Allerdings präsentiert sich nicht Klagenfurt oder das angeblich von Ulrich zu Lehen getragene Falkenstein, sondern Groppenstein im Hintergrund des Geharnischten mit dem Befehlshaberstab, der unterhalb des Schwertes nach hinten ragt. Das Bild der Burg ist unsere älteste Darstellung von Groppenstein, das noch auf der Lithographie von Joseph Wagner 1845 genauso aussieht und seinen spätgotischen Charakter bis heute bewahren konnte. Die Häuser der Ortschaft Raufen waren damals begreiflicherweise niedriger als heute. Im Vordergrund ist der Mallnitzbach zu dem hier ehedem vorhandenen Hammerwerk, das aber nicht im Bilde ist, gestaut. Ein Vergleich mit Valvasors jämmerlichem Kupferstich von Groppenstein unterstreicht den Wert unseres Bildes für die spätmittelalterliche Gestalt dieser eindrucksvollen Burg. Für die Genauigkeit unseres Malers spricht die Darstellung der Lassacher Höhe, die nur wenig den über Groppenstein aufragenden Guggenigriegel überragt, auf dem die Verteilung von Wald und Weide noch jetzt so ist wie vor Jahrhunderten.
Der dargestellte Ritter trägt einen phantastischen, reich goldverzierten geschwärzten Harnisch mit im Oberteil beweglicher Brust. Der Maler verwendete für das Ganze wahrscheinlich eine niederländische Vorlage. Den Goldgriff seines Schwertes umfaßt der Geharnischte mit der Linken, während die Rechte einen Kommandostab hält. Das Beinzeug aus Schuppen und Ringelgeflecht ist orientalisierend und gehört in das Reich der Phantasie.
Ein Anteil an Groppenstein ist im Besitze des Freiherrn Barthelmä Khevenhüller schon vom Beginn der Aufzeichnungen über seine Einkünfte ab 1575 nachweisbar.[c] Durch Vertrag vom 12. 12. 1589[O] wurde er als Erbe seiner ersten Frau Anna Graf von Schernberg Besitzer von zwei Dritteln der Burg Groppenstein und der zugehörigen Liegenschaften, 1594[wi] des letzten Drittels durch Kauf von Justina Benigna von Hollenegg. Er blieb dies, bis er 1613 starb und Adam Jakob von Lind Groppenstein zur Gänze erwarb.[O]

Tafel 13

Spätgotischer Ritter im Harnisch Links Kirche und Schloß Timenitz in Kärnten, dahinter der Zechnerkogel, rechts im Hintergrund der Magdalensberg mit Gipfelkirche

Die Existenz von Hans' III. Khevenhüller angeblichem Sohn Barthelmä ist selbst dem Landeshauptmann Freiherrn Georg Khevenhüller zur Zeit der Abfassung der Chronik seines Geschlechts in den Jahren 1583/84 so zweifelhaft erschienen, daß er sich mit einem Hinweis auf das Elaborat seines evangelischen Predigers auf Hochosterwitz Michael Gothard Christalnick und das da herausgestellte Jahr 1440 begnügte. Dort findet man, daß Landeshauptmann Hertnid von Kraig die damalige Kärntner Landeshauptstadt St. Veit an der Glan gegen Jan Widowitz und seine Böhmen im Kampfe Herzog Friedrichs von Österreich gegen seinen Bruder Herzog Albrecht verteidigt habe und bei einem Ausfall aus der Stadt glücklich gewesen sei, jedoch auf der Verfolgung der Böhmen Barthelmä Khevenhüller, Niklas von Dietrichstein und Reichart von Ernau gefangen genommen worden wären; diese soll der Landeshauptmann bald darauf im Krappfeld nahe dem Markt Althofen wieder befreit und die Böhmen aus dem Lande getrieben haben.

Die Khevenhüller-Historie des Grafen Franz Christoph bzw. die daraus entnommene Chronik weiß weiter, daß Barthelmä Khevenhüller 1435 bei der Verteidigung des Kanaltales gegen die Venezianer ritterlich gefochten habe, jedoch verwundet worden sei, ebenso daß er 1475 im Kampf gegen die Türken unweit der Stadt Rain im windischen Lande gefallen sei, wo sein Leichnam ohne Kopf gefunden worden wäre. Solche Moritaten ranken sich um Gestalten der Khevenhüller-Historie und -Chronik, die nie existierten.

Einzigartig ist unser Bild, weil hier das spätgotische Schloß Timenitz, von dem heute nur mehr niedere Teile in Haus Nr. 12 mit dem auf unserem Bild sichtbaren Torvorbau zu sehen sind und von dem es bei Valvasor keine brauchbare Abbildung gibt, in voller Pracht vor Augen steht und ein malerisches Pendant zu der spätgotischen befestigten Kirche bildet, an deren Turm noch jetzt die rechteckige rote Malerei der Sonnenuhr verwaschen sichtbar ist. Der Magdalensberg mit seiner Gipfelkirche rechts und die Zechnerhöhe links bilden damals wie heute die Kulissen im Hintergrund.

Zu den spätgotischen Gebäuden unseres Bildes paßt die burgundischen Vorlagen der Zeit um 1460/70 nachempfundene Ritterfigur mit dem rotgefransten Ringelpanzerhemd und der schlanken Kesselhaube gut dazu, obwohl sie seitenverkehrt gezeichnet ist. Der Ritter stützt sich auf den Goldgriff seines Schwertes mit der Linken ähnlich wie Leopold III. am Innsbrucker Maximiliansgrab und hält den gleichfalls goldverzierten Dolch mit der Rechten. Der aus rechteckigen, figürlich verzierten Goldgliedern zusammengesetzte Gürtel ist eine wertvolle Arbeit; am abhängenden Rosenkranz ist ein goldenes Krukenkreuz befestigt. Der Hund mit seinem roten Korallenhalsband entspricht einem landläufigen Typ, der für die niedere Jagd gebraucht wurde.

Schloß Timenitz erwarb Freiherr Barthelmä Khevenhüller[c] 1589. Bei der Erbteilung 1615[f] kam es an dessen Sohn Franz Christoph, dem es 1618[t] Paul Khevenhüller abkaufte, der es bis zu seiner Auswanderung im Jahr 1629 innehatte.

32: Khevenhüller-Stammbaum von 1568 im Nordiska museet, Stockholm (s. S. 24 u. 25)

Tafel 14

Rudolf Khevenhüller (ca. 1420-1466) und Frau Apollonia geb. Welzer Links im Hintergrund Schloß Wernberg

Der zweite Sohn Hans' II. Khevenhüller war Rudolf, der zur Zeit der Villacher Armenstiftung durch seinen Bruder Hans III. am 10. 5. 1439[v] noch minderjährig war, aber Erwähnung findet. Das erste Rechtsgeschäft, bei dem er mit seinem Bruder Hans III. handelnd auftritt, ist der Verkauf von Gütern um Prägrad an Parzival von Sunegk und Frau Elisabeth am 24. 9. 1445.[k] Als Rudolf am 28. 2. 1448[k] drei Güter zu Schleben an den Friesacher Bürger Andre Kelner verkauft, siegelt sein Bruder Hans III. diese Urkunde neben dem Villacher Stadtrichter Hans Tauppe. Am 17.1. 1449[g] gelingt es Rudolf, von Graf Heinrich von Görz und Tirol das diesem heimgefallene Lehen zu Würmlach und Umgebung in Oberkärnten verliehen zu erhalten. Er treibt also mit Vorbedacht eine eigene Politik und versteht sich nicht nur als jüngerer Bruder Hans' III. Offenbar 1450 hat er Apollonia, die Tochter des verstorbenen Kärntner Edelmannes Ernst Welzer, geheiratet; denn diese verzichtet am 29.9. des genannten Jahres[g] gegenüber ihren Vettern Moritz, Hans und Andre Welzer sowie den Kindern des verstorbenen Balthasar Welzer auf alles väterliche Erbe gegen Empfang von 200 Pfund guter Wiener Pfennige, was Rudolf Khevenhüller ausdrücklich gutheißt. Das könnte als eine Art Mitgift Apollonias angesehen werden.

In Görzer Diensten war Rudolf Pfleger zu Grünburg bei Hermagor. Am 24. 4. 1456[k] siegelt er in dieser Funktion eine Urkunde für die Kirche St. Andreas zu Straßfried. In Diensten Kaiser Friedrichs III. wird er in der Folge Pfleger zu Flödnig in Krain, bis dieser ihm am 10. 7. 1458[g] anstatt dessen das Schloß Goldenstein verpfändet, das 1462 an Wolfgang Fleck kommt. Am 27. 11. 1463[g] teilt Rudolf Khevenhüller aus Schloß Aichelberg dem obersten Kämmerer in Steiermark und Marschall in Kärnten Niklas von Liechtenstein mit, daß er 1462 für seine liechtensteinischen Lehen Lehenurlaub von einem Jahr erhalten habe, aber nun schwer krank darniederliege und deshalb seinen Bruder Ulrich als Lehenträger für sich und die Kinder nach ihrem verstorbenen Bruder Hans III. anzunehmen bitte, da er nicht persönlich erscheinen könne. Weil in der Folge laut einer Urkunde vom 23. 12. 1466[g] Niklas von Liechtenstein dem Ritter Ulrich Khevenhüller Lehenurlaub für seine liechtensteinschen Lehen gewährt, ist offenbar nun 1466 auch Rudolf Khevenhüller gestorben, so daß jetzt Ulrich als einziger Lehennehmer der liechtensteinschen Khevenhüllerlehen auftritt.

Daß Rudolf Khevenhüller es bis zum Landeshauptmann von Kärnten gebracht habe, erwähnt gegenüber den hier wiedergegebenen historischen Tatsachen die Khevenhüller-Lebensbeschreibung des Freiherrn Georg Khevenhüller von 1583/84,[k] ohne aber viel über ihn zu sagen. Apollonia Welzer soll er nach dieser Beschreibung erst 1470 geheiratet haben, obwohl sie schon am 29. 9. 1450[k] als seine Gemahlin urkundlich nachweisbar ist. Der Prädikant Christalnick behauptet in seinem Khevenhüller-Exzerpt,[k] daß Rudolf Khevenhüller 1460 Kaiser Friedrich III. in seinem Krieg gegen Graf Johann von Görz wegen des Cillischen Erbes unterstützte und 1470, da er auf der Universität Wien studiert haben sollte und redekundig gewesen wäre, für die Kärntner Landstände die Ansprache an den Kaiser in Klagenfurt gehalten habe, als dieser gegenüber Niklas von Liechtenstein und Johann von Stubenberg Milde walten ließ. Auch ein Schutz- und Trutzbündnis der drei Länder Steiermark, Kärnten und Krain soll er damals zustande gebracht haben, was bei der drohenden Türkengefahr nötig gewesen wäre. 1484 soll er Verwalter der Landeshauptmannschaft Kärnten geworden sein und 1486 in seinem Auftrag Georg von Wolframsdorf das Schloß Seltenheim den in Kärnten eingefallenen Ungarn abgewonnen haben. Mit der Schilderung von Rudolfs angeblichem Kampf gegen die Türken 1492 im Bereiche von Villach endet das Khevenhüller-Exzerpt des Predigers Christalnick über die Taten Rudolfs, wozu man wissen muß, daß der letzte Einfall der Türken nach Kärnten 1483 stattfand und die Türkenschlacht bei Villach sowie alles, was im Zusammenhang damit behauptet wird, vollständig in das Gebiet der Fabel gehört. Wie anschaulich Christalnick Rudolfs Verdienste um den angeblichen Sieg über die Türken bei Villach von 1492 schildert, ist dem hier aus den Annales Carinthiae Hieronymus Megisers von 1612 wiedergegebenen Bericht (Abb. 33, S. 83) zu entnehmen. Was Bernhard Czerwenka in seiner 1867 publizierten Khevenhüller-Monographie von einer 1457 angeblich auf Obercilli von Rudolf Khevenhüller zusammen mit Kaiser Friedrich III. ausgehaltenen schweren Belagerung bis zu seinem ins Jahr 1501, d. h. um 35 Jahre zu spät angesetzten Tode an Moritaten noch zu berichten weiß, kann als völlig unhistorisch hier übergangen werden, ebenso der Bericht der Khevenhüller-Historie des Grafen Franz Christoph, der Rudolf 1496 sterben läßt und gar die ihrer Diktion nach ins späte 16. Jahrhundert gehörende Inschrift seines Grabsteins mitzuteilen weiß, der sich im alten, jetzt zerfallenen Kloster in Villach befunden habe.[ö] Bezeichnend ist all diesen Fabeleien gegenüber, daß im Freiherrnbrief Kaiser Maximilians II. für Georg Khevenhüller vom 16. 10. 1566,[w] in welchem unter den älteren um die Habsburger Kaiser verdienten Khevenhüllern nur auf Hans III., dessen Bruder Ulrich und den Sohn des letzteren, Wolfgang, eingegangen wird, Rudolf vollkommen fehlt. Aber bereits in der Khevenhüller-Lebensbeschreibung desselben Freiherrn Georg Khevenhüller von 1583/84 ist die Verwirrung immerhin so groß, daß Ulrich als Sohn Rudolfs eingeführt wird statt als dessen jüngerer Bruder.

Die Kleidung Rudolf Khevenhüllers auf unserem Bild ist der eines Landeshauptmannes und Obristen angemessen, die rote, goldgefranste Schärpe, die von der rechten Schulter zur linken Hüfte führt und von einem Knoten dort herabhängt, ist augenscheinlich das Zeichen seiner Würde. Dazu paßt das Rot der an den Knieen und Oberschenkeln geschlitzten, brokatseidenen Strumpfhose, das dem Bild als Ganzem und der gebietenden Persönlichkeit einen starken Akzent verleiht. Vornehm wirkt auch das mit schwarzen Streifen besetzte grün-

seidene Wams, über dem der eiserne Halskragen des zu Rudolfs Füßen liegenden gebläuten Harnischs sitzt. In der Linken hält Rudolf den Befehlshaberstab des Obristen, auf dem Haupte trägt die Ehrfurcht heischende Gestalt mit ihrem grauen Bart ein schwarzes Seidenbarett mit Straußenfedern in den Khevenhüllerfarben. Das Schwert mit dem spindelförmigen, gekrönten Goldgriff ist durch die Figur des Dargestellten fast ganz verdeckt.

An Vornehmheit korrespondiert die Kleidung von Apollonia, geborener Welzer, mit der ihres Gatten; der rosa Seidentaft des langen Kleides mit dem großen runden Halsausschnitt bildet ein feines Pendant zu dessen roten Beinkleidern. Der blaue Unterrock und das violette, schwarz ausgeschlagene Cape wirken wie die Fassung für das Gewand. Das gefältelte weiße Hemd schließt mit einem durchbrochenen goldenen Halsbündchen. Das schwarze gezipfelte Barett der Dame verleiht ihr Eleganz, ebenso das goldene Haarnetz. Von der Goldschnur des Gürtels hängt ein hellila Seidenschleier herab.

Schloß Wernberg, von dem hier die älteste erhaltene Ansicht wiedergegeben wird, zeigt die Wehrgestalt der Zeit des Landeshauptmanns Freiherrn Georg Khevenhüller, der sich dort mehrfach durch Inschriften und Porträts verewigt hat und die mit vier mächtigen Ecktürmen um einen rechteckigen Hof gruppierte imposante Anlage auf steil zur Drau abfallender Anhöhe in den Jahren 1572 bis 1576 erbaute. In khevenhüllerischen Besitz war die diesem Renaissanceschloß vorausgehende Burg schon vor 1519 gekommen, als sie Wolfgang Khevenhüller, Ulrichs Sohn und damit ein Enkel Hans' II., jedoch von den Chroniken des 17. Jahrhunderts zum Sohn des hier behandelten Rudolf gemacht, erwarb. Nach Aussterben der von Wolfgang ausgehenden Khevenhüllerlinie im Jahre 1561 kam Wernberg an Georg Khevenhüller. Letzter Besitzer aus dieser Familie war Paul Khevenhüller, dessen Kinder im Wernberger Schloßgarten auf Tafel 42 zu sehen sind und der es 1629 anläßlich seiner Auswanderung als Evangelischer nach Nürnberg an Siegmund von Wagensperg verkaufte. Die geschweiften barocken Turmhelme zeigt das Schloß auch noch bei Valvasor 1680, während Markus Pernhart um 1850 und vor ihm schon Joseph Wagner 1845 die heute noch erhaltenen niedrigen, kegelförmigen Turmdächer zeichneten.

Zu dem auf Anordnung des Landeshauptmannes Christoph Khevenhüller um 1550 geschaffenen Bild des „Ritters" Rudolf Khevenhüller, der als „kaiserlicher Majestät Diener" bezeichnet wird, wenn er auch 12 Jahre früher als 1474 gestorben ist, besteht in der Darstellung von etwa 1620 keine Beziehung. Er erscheint wie die meisten um die Mitte des 16. Jahrhunderts gemalten Khevenhüller als bärtiger alter Mann im glitzernden Harnisch, schwarzen Strümpfen und ebensolchen Schuhen und hält in der Linken eine Hellebarde, während die Rechte schräg nach vorne deutet (Abb. 4, S. 20). Daß die von Pibriach seine Gemahlin gewesen sei, wie das Wappen zu seiner linken behauptet, entspricht nicht den Tatsachen.

Im Jar der Welt 5461. Nach Christi Geburt 1492.

Dargegen / so befahle nun Rudolph Kevenhüler (der dann auch nit schlieff / vnd auff alles gar gute achtung gehabt) alsbald / dem Edlen vnd Gestrengen Herren / Pancrazen von Dietrichstein / vnd Leonharden von Kolnitz / zu welchen sich auch Herr Veit Weltzer / Herr Leonhart von Preysing / vnd Herr Niclas Rauber / gestossen hatten / ebener massen / hinfür zu ziehen: also daß diese zween gewaltige Kriegshauffen einen solchen ernstlichen angriff gethan / dergleichen hart einer wider die Türcken im Land zu Khärndten gesehen worden / dieweil sie / zu beyden theilen / fast vber einander ergrimbt waren / da dann der vnsern redligkeit / die grosse anzahl der Heyden / gar wol erstattet. Dieweil aber Hali Bassa gesehen / daß die seinē gar keinen vortheil gehabt / schicket er den dritten Hauffen auch in die Schlacht. Dargegen rückten Herr Jörg von Weyssenegk / vnd Herr Christoff von Weißbriach / aus befehl des Obristen / mit den Oesterreichern vnnd Tyrolern / auch hinein / die König Maximilian ins Kärndten geschickt hatte. Darauff ward der Angriff / dieser beyder Hauffen / gantz schräcklich vnd ernstlich / als vor nie / in welchem dann gar viel vmbkommen / vnd war das gedräng vnd Tumult so groß / daß man anders nichts / als würgen vnd schlagen sehen kundt / vnd nam die Schlacht dermassen vberhand / daß sie zu beyden theillen / in grosse trennung vñ vnordnung kamē. Doch kame den vnsern zu grossem frumen / daß die gefangene Christen / derer vber die 15000. waren / hiezwischen / dieweil die Schlacht weret / ledig wurden / die Hüter so sie verwachen solten / erschlugen / vnd also den vnsern zu hülffe zusprungen / damit nu / auff vnser seiten / die Victoria nit wenig befürdert wordē. Dann / wie die Türcken vermerckten daß die gefangene Christen ledig gemacht wurden / ist jhnen alsbald das Hertz empfallen / darumb sie dann / vnverzogenlich / die Flucht namen / vnd darmit sich vermeinten beym Leben zu erhalten / aber es wurden derselben viel von den vnsern erhascht / vñ zu stücken zerhauwen. In diesem Streit / seind 10000. Türcken erschlagē / vnd 7000. hart verwundt worden / davon wenig mit dem Leben davon komen: dann / wo das Landvolck nur einen Türcken erblickt / so muste er her halten / vnd das gelach bezahlen / wie man dann allenthalben / an den Strassen / viel todte Türckē gefunden. Hali Bassa, der Türcken Obrister / ist mit einem langen Rohr / von Rudolph Kevenhüler / oder (als Vitoduranus schreibt vnd haben wil) von dem Herrn Leonhart von Kolnitz / in der Flucht / hart in das rechte Schulterblat geschossen worden / wie er aber hierauff / vom Gaul gefallen / vnd jn Herr Niclas Rauber gefänglich annemen wöllen / hat der Tyrann bald hierauff sein Geist auffgeben / welches dann sein würdiger vnd recht verdienter Lohn war. Auff der Christen seiten blieben todt liegen bey 6000. zu Roß vnd Fuß / vnd wurde schier jedermann verwundt / sonderlich die Herrn

Es seind 10000. Türcken erschlagen / vnnd 7000. gar hart verwundt worden.

Aus den Christen seind 6000. vmbkomen.

33: Eine Rudolf Khevenhüller betr. Seite aus Hieronymus Megisers „Annales Carinthiae“, 1612

70

Tafel 15

Ritter Ulrich Khevenhüller (ca. 1430-1492) und Frau Anna geb. von Kellerberg Daneben Schloß Mörtenegg und die Kirche St. Martin bei Villach, im Hintergrund die Stadt Villach und in der Ferne die Burgen Wernberg, Sternberg (rechts davon auch die Kirche auf ihrem Felskogel), Aichelberg und Landskron (von rechts nach links)

Ulrich, der jüngste Sohn Hans' II. Khevenhüller, war zur Ausstellungszeit der Urkunde über die noch nicht vollzogene Armenstiftung seines Großvaters Hans I. durch seinen Bruder Hans III. am 10. 5. 1439[v] noch ein Knabe und kommt daher auch in den Urkunden seiner Brüder vor 1456 nicht vor. Er tritt erst in den Vordergrund, als Hans III. bereits gestorben ist und Rudolf schwer krank auf der Burg Aichelberg darnieder liegt, wie dieser in einem Brief vom 17. 11. 1463[g] dem Niklas von Liechtenstein, oberstem Kämmerer in Steiermark und Marschall in Kärnten, mitteilt und diesen bittet, mit seinen liechtensteinischen Lehen, für die er bereits (nach dem Tode seines Bruders Hans III.) ein Jahr Lehenurlaub erhalten hatte, an seiner statt und als Lehenträger der Kinder nach seinem verstorbenen Bruder Hans seinen Bruder Ulrich belehnen zu wollen. Als dann auch Rudolf Khevenhüller gestorben war, gewährte drei Jahre später, am 23. 12. 1466,[g] Niklas von Liechtenstein dem Ritter Ulrich Khevenhüller, der verhindert war, persönlich zu ihm nach Murau zum Lehenempfang zu kommen, Lehenurlaub für seine liechtensteinschen Lehen. Ulrich wird hier erstmals offiziell als Ritter bezeichnet und ist nicht erst 1467[ö], wie die Khevenhüller-Historie des Grafen Franz Christoph behauptet, sondern schon 1466 von Kaiser Friedrich III. zum Ritter geschlagen worden. Ob die diesbezüglichen Nachrichten hinsichtlich seiner Brüder zutreffen, geht aus deren urkundlichen Nennungen hingegen nicht hervor, nur bei Ulrich! Daß der Khevenhüller-Freiherrnbrief vom 16. 10. 1566[w] behauptet, Maximilian I. habe das getan, ist chronologisch seitens des 1459 geborenen Kaisers nicht möglich. Wenn darin weiter steht, Ulrich habe Maximilian I. in Kriegs- und politischen Sachen, vornehmlich aber gegen den türkischen Erbfeind lange Jahre ehrlich und redlich gedient, so daß ihm Befestigungen und Grenzhäuser im Bereich der späteren Militärgrenze anvertraut worden seien, so liegt hier anscheinend eine Verwechslung mit dem nie existenten „Ulrich II., Sohn Rudolfs" vor, von dem auch Freiherr Georg Khevenhüller in seiner Khevenhüller-Lebensbeschreibung von 1583/84[k] spricht und seine Heirat mit Anna von Kellerberg ins Jahr 1494 legt. Die Khevenhüller-Chronik von 1625 behauptet dann, Ulrich habe mit Maximilian die Gefangenschaft in Gent geteilt, was richtigerweise Brügge heißen müßte, so daß er 1488 zu den Gefolgsleuten Maximilians in Flandern gehört hätte, noch vor dem Tode Friedrichs III. im Jahre 1493. Allerdings ist Maximilian selbst erst 1493 in Kroatien gegen die Türken engagiert, zumal von 1480-1490 der Hauptkampf der Habsburger im Südosten König Mathias Corvinus und seinen Ungarn galt, und überdies liegt die Annahme nahe, Ulrich Khevenhüller habe bereits 1492 das Zeitliche gesegnet, da der ab 1494 siegelnd bezeugte und das Khevenhüllergeschlecht führende Augustin, Sohn Hans' III., in sein Siegel die Jahreszahl 1492 offenbar als Beginn seiner Khevenhüller-Repräsentanz hat eingraben lassen (Abb. 36, S. 94).

Hingegen hat Ritter Ulrich Khevenhüller laut Khevenhüller-Historie am 8. 5. 1461[ö] von Kaiser Friedrich III. die Herrschaft Falkenstein im Mölltal anvertraut erhalten, was auch die Inschrift seines Bildes aus der Zeit um 1550 (Abb. 5, S. 20) bekräftigt, diese jedoch nach einigen Jahren wieder abgegeben, als er nach dem Tod seines Bruders Rudolf (1466) alle Khevenhüllerlehen übernommen hatte und nun 1468[w] Georg Skodl als kaiserlicher Pfleger Falkenstein samt der gewöhnlichen Burghut und dem Amt zu Obervellach bekam. Von 1472 bis 1488[k] ist Ulrich in Kärntner Urkunden des öfteren, meist als Mitsiegler bei Rechtsgeschäften in seinem Freundeskreise, bezeugt und hat an einer in Bamberg erhaltenen Urkunde vom 28. 11. 1473[b] sein prächtiges Rittersiegel (Abb. 34, S. 86) anbringen lassen. Ihm gelang die endgültige Bereinigung des Streites zwischen dem Bischof von Bamberg und seinem verstorbenen Bruder Hans III. wegen dessen Eigenwilligkeiten, so daß er von Bischof Philipp am 25. 2. 1478 mit den bambergischen Khevenhüllerlehen im Raume Villach samt dem Burgsitz unter dem Schloß Federaun rechtmäßig belehnt wurde, ebenso am 25. 5. 1488[b] von Bischof Heinrich. Durch seine Heirat (um 1470) mit Anna von Kellerberg, der Erbin nach ihrem Vater Kaspar von Kellerberg, vergrößerte er die Khevenhüller-Besitzungen. In einer Urkunde vom 30. 11. 1505[g] ist Anna als seine Witwe bezeugt, ebenso in einer solchen vom 27. 12. 1510[k].

Auf unserem Bilde trägt Ritter Ulrich Khevenhüller einen geschwärzten Harnisch mit reicher Goldverzierung, wie er allerdings erst der Mitte des 16. Jahrhunderts entspricht. Die Armkacheln und die Unterkante des den Oberkörper schützenden Panzers sind zusätzlich noch mit roten Samtvorstößen ausgestattet. Die etwas phantastische Helmglocke trägt rote Straußenfedern. Der Befehlshaberstab in seiner Rechten soll offenbar seine Oberaufsicht über die Grenzfestungen betonen. Frau Anna trägt ein mit blauen Rosetten verziertes, weißgrundiges Goldbrokatkleid, das oben über dem durch eine Goldborte gefaßten tiefen runden Ausschnitt einen grünen Einsatz und über diesem das hochgeschlossene, gefältelte weiße Hemd sehen läßt. Die Ärmel sind zweimal gepufft und an den enganliegenden Stellen mit blauen Noppen versehen. Um den Hals trägt die zierliche Frau ganz oben eine Korallenkette, tiefer unten eine Goldkette mit Anhänger. Um die Taille ist eine vielgliedrige Goldkette geschlungen, deren Ende, das die Dame mit der Rechten gefaßt hält, tief herabhängt und in einen herz-

förmigen Anhänger mündet. Diese Kette ist ein typisches Kennzeichen der Renaissance. In der Linken hält Frau Anna an einer Goldschnur ihr Familienwappen, den von Weiß und Rot gespaltenen Schild mit je zwei goldenen Flügen in den beiden Hälften. Auf dem Blondhaar sitzt keck eine grüne, goldbordierte Kappe, aus der neckisch ein Büschel roter Straußenfedern mit schwarzer Pfauenfederbekrönung hervorwächst. Wertvoll ist unser Bild auch durch die älteste erhaltene Darstellung des Schlosses Mörtenegg, das Siegmund Khevenhüller um 1546 auf dem khevenhüllerischen Meierhof zu St. Martin westlich Villach erbaute (vgl. Tafel 37). Aus Khevenhüller-Besitz ging der Edelmannsitz Mörtenegg am 28. 4. 1622 käuflich an Urban Freiherrn von Pötting über.[O] Das Gebäude ist heute noch in ganz ähnlicher Form erhalten, ebenso die Pfarrkirche St. Martin, die zwischen dem Oberarm und der linken Hand Ritter Ulrichs hervorlugt. Von der Stadt Villach ist ein Teil der westlichen Stadtmauer mit einem kleinen Mauerturm zu sehen, an der rechten Bildkante die Pfarrkirche St. Jakob und etwa in der Mitte der Stadtsilhouette ein Rathausturm.

Die Burg Wernberg, die Kirche von Sternberg und ein Teil der Burg gleichen Namens, die Burgen Aichelberg und Landskron dämmern nur schemenhaft in der Ferne, wollen aber doch den Umfang khevenhüllerischen Besitzes im Raume östlich Villach andeuten, allerdings ein halbes Jahrhundert nach der Zeit Ulrich Khevenhüllers. Der Blick ist deutlich von der Höhe 592 ober St. Martin genommen.

Unter den Bildern, die Landeshauptmann Christoph Khevenhüller um 1550 von den alten Khevenhüllern malen ließ, begegnen wir auch dem Ritter Ulrich Khevenhüller, der vom 8. 5. 1461[Ö] bis 1468[W] als kaiserlicher Diener Falkenstein pflegschaftsweise innehatte. Wie fast alle Khevenhüller dieser Serie ist er ein alter Mann mit weißem Bart, angetan mit einem glitzernden Harnisch, von dem nur der Helm nicht im Bilde ist. Selbst die Füße stecken in gespornten eisernen goldverzierten Schnabelschuhen. Das Wappen zu seiner Seite weist auf seine Gemahlin Anna von Kellerberg hin (Abb. 5, S. 20), die in der Beschriftung fälschlich den Vornamen Margarethe trägt.

34: Siegel Ulrichs (ca. 1430—1492) an einer Urkunde vom 28. 11. 1473

35: Khevenhüller-Wappen, vermehrt durch Kellersberg, laut Wappenbrief vom 4. 9. 1525 (s. S. 89)

79

Tafel 16

Ritter Wolfgang Khevenhüller von Wernberg (1481-1536) und Frau Margaretha geb. von Cleß. Im Hintergrund zur Rechten des Ritters auf Fels Kirche von Tiffen und im Tal gleichnamiges Dorf, zur Linken seiner Frau Renaissanceschloß Tiffen

Von Ritter Ulrich Khevenhüller führt eine Seitenlinie über seinen Sohn Wolfgang zu seinem Enkel Siegmund. Sie wollen wir zuerst betrachten, ehe wir dem Hauptstamm weiter folgen, zumal für sie die einseitigen Bilder aus des Grafen Franz Christoph Khevenhüller lateinischer Khevenhüller-Historie aus der Zeit um 1620 erhalten sind.
Wolfgang Khevenhüller ist es, der sich bereits in einer Urkunde vom 1. 9. 1519[g] „von Wernberg" nennt. Schon zuvor hat er 1518 von Rudolf von Liechtenstein Lehen verliehen erhalten. Er stand in Diensten der Kaiser Maximilian I. und Karl V. und wurde von letzterem zum Ritter geschlagen. Bereits in einer Urkunde vom 10. 2. 1525[g] trägt er diesen Titel. Am 4. 9. 1525[W] verleiht ihm Karl V. zusätzlich das Wappen der Herren von Kellerberg, deren Geschlecht nach dem Tod von Wolfgangs Großvater mütterlicherseits, Kaspar von Kellerberg, ausgestorben war. Sehr interessant ist es, daß er in diesem Wappenbrief Wolfgang von Kevenhull heißt, ebenso sein Geschlecht „von Kevenhull" bezeichnet wird, somit der mittelfränkische Ort Kevenhüll bereits in einer Urkunde des 16. Jahrhunderts als Herkunftsplatz der Khevenhüller genannt erscheint.
Das Kellerberger Wappen ist ein von Rot und Silber gespaltener Schild mit je einem Flug in gewechselten Farben in jedem Teil des Schildes. Die Helmdecken sind weiß und rot, darauf als Helmzier zwei Flüge in gewechselten Farben. Vom Wappen der Khevenhüller ist in der Urkunde vom 4. 9. 1525[W] die erste farbige Abbildung überliefert: Im von Schwarz und Gold geteilten Schild unten quer ein schwarzer Wasserstrom, oben aufrecht eine Eichel in ihrer Hülse mit je einem Eichenblatt rechts und links. Die Helmdecken sind golden und schwarz, auf dem Helm ein goldener Steinbock mit aufgereckten Füßen und roter Zunge (Abb. 35, S. 87).
König Ferdinand bestellte den Ritter Wolfgang Khevenhüller am 20. 3. 1528[W] zu seinem Landrat im Herzogtum Kärnten. Der Khevenhüller-Freiherrnbrief vom 16. 10. 1566[W] gibt über ihn an, daß er in Diensten König Philipps von Spanien und Kaiser Karls V. sich sowohl in Deutschland wie in Spanien und Welschland Verdienste erworben und vor Marsilia und Algiera gegen die Mohren so tapfer gekämpft habe, daß ihm zwei Hauptmannschaften übergeben worden seien. Die Khevenhüller-Lebensbeschreibung des Freiherrn Georg Khevenhüller von 1583/84[k] behauptet, daß er auch bischöflicher Hauptmann auf Straßburg gewesen sei und daß ihn im Alter das Podagra so heftig geplagt habe, daß er auf seinem Schloß Wernberg die letzte Lebenszeit verbrachte. Am 18. 6. 1536 starb er dort und wurde in der Jakobskirche zu Villach begraben, wo sein Inschriftgrabstein noch erhalten ist.
Ritter Wolfgang Khevenhüller präsentiert sich auf unserem Bild in einem gebläuten, goldverzierten Halbharnisch, unter dem der schwarze, goldbordierte Rock hervorsieht. Die purpurroten, geschlitzten Hosen stecken in langen, weichen, spitzengesäumten, hellbraunen Lederstiefeln mit Goldsporen. Eine goldseidene Feldbinde dient als Würdezeichen. Das Barett ist aus schwarzem Seidenbrokat mit Feder-und Goldschmuck. Zur Linken hängt im Gürtel das Schwert mit skulptiertem Goldgriff. Die Gattin Margaretha ist dabei, dem Ritter etwas zu zeigen, und trägt die deutsche Tracht derselben Zeit um 1530, in die auch die Gewandung des Ritters gehört. Ihr mit Schleppe versehenes Obergewand mit herzförmigem Ausschnitt besteht aus zartlila Goldbrokat und ist mit Goldborte gesäumt. Aus dessen kurzen Puffärmeln treten die langen, unten wieder gepufften Ärmel des roten Untergewandes hervor. Das gefältelte weiße Hemd endet unter dem Kinn der feinen, ausdrucksvollen Frau in Rüschen. Um den Hals trägt sie einen bandförmigen, durchbrochenen Goldschmuck. Auf dem durch ein goldenes Haarnetz geformten Blondhaar sitzt keck ein schwarzes Hütchen mit Federstoß. Eine goldene Agraffe bildet die Mittelzier des Kopfputzes, während Perlenohrringe dem Antlitz Anmut verleihen. Die Taille betont ein durchbrochener Goldgürtel aus rechteckigen Gliedern, zu dem eine doppelreihige Halskette herabreicht. In der Linken trägt Margaretha ihr Wappen, einen von Weiß und Rot gespaltenen Schild mit je einem grimmenden Löwen vorn und hinten in gewechselten Farben.
Von besonderem Interesse ist die Darstellung im Hintergrund. Auf überhängendem Fels, dessen uneinnehmbare Gestalt nur heute von Baumwuchs überkleidet ist, erhebt sich der massige romanische Bau der Kirche von Tiffen, die in karolingische Zeit zurückreicht. Am gedrungenen Spitzturm ist noch heute wie damals um 1620, als dieses Bild entstand, übereck die Turmuhr mit ihrem Zifferblatt zu sehen, die also schon über 350 Jahre ihren Dienst versieht. Anstelle des heutigen barocken Anbaus von 1758 erblickt man an der Ostseite des Turmes noch die halbrunde romanische Apsis. Von dem Mauerturm der Kirchenbefestigung links neben dem Kirchenturm steht jetzt nur mehr ein Stumpf.
Die Ortschaft Tiffen im Tale zeigt lauter Häuser mit Schindeldächern, wie sie dazumal allgemein üblich waren. Nahe dem rechten Bildrand erhebt sich der Edelmannssitz Tiffen, den am 2. 12. 1560[l] die Brüder Hans und Barthelmä Khevenhüller um 11.000 Gulden von Leonhard von Keutschach kauften. Der vordere Teil dieses Renaissanceschlosses in halber Höhe des Tiffener Burgfelsens, heute ein Stadel, trägt noch jetzt die in den ersten Stock außen hinaufführende Treppe. Um das eigentliche Schloß nahe dem rechten Bildrand läuft die Mauer wie ehedem; doch war die Gebäudegruppe damals stärker gegliedert als heute. Der Blick auf Tiffen von der Höhe 598 östlich davon, die damals freie Sicht bot, ist also vom Maler außerordentlich genau wiedergegeben und das Gemälde infolge seines hohen Alters topographisch von großem Wert.

Tafel 17

Salzburger Domherr der ersten Hälfte des 16. Jahrhunderts vor einer Ansicht des Marktes Obervellach, an dessen Nordseite der Kaponigbach zur Möll herabführt; Rechts der Pfaffenberg, darüber die schneebedeckte Zagulenspitze (2731 m)

Die Khevenhüller-Historie des Grafen Franz Christoph von 1623 und die Chronik von 1625 behaupten, Martin Khevenhüller, Sohn Ulrichs und der Anna von Kellerberg, habe in seiner Jugend zu Wien an der Universität studiert, sei danach in seinem Alter König Ferdinands Rat geworden und wäre, als er zu Salzburg das Kanonikat habe annehmen wollen, am 8. 6. 1536 gestorben und zu seinem Bruder Wolf in Villach begraben worden. Ihn soll unser Bild darstellen; nur hat es ihn niemals gegeben. Die gut erhaltenen Quellen über die Salzburger Domherren kennen zu jener Zeit keinen Khevenhüller, ebensowenig verzeichnen ihn die Matrikeln der Universität Wien, und keine Urkunde meldet von seiner Erhebung zum Rat König Ferdinands. Wie wollte er schließlich zu seinem Bruder Wolf beigesetzt worden sein, der doch erst 10 Tage nach des angeblichen Martin Todesdatum starb und dessen Grab samt Gruftplatte mit Reliefwappen erhalten ist und eindeutig besagt, daß hier nur „der edll und gestrengen Ritter Herr Wolff Keuenhuller von Wernburg" begraben ist. Im 16. Jahrhundert ist der Schwindel, dem so viele Glieder der alten Khevenhüller-Genealogie ihr Scheindasein verdanken, eben nicht mehr ungestraft möglich! Aber es wäre halt so schön gewesen, wenn auch ein hoher geistlicher Herr den Stammbaum des Khevenhüllergeschlechts verbrämt hätte.
Wenigstens ist die Darstellung des Domherrn wohlgelungen und eindrucksvoll. Über der schwarzen, vorn geknöpften Seidensoutane trägt der Geistliche ein weißes Chorhemd aus Leinen mit Venezianer Spitzensäumen. Ein Hermelinpelzcape verleiht ihm besondere Würde. In der Rechten hält er ein in rotes Leder gebundenes Brevier mit Goldschnitt, den Kopf bedeckt eine schwarze Seidenhaube mit Pelzsaum. Er vertieft sich nicht in das Buch, sondern weist mit der Rechten auf den salzburgischen Markt Obervellach, dessen 350 Jahre alte, minutiöse bildliche Darstellung für uns von außerordentlichem Wert ist; denn der breite Marktplatz von Obervellach präsentiert sich in dem Gewand der Goldgräbermetropole von damals: In der Mitte der uns zugewandten Häuserzeile ragt das Oberstbergmeisteramt empor, das über Tirol, Kärnten, Krain und Steiermark zu gebieten hatte und im heutigen Bezirksgericht noch erhalten ist; in der unteren Häuserzeile heben sich die Gewerkenhäuser der Weitmoser und Geismüller hervor.
Die Pfarrkirche mit ihrem gotischen Spitzturm sieht heute noch genauso aus wie damals, und das Schloß Trabuschgen bildet den oberen Abschluß des weit ausgebreiteten Ortes, vor dem nahe dem rechten Bildrand der Fallturm sichtbar ist, den die zu Obervellach sitzenden Vasallen von Görz und seit 1460 von Habsburg zu Lehen trugen. Der Markt Obervellach und die Maut daselbst gelangten mit der Herrschaft Falkenstein am 17. 5. 1597[g] käuflich vom Grafen Hans von Ortenburg an Freiherrn Barthelmä Khevenhüller; am 14. 1. 1610[g] erwarb sie dann Urban Freiherr von Pötting. Das Bild der alpinen Umgebung von Obervellach ist in unserem Gemälde meisterlich eingefangen, und das Hermelinpelzcape des Domherrn paßt ausgezeichnet zu den Schneegefilden der Zagulenspitze, die hinter ihm aufragt.

85

Tafel 18

Siegmund Khevenhüller von Wernberg (1515-1561) und Frau Anna geb. Meixner vor einer Ansicht der Ortschaft Himmelberg mit Schloß Biberstein

*Wolfgang Khevenhüller hatte nur einen einzigen Sohn, Siegmund (*1515), der nach der Khevenhüller-Lebensbeschreibung des Freiherrn Georg Khevenhüller am Hofe König Ferdinands I. gedient hat und nach seiner Heirat mit Anna Meixner im Jahre 1540 auf Wernberg seßhaft gewesen ist, schließlich in Villach am 29. 10. 1561 „am roten Fluß" (Blutfluß) starb. Sein eindrucksvolles Grabmal in der Jakobskirche zu Villach ergänzt unsere bildliche Darstellung und läßt erkennen, wie gut Figurenmaler C das Konterfei der von ihm Dargestellten zu erfassen wußte, wenn er auf vorhandene Bilder, hier ein Gemälde in Niederosterwitz (Abb. 11, S. 21), zurückgreifen konnte, das sich vom Grabmal erheblich unterscheidet. Am 10. 10. 1548[w] hat König Ferdinand Siegmund zu seinem Rat ernannt. Mit ihm starb der auf Wernberg ansässige Ast des Khevenhüllergeschlechtes aus, da seine Ehe mit Anna Meixner, die ihn drei Jahre überlebte, kinderlos war. 42.000 Gulden Darlehen, die Kaiser Ferdinand ihm laut Urkunde vom 3. 7. 1561[g] schuldete, erbten laut Hofkammerregistratureintrag vom 29. 5. 1562[g] seine Verwandten, die Brüder Hans und Barthelmä Khevenhüller sowie deren Vetter Georg, ebenso das Schloß Wernberg, das Georg 1569 durch Zahlung von 10.000 Gulden an seine Vettern ganz in seine Hand brachte.*
Siegmund trägt einen zeitgenössischen, aus der Schaube entwickelten Rock von schwarzer Seide mit Moirémuster, von braunem Pelz gesäumt, an den Ärmeln mit weißen Rüschen besetzt. Das Wams darunter, das mit Goldknöpfen hochgeschlossen ist, besteht aus gleichfalls schwarzem Samt, ebenso die geschlitzte und gebauschte Hose. Die schwarzen Strümpfe stecken in schwarzen Kuhmaulschuhen der Mitte des 16. Jahrhunderts. Über der Brust liegen schräg zwei dicke Goldketten. Darunter wird der Goldknauf des Degens sichtbar. Das Haupt ziert ein schwarzes Barett mit Goldschmuck und schwarzer Straußenfeder.
Zu dem alten Herrn mit dem langen weißen Bart, der in der Rechten ein paar schwarze Lederhandschuhe trägt und die Gelassenheit des Greises zur Schau trägt, bildet die junge, lebenslustig dreinblickende Gattin einen auffälligen Gegensatz. Dieser wird von ihrem hellrosa Seidenkleid mit blauen Schlitzmustern und blauem Einsatz im verschnürten Oberteil noch unterstrichen. Betont wird der Ausschnitt durch die doppelte goldene Halskette, die fast bis zur Taille herunterreicht. Das gefältelte Hemd trägt oben eine die Halspartie betonende Goldstickerei und schließt in einem Rüschenkragen. Kostbar sind die edelsteinbesetzten Goldnesteln, die das bodenlange Kleid vorn zusammenhalten, und der mit denselben dunklen Steinen verzierte Goldgürtel um die Taille. Auf dem feingeschnittenen Kopf sitzt ein goldenes, edelsteinverziertes Haarnetz und darauf ein keck etwas schief aufgesetztes Hütchen aus schwarzem Brokat mit roter Straußenfeder. Die Ohrringe aus hellblauem Halbedelstein passen ausgezeichnet zu den blauen Tupfen des Kleides. In der Linken hält sie entsprechend den Gewohnheiten der Zeit ein Taschentuch mit Spitzenzier. Das Meixner-Wappen, vier goldene Lilien in Schwarz, drei zu eins gestellt, steht am linken Bildrand.
Das beste offenbar nach dem Leben geschaffene Konterfei von Siegmund Khevenhüller zu Wernberg ist aber in der Serie der Bildnisse bewahrt, die Landeshauptmann Christoph Khevenhüller in den 1550iger Jahren anfertigen ließ (Abb. 11, S. 21). Es zeigt das lebendige kluge Antlitz des kaiserlichen Rats, das mit dem martialischen seines Villacher Grabmals nichts zu tun hat, ebensowenig wie das der Khevenhüller-Chronik, umrahmt von einem gepflegten weißen Vollbart. Gekleidet ist Siegmund in ein hellgraublaues Wams und ebensolche Beinkleider, die am Bauche dreimal schwarz quergestreift sind. Dort wird auch der schwarze Reichsadler des kaiserlichen Rates, den er als Emblem auf seinem Gewand über Hüfthöhe trägt, in dem Raum sichtbar, den die offene kurzärmelige knielange pelzbesetzte Schaube frei läßt, die etwas dunkler gefärbt ist als das Wams, dessen Ärmel den Unterarm bedecken. In der Rechten hält Siegmund die Korallen einer Perlenschnur, in der Linken Handschuhe. Eine doppelte feine Goldkette reicht über das Wams weit herab. Über dem rechten Handgelenk sitzt ein breites Goldarmband, wie es auch Christoph Khevenhüller trug (Abb. 41, S. 109). Die schwarzen Kuhmaulschuhe sind denen der Darstellung in der Khevenhüller-Chronik, die, abgesehen von Tafel 23, die letzte der einseitigen, aus der lateinischen Khevenhüller-Historie übernommenen ist, ähnlich geschnitten. Besonders wertvoll ist der Blick, den unser Bild von der Kante des Dragelsberges aus auf die Ortschaft Himmelberg mit ihrer Pfarrkirche im Vordergrund und das Schloß Biberstein nahe dem linken Bildrand freigibt, hinter denen der bewaldete Saurachberg (1069 m) aufsteigt; es ist die älteste Darstellung dieser Art, die wir besitzen. Da die Urahnin Siegmund Khevenhüllers, Hans' II. Gattin, Katharina von Pibriach war, konnten am 31. 12. 1565[l] die Brüder Hans und Barthelmä Khevenhüller das Schloß Biberstein samt dem Amt Lassendorf als Miterben durch einen Vertrag mit den übrigen Erbsberechtigten nach Christoph Andre von Pibriach käuflich in ihre Hand bringen. Am 14. 4. 1593[l] kaufte Barthelmä den Anteil seines Bruders Hans und erhielt Biberstein auch am 12. 3. 1605[l] von Erzherzog Ferdinand zu Lehen. Laut einem Schuldbrief vom 17. 9. 1629[l] ging die Herrschaft Biberstein schließlich von Barthelmäs Sohn Hans Khevenhüller, der Kärnten als Protestant verlassen mußte, an Veit Khünigl, Freiherrn zu Ernburg und Marth, käuflich über. Da dieser aber den Kaufpreis nicht aufbrachte, wurde sie 1640[e] als protestantischer Besitz eingezogen und 1662[e] an Gräfin Katharina Lodron vom Fiskus verkauft.

36: Siegel Augustins I., 1453—1516, aus dem Jahr 1492
an einer Urkunde vom 11. 6. 1513

Tafel 19

Augustin Khevenhüller (1453-1516) und Frau Siguna geb. von Weißpriach (+1539), dazu (links von Augustin) eine zweite, nirgends bezeugte Frau aus dem Geschlechte der Welzer (Irrtum des Malers) Im Hintergrund Burg Karlsberg samt Vorwerken und Kirche

Augustin Khevenhüller, dem einzigen Sohn Hans' III. und seiner Gattin Felizitas geb. von Lindegg, dem Stammvater der Hauptlinien dieses Geschlechts, die sich nach Frankenburg in Oberösterreich und Hochosterwitz in Kärnten nennen, sind in der Khevenhüller-Chronik von 1625 zwei große Tafeln gewidmet, deren jede sich über zwei Seiten erstreckt und mit denen die Folge der doppelseitigen, für die genannte Chronik neuangefertigten Tafeln eingeleitet wird: eine mit der Burg Karlsberg im Hintergrund, die wir hier besprechen, und eine mit dem Blick auf Schloß Liechtenstein und die Stadt Wien, die den von Augustin Khevenhüller und seiner Frau Siguna ausgehenden Stammbaum dieses Geschlechtes in den Mittelpunkt der Betrachtung stellt (Tafel 20). Die, wie die bisher von uns besprochenen, einseitige Tafel aus der lateinischen Khevenhüller-Historie von 1619/20 ist nicht mehr erhalten, jedoch hängt eine etwas freie Kopie davon aus dem späteren 17. Jahrhundert im Schloß Hochosterwitz, wohin sie mit vielen anderen, ehemals im Schloß Kammer am Attersee in Oberösterreich gewesenen und später im Schloß Riegersburg in Niederösterreich aufbewahrten Gemälden aus der Khevenhüller-Genealogie durch Graf Georg Khevenhüller vor Ende des Zweiten Weltkriegs gerettet wurde. Sie zeigt Augustin Khevenhüller und nur seine Gemahlin Siguna geb. von Weißpriach vor dem hochgelegenen Schloß Weißenfels bei Tarvis (Abb. 37, S. 98).

Von Augustin Khevenhüller ist ein ungefähr wahrheitsgetreues älteres Porträt im Schloß Niederosterwitz erhalten (Abb. 7, S. 21), das nicht viel früher als das auf 1550 datierte Bild von Augustins Sohn Siegmund (ebenfalls in Niederosterwitz: Abb. 6, S. 20) gemalt wurde, ein Porträt, das der Figurenmaler der Khevenhüller-Chronik gekannt haben muß, weil sowohl die halb nach rechts gewandte Haltung wie die Stellung der Arme und Füße sowie auch die Tracht von ihm kopiert wurden. Die lange schwarze, mit braunem, in einen Kragen übergehenden Pelz gefütterte und verbrämte Seidenschaube ist die gleiche, ja, sogar die mit braunem Pelz oben doppelt und unten einfach gesäumte Tasche auf der rechten Seite der Schaube und die gepufften Ärmel sind es, ebenso das violette Seidenwams, das nur auf dem Bild der Khevenhüller-Chronik durch Knöpfe im Brustteil und weiße Rüschen an den Ärmelenden eine Bereicherung erfährt. Die violetten Strümpfe (einer Strumpfhose) und die schwarzen Ledersandalen mit Kuhmaulkappen kehren hier wie dort wieder. Augustin trägt lediglich auf dem Bilde in Niederosterwitz einen zu starken weißen Bart, der mit dem Gesicht geradezu verschmilzt, aus welchem die dunklen Augen fragend hervorstechen. Auf dem Porträt der Khevenhüller-Chronik ist Augustin Khevenhüller nicht der schwache Greis des Niederosterwitzer Bildes, sondern eine noch im Alter ausdrucksvolle, willensstarke Gestalt, und die rechte Hand tappt nicht mit komischer Gebärde ins Leere, sondern hat eine rote Korallenhalskette gefaßt (die der Augustin von ca. 1550 in der Linken hält), und die Linke umfaßt die Schnur des Wappenschildes.

Augustin Khevenhüller zugewandt ist seine Gemahlin Siguna, die er 1492 ehelichte, Tochter Ulrichs von Weißpriach und seiner Gattin Agathe geb. Zilhart. In ihrer Tracht ist sie ganz auf ihren Gemahl eingestellt. Auch sie trägt einen schwarzblauen Seidenmantel, dessen rosa Futter ähnlich wie der Pelz der Schaube Augustins an den offenen Längskanten sichtbar wird und sich schließlich in den ausgeschlagenen Kragen verbreitert. Die Ärmel sind gepufft und geschlitzt. Der weibliche Charme wird durch das rote Unterkleid betont und durch die vorn im Mantelschlitz lang herabhängende Renaissance-Goldkette mit skulptiertem Schlußglied unterstrichen. Durch den roten Untergrund vorteilhaft hervorgehoben wird das große Goldkreuz, das Siguna an einer goldenen Kette um den Hals trägt. Im breiten Ausschnitt des Kleides erscheint das gefältelte weiße Hemd, das im Halsteil durch zwei Goldschnüre geschmückt ist. Die beigefarbige, mit braunen Streifen, schwarzen und roten Mustern verzierte Haube sucht durch einen Hänger aus gleichem Stoff die Verbindung zum Mantel mit seinem hellrosa Kragen.

Da Siguna ihren Gatten um 23 Jahre überlebte und erst 1539 in Villach starb, auch die Historie und Chronik nichts von einer zweiten Gattin Augustin Khevenhüllers wissen, ist es ein Irrtum des Malers, die Gemahlin Anna geb. Welzer des der nächsten Generation angehörenden Christoph Khevenhüller dem Augustin zuzuordnen, um so unverständlicher, als auch das einschlägige Bild der lateinischen Khevenhüller-Historie, durch eine späte Kopie auf Hochosterwitz überliefert (Abb. 37, S. 98), natürlich nur die eine Gattin Siguna Augustin Khevenhüllers kennt und zur Darstellung bringt, die auch quellenmäßig belegt ist. Wir erwähnen daher nur kurz das purpurrote Seidenbrokatkleid, das blaue Unterkleid, das gefältelte weiße Hemd mit goldener durchbrochener Bordüre im Halsteil, die violette, mit Goldstickerei und einer Goldbrosche mit Rosette verzierte Wulsthaube, die lange doppelte Goldkette mit anhängendem Goldmedaillon mit Blüte und die um die Taille gelegte aus lauter skulptierten Gliedern bestehende, vorne lang herabhängende Renaissance-Goldkette der unbekannten Frau mit dem Welzerwappen, die niemals neben Augustin Khevenhüller existiert hat.

Daß wir auf unserem Bilde eine Ansicht der Burg Karlsberg, wie sie sich um 1625 präsentierte, vor Augen haben, wird aus dem Vergleich mit Tafel 40 deutlich, die Karlsberg samt dem heute noch benutzten Schloß in der Ansicht von Südwesten zeigt. Auf dem Bilde Augustin Khevenhüllers ist der Burgberg von Karlsberg aus südöstlicher Sicht von der Höhe zwischen

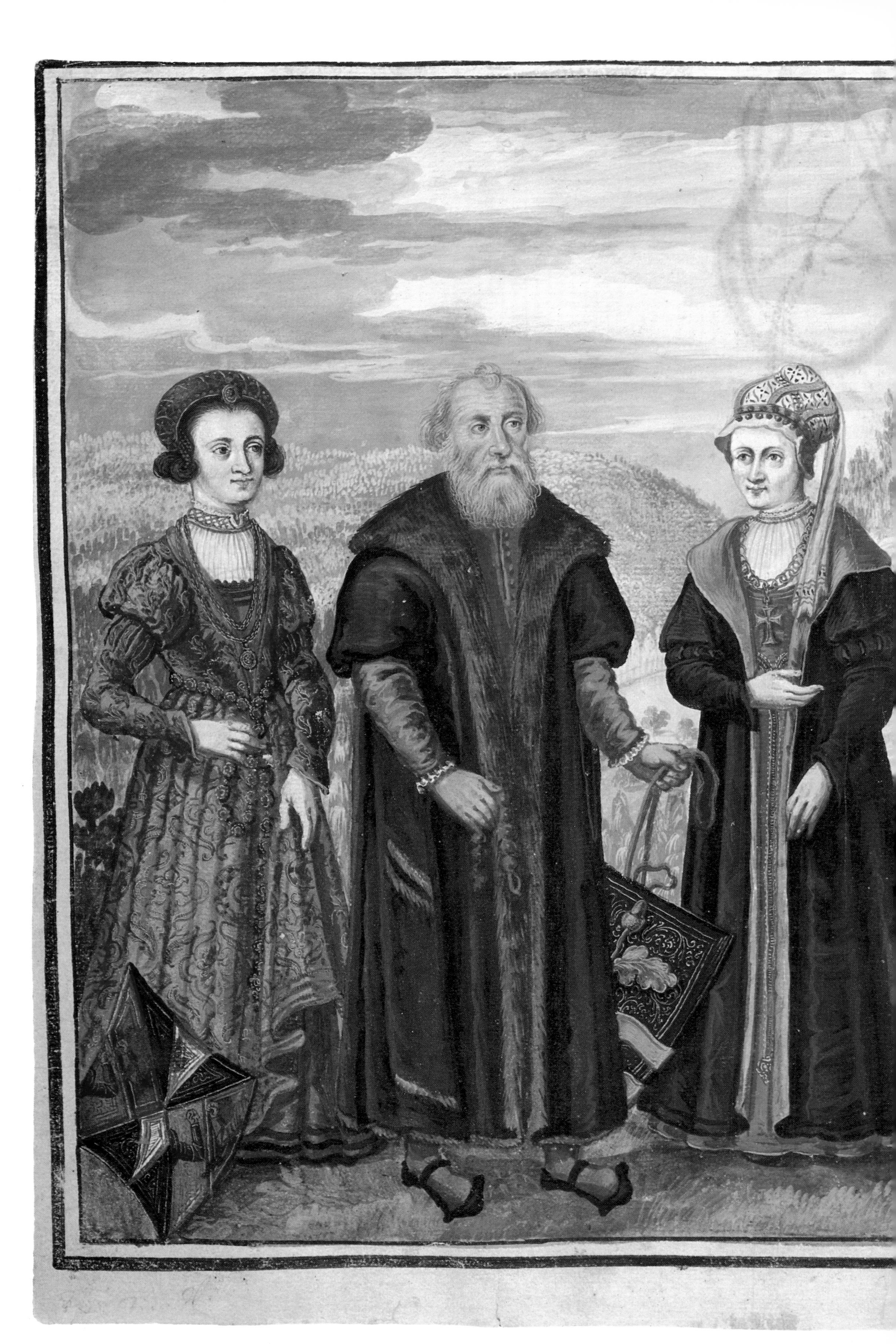

Preilitz und Projern zur Darstellung gebracht. Hier wie dort ist auf der Höhe 657 ein heute nicht mehr vorhandener Vorturm zu sehen ebenso wie auf der Höhe 719 ein burgähnlicher Bau, von dem heute lediglich Gräben existieren. Die etwas nach Osten vorgeschobene Burgkapelle ist ebenfalls auf beiden Bildern sichtbar, auf Tafel 19 in barocker Malweise etwas zu hoch hervorgehoben. Dadurch verschwindet der heute noch bestehende Bergfried links davon teilweise, und auch die Dächer der Vorburg in 695 Meter Meereshöhe an der Nordostflanke des Burggeländes, von denen heute noch die dachlosen Ruinen stehen, sind auf unserem Bilde gegenüber der Kirche etwas zu tief geraten. Von folkloristischem Interesse sind die säenden und eggenden Bauern am Abhange der Höhe 657 und der Schafhirt mit seiner Herde zu Füßen der Burgkapelle. Auch der Teich rechts unten findet sich heute noch beim Anwesen Raner.

37: Augustin I., 1453—1516, und Siguna geb. Weißpriach, † 1539, mit der Burg Weißenfels bei Tarvis (um 1670)

Tafel 20

Khevenhüller-Stammbaum, der von Augustin Khevenhüller (1453-1516) und seiner Gattin Siguna geb. von Weißpriach (+ 1539), den Stammeltern der Frankenburger und der Hochosterwitzer Linie dieses Geschlechtes, ausgeht. Im Vordergrund links Burg und Schloß Liechtenstein; dahinter Perchtoldsdorf, der Kahlenberg und nach rechts die Stadt Wien, davor mehr im Vordergrund Brunn am Gebirge und Maria-Enzersdorf samt Kloster sowie hinter diesem Vösendorf.

Augustin Khevenhüller hat laut der Inschrift „1492“ auf seinem Siegel (Abb. 36, S. 94) in dem genannten Jahr die Führung des Khevenhüller-Geschlechts übernommen. Nach Landeshauptmann Freiherrn Georg Khevenhüllers Geschichte seines Geschlechtes[k] heiratete er auch in seinem 40. Lebensjahr 1492 Siguna von Weißpriach, die Vertreterin eines bekannten Oberkärntner Adelsgeschlechtes, und die Hochzeit fand auf Schloß Waisenberg nächst Völkermarkt bei Veit Hengsbacher statt. In den uns vorliegenden Urkunden ist Augustin Khevenhüller erstmals am 17. 3. 1494[g] bezeugt, als er Paul Staudachers Revers für König Maximilian über Himmelberg besiegelt. Laut Urkunde vom 16. 10. 1504[k] führte er vom Andreastag 1501 bis Georgi 1504 namens des Sekretärs Kaiser Maximilians Matthäus Lang, der von 1501 bis 1505 Koadjutor des Gurker Bischofs Kardinal Raimund Peraudi war, die weltlichen Regierungsgeschäfte im Bistum Gurk und die Anwaltschaft auf Schloß Straßburg. Als Anwalt ist er dort schon 1493 bezeugt, wie Obersteiner mitteilt. Die Burg Hardegg bei Feldkirchen kaufte Augustin 1501[c] zur Hälfte von seinem Verwandten David von Weißpriach und dessen Gattin Beatrix sowie am 19. 7. 1507[g] die andere Hälfte von David von Weißpriach. Dann veräußerten aber die Eheleute Augustin Khevenhüller und Frau Siguna am 24. 4. 1509[k] die Burg an den Pfleger auf Hollenburg Jörg Leininger, dessen Geschlecht in gleicher Weise wie die Khevenhüller aus dem Villacher Patriziat zum Adel aufgestiegen war. Bei Liegenschaftsveräußerungen seiner Tante Anna Khevenhüller geb. von Kellerberg, der Witwe nach seinem Onkel Ritter Ulrich Khevenhüller, fungierte Augustin am 30. 11. 1505[g] und 27.12. 1510[k] als der führende Vertreter seines Geschlechtes als - Siegler. Im letzteren Falle heißt es, daß er Pfleger auf Waisenberg war. Einem Bericht vom 6. 11. 1513[k] ist zu entnehmen, daß Augustin Khevenhüller kaiserlicher Rat Maximilians geworden war. Diese Funktion, nämlich die eines innerösterreichischen Regimentsrates, bekleidete er seit 1510[s]. Seinem Rat Augustin Khevenhüller erlaubte Kaiser Maximilian am 28. 6. 1511[h], das Schloß Aichelberg, das im Kriege Kaiser Friedrichs III. mit König Matthias Corvinus von Ungarn zwischen 1480 und 1490 baufällig geworden war, von neuem im Orte darunter, dem heutigen Umberg, unter demselben Namen aufzubauen; doch machte Augustin davon keinen Gebrauch. Am 7. 7. 1511[ö] ließ er sich jedenfalls vom Kaiser mit der Feste Aichelberg belehnen. Im Lehenbrief figurieren auch ein Burgstall in der Gegend von Puchholz und der Turm zu Jenhofen. Bei seinem Tod am 4. 3. 1516[a] hinterließ Augustin nicht nur Schloß Aichelberg, sondern auch den Hof zu St. Martin (später Mörtenegg) und das alte Haus in Villach (am Freihausplatz) sowie 100 Pfund Pfennige Vermögen, wie Freiherr Georg Khevenhüller in seiner Khevenhüller-Lebensbeschreibung[k] zu berichten weiß.

Wertvoll an unserem Bild ist die minutiös genaue Ansicht der romanischen Burg Liechtenstein, der Stammburg des regierenden Fürstengeschlechts, und des davor im Bereich des älteren Maierhofes von Augustin Khevenhüllers gleichnamigem Urenkel erbauten Schlosses, wie sie sich 1625 präsentierten. Die Herrschaften Mödling und Liechtenstein erwarb König Ferdinands II. Madrider Botschafter Freiherr Hans V. Khevenhüller 1592 von diesem pfandweise, worüber er in seinem Tagebuch[t] zum 6. November über die königliche Genehmigung und zum 25. Dezember über die Zahlung der Pfandsumme berichtet. Testamentarisch vermachte er am 12. 8. 1605 die Herrschaften seinem Bruder Freiherr Barthelmä Khevenhüller und seinem Vetter Augustin II. Im Herbst 1610 übernahm sie Barthelmä, überließ sie aber 1612 wieder endgültig an Augustin Khevenhüller, der dort dem evangelischen Glauben leben konnte. Sie vererbten weiter an dessen Sohn Georg Augustin (+ 11. 3. 1653) und dessen Enkel Ferdinand Josef (+ 21. 10. 1668), dann an deren Verwandte Barthelmä (+ 28. 6. 1678) und Franz Christoph Khevenhüller (+ 11. 9. 1684)[c], gerieten aber nach der Demolierung durch die Türken 1683 durch Zwangsverkauf im Jahre 1686 an Johann Ludwig von Wappenberg, der das Schloß Liechtenstein wiederherstellte, während die Burg erst nach dem 1807 erfolgten Übergang an Fürst Johann I. von und zu Liechtenstein ab 1873 durch die Architekten Karl Gangolf Kayser und Humbert Walcher restauriert wurde[s]. Das 1820/22 klassizistisch ausgebaute Schloß fiel 1977 der Spitzhacke zum Opfer, so daß von der lebendigen Ansicht aus dem Jahre 1625 nur noch die durch die Restaurierung ungünstig veränderte Burg übriggeblieben ist. Der Blick auf Perchtoldsdorf, Brunn am Gebirge und Maria-Enzersdorf aus dem frühen 17. Jahrhundert ist von einzigartiger historischer Bedeutung, zumal Merians Ansicht von Mödling aus dem Jahre 1649, die auch bis zum Kahlenberg und nach Wien reicht, damit nicht konkurrieren kann.

Elisabet Keuenhiller fol:
Reginas Keuenhillerin fol:
Bartolmeus 3: Keuenhiller fol:
Wilhelmus Jörger fol:
Anna maria Keuenhillerin fol:
Helmard Jörger fol:
Joannes Bernhardus Keuenhiller fol:
Christophorus a Windischgraz fol:
Salome Keuenhillerin fol:
Christophorus Keuenhiller fol:
Elisabeta Keuenhillerin fol:
Georgius a Stubenberg fol:
Barbara Keuenhillerin fol:
Wolfgangg a Sarau fol:
Eua Keuenhillerin fol:
Anna Keuenhillerin fol:
Anna Comitissa a Scherenberg fol:
Sebastianus Paradeiser fol:
Anna Keuenhillerin fol
Mauritius a Dietrichstain fol
Vrsula Keuenhillerin fol
Georgius 2.º Keuenhiller: fol:
Anna Keuenhillerin fol:
Ludouicus 2.º Keuenhill: fol:
Joannes 6. Keuenhill: fol:
Elisabeta Mansdorferin fol:

Mariana Keuenhüllerin fol:

Barbara Elisabet Keuenhüllerin fol:

Francisca Felipa Margarita Keuenhüllerin fol:

Iohannes Bartho Iudit Bianca Keuenhül. fol:

Ioannes Bartolomeus Keuenhüller fol:

Mathias Keuenhüller ...nes fol:

Christiang gemel

Christoph ...

Amalia Keuenhüller fol:

Iacobus Keuenhüller fol:

Bernhardg Keuenhüller fol:

Ioannes B: Keuenhül. fol:

Franciscus Christophorus Keuenhüller co... fol:

Bartolomeg B: Keuenhüll: comes fol:

Regina a Tanhausen fol:

Bartolomeg ab Eck fol.

Maria Keuenhüllerin fol

Fridericus Paradeiser fol:

Mauritg Christophorus Keuenhüller fol: sub sig. C:

Sibilla Comitissa a Monfort fol:

Genoueua Keuenhüllerin fol:

Adamus Jörger fol:

Emerentia Keuenhüllerin fol:

Annamaria Welzerin

Sigismundus B: Keuenhüller fol: sub signo B:

Catharina a Gleinitz fol

Augustinus 2dg Keuenhüll. fol:

Elisabeta Keuenhüllerin fol:

Victor Welzer fol:

Augustinus Keuenhüller B: sub signo A

Bernhard Keuenhüller fol:

Bandula Mansdorferin fol

38, 39: Bernhard, 1511—1548, Bernhards Gattin Wandula geb. Mannsdorf (um 1540)
40: Bernhard und Wandula nach einer Khevenhüller-Chronik aus der 2. Hälfte des 17. Jahrhunderts (s. S. 106)

Tafel 21

Ludwig Khevenhüller (1502-1531) in der Landschaft von Weißenfels (bei Tarvis) mit Pfarrkirche und Schloß (1114 m). Im Hintergrund der Osternig (2052 m)

Es liegt auf der Hand, daß sich die Gestalt Ludwig Khevenhüllers, des zweiten Sohnes Augustins, die unter den von Landeshauptmann Christoph Khevenhüller um 1550 in Auftrag gegebenen Porträts seiner Vorfahren und seiner Brüder als bunte Gewandstudie kostbar hervorsticht (Abb. 9, S. 21), der Maler der Khevenhüller-Chronik nicht entgehen lassen wollte. Ludwig trägt dort wie in der Khevenhüller-Chronik ein Mäntelchen aus schwarzer Seide, deren geflammte Schlitze das goldbraune Futter sehen lassen, das besonders im Umlegekragen zur Geltung kommt. Das gelbrote Wams, das in den Ärmeln und im Ausschnitt zu Tage tritt, ist weißschwarz geflammt. Die gelbrote Strumpfhose setzt den starkfarbigen Effekt bis in die Füße fort, die in weit offenen schwarzen Kuhmaul-Überziehschuhen stecken. Das offene Hemd ist im Kragenteil randlich paspoliert. An roter Schnur trägt Ludwig ein dreieckiges goldenes Kleinod mit rotem Krukenkreuz. Auf dem Kopf sitzt ihm keck ein rotes, schwarzbordiertes Barett. Die Linke hat den skulptierten Goldgriff des Schwertes fest gefaßt, die Rechte liegt am braunen Ledergürtel.
Der Figurenmaler der Khevenhüller-Chronik hat diese Vorlage kopiert, jedoch Ludwig in die Gebirgslandschaft der Julischen Alpen zur Zeit des Sonnenuntergangs gestellt. Harpfen zum Heutrocknen, wie sie im Vordergrund zu sehen sind, eine Eigenheit des südlichen Oberkärnten und seiner Umgebung, gibt es in Weißenfels heute noch. Die Pfarrkirche St. Leonhard aus dem Jahre 1516 mit ihrem gotischen Chor im Osten und dem einen hohen Schiff im Westen steht jetzt noch genauso da; der Turm hat nur in barocker Zeit einen Zwiebelhelm erhalten. Wälder, Schluchten und Felsen des Schloßberges bieten sich dem Betrachter in derselben Weise dar wie vor 350 Jahren, und als älteste Ansicht des Schlosses Weißenfels ist unser Bild, eine hervorragende Leistung des Landschaftsmalers III, sehr schätzenswert. Das Anwesen an dem heute stärker bewaldeten Hügel hinter der Talmitte heißt Breiner. Die Gipfel der Karnischen Alpen, die sich rechts davon im Hintergund erheben, sind etwas phantastisch gestaltet; Osternig (2052 m), Achomitzer Berg (1813 m) und Chapin (1735 m) sind die wichtigsten.
Weder mit Ludwig Khevenhüller noch auch mit Augustin, dem und dessen Gemahlin Siguna das Schloß Weißenfels die lateinische Khevenhüller-Historie von 1619/20 zum Hintergrund gab, wie eine späte Kopie auf Hochosterwitz (Abb. 37, S. 98) zeigt, hat Weißenfels eine Beziehung gehabt. Vielmehr läßt sich der Grazer Kammerregistratur entnehmen, daß Erzherzog Karl am 28. 12. 1578[g] seinem geheimen Rat und obersten Hofmeister Landeshauptmann Freiherrn Georg Khevenhüller die Herrschaft Weißenfels samt dem Schlosse wiederkäuflich überließ, nachdem dieser sie von Ambros Freiherrn von Thurn an sich gebracht hatte. Am 10. 3. 1593[g] hat dann Erzherzog Ernst die Herrschaft Weißenfels an Innozenz Moschkon pfandweise gegeben, nachdem er sie Georg Khevenhüllers Söhnen Siegmund und Franz abgenommen hatte.

Von Ludwig Khevenhüller ist historisch zu vermerken, daß er am 18. 11. 1502 das Licht der Welt erblickte, mit 20 Jahren bei Kaiser Karl V. in Kriegsdienst trat, es bis zum Hauptmann brachte, aber schon 1528 im Kriege des Kaisers gegen den König von Frankreich vor Mailand invalid wurde, indem ihm durch das Geschoß eines Doppelfalkonetts der rechte Schenkel vom Leibe getrennt wurde. Er mußte sich daher eines Holzbeins bedienen, das aber durch die Hose verdeckt wurde, und erhielt infolge der eingetretenen Kriegsuntauglichkeit aufgrund seines Gesuches am 15. 9. 1528[s] durch König Ferdinand eine Edelmannspfründe des Stiftes Admont. Infolge der mangelhaften sanitären Verhältnisse jener Zeit starb er aber schon 1531 im 29. Lebensjahr. Erst nach seinem Tod teilten seine Brüder Christoph, Hans V., Siegmund und Bernhard zusammen mit ihrer Mutter Siguna das Erbe nach ihrem Vater Augustin, wie ein Erbteilungsbrief vom 15. 3. 1542[g] beweist.

Georg Khevenhüller (1499-1531).
Der älteste Sohn Augustin Khevenhüllers und seiner Frau Siguna, Georg, wurde am 14. 4. 1499 auf der Burg Waisenberg geboren, wie die lateinische[w] und die deutsche[ö] Khevenhüller-Historie des Grafen Franz Christoph berichten, wenn man das dort genannte Weißenegg in das gurkische Waisenberg berichtigt, wo ja der Vater Augustin als Administrator des Bistums Gurk auch Hochzeit gehalten hatte.[k] Er zeigte von Jugend auf Neigung zum Studium, weswegen er die Universitäten Wien und Padua besuchte, dort die Rechte studierte und dann bei seiner Mutter Siguna im alten Khevenhüller--Haus in Villach wohnte; aber ehe er in Hofdienste treten konnte, starb er frühzeitig 1531, wie Freiherr Georg Khevenhüller 1583 in seiner Chronik[k] berichtet.
Der Maler der Khevenhüller-Bilder aus der Zeit um 1550 hat Georg nicht gekannt und offenbar keine Vorlage gehabt. Er wußte von seinen wissenschaftlichen Interessen und gab ihm daher im Gegensatz zu allen anderen Khevenhüllern ein Buch in die Rechte, während die Linke Lederhandschuhe und den skulptierten Schwertgriff hält (Abb. 8, S. 21). Der kurze spanische Mantel, das schwarze Wams, schwarze Hosen, Strümpfe und Schuhe sind kennzeichnend für die spanische Tracht der zweiten Hälfte des 16. Jahrhunderts. Doch daß der Abgebildete höchstens 32 Jahre sein könnte, glaubt man nicht, da der Vollbart schon etwas ins Graue spielt. Hier unterlag der Maler seiner Methode, die frühen Khevenhüller als ältere bärtige Männer wiederzugeben, in zu großem Maße. Dabei ist in der Bildbeschriftung gar 1521 als Sterbejahr angegeben.

Hans IV. (VI.) Khevenhüller (1505-1538).
In dem Privileg, das König Ferdinand am 22. 7. 1544[w] zu Prag den Brüdern Landeshauptmann Christoph, Kammerrat Bernhard, Landesvizedom Siegmund und Hauptmann Hans Khevenhüller sowie Siegmund Khevenhüller von Wernberg über die Besserung ihres Wappens durch Einführung des

mannsdorfischen als Herzschild erteilte, heißt es über Hans IV., daß er sich in etlichen Feld- und Kriegszügen und besonders 1536 gegen die Türken vor Clissa (in Dalmatien) ehrlich, ritterlich und wohl verhalten und samt seinem untergebenen Kriegsvolk als Hauptmann gestanden, aber von den Türken gefangengenommen worden sei, man jedoch nicht wisse, ob er noch lebe. In letzterem Falle sollte das Wappenprivileg auch für ihn Gültigkeit haben. Christoph, Siegmund und Bernhard, seine Brüder, rechneten schon 1542 nicht mehr mit seiner Rückkunft und führten daher am 15. März des genannten Jahres[g] eine neuerliche Erbteilung nach ihrem Vater Augustin (+ 1516) durch, nachdem die erste, 1532 geschehene, durch den inzwischen erfolgten Tod ihres Bruders Hans und ihrer Mutter Siguna überholt war.
Von Hans IV. Khevenhüller, der im April 1505[W] auf Schloß Hardegg in Kärnten geboren wurde, gibt es kein Bild in der Khevenhüller-Chronik; jedoch ließ ihn sein Bruder Landeshauptmann Christoph Khevenhüller um 1550 malen (Abb. 10, S. 21). Der bärtige Mann erscheint in glitzerndem Harnisch, die Hellebarde in der Rechten, das Schwert zur Linken, und trägt zeitgerechte schwarze Strümpfe und Kuhmaulschuhe.

Bernhard Khevenhüller (1511-1548).

Der jüngste Bruder des Landeshauptmanns Christoph Khevenhüller war Bernhard, der am 10. 2. 1511 auf dem Schloß Waisenberg laut der lateinischen[W] und der deutschen[Ö] Khevenhüller-Historie Franz Christophs, die fälschlich „Weidenberg" schreiben, das Licht der Welt erblickte. Von ihm ist kein Bild in der Khevenhüller-Chronik des Wiener Museums für angewandte Kunst erhalten, sondern nur ein viel schwächeres (Abb. 40, S. 102) aus der zweiten Hälfte des 17. Jahrhunderts auf Hochosterwitz, das einer jüngeren Abschrift der Chronik entnommen wurde. Jedoch hat gute Porträts von Bernhard und seiner Frau Wandula geb. von Mannsdorf im Jahre 1548 ein talentierter Maler im Stift Millstatt geschaffen, dessen Finanzverwaltung Bernhard laut Akt vom 17. 2. 1546[W] besorgte. Sie stehen am Anfang der bildlichen Darstellungen der Khevenhüller, die wir besitzen; Graf Georg Khevenhüller hat sie für Niederosterwitz erworben (Abb. 38 u. 39, S. 102). Noch besser gelungen, noch lebenswahrer ist aber das Bild, welches um 1545 (vor Verleihung des Kämmererschlüssels) Landeshauptmann Christoph Khevenhüller von seinem Bruder anfertigen ließ und das heute in Niederosterwitz hängt (Abb. 12, S. 21). Denn das ernste charaktervolle Antlitz Bernhards ist offensichtlich nach dem Leben gemalt und gibt eine Vorstellung von der Leistungsfähigkeit und dem Verantwortungsbewußtsein dieses Mannes, ohne daß der Blick durch etwas anderes abgelenkt wird; denn Schuhe, Strümpfe, Hose, Wams und spanisches Mäntelchen wie auch das Barett sind schwarz. Die Einfarbigkeit und eine gewisse Einsilbigkeit des Porträts wird nur durch die lange Goldkette wenig aufgelockert, ebenso durch das Wappen seiner Gattin Wandula Mannsdorfer. Gegenüber dieser lebensgetreuen Wiedergabe wirken die erwähnten, zweifellos qualitätvollen Porträts von Bernhard Khevenhüller und seiner Frau Wandula aus dem Jahre 1548 mehr schematisch, im Grunde genommen dekorativ: Bernhard (Abb. 38, S. 102) in einer mit braunem Pelzkragen und -futter versehenen Schaube aus braunem, schwarzgestreiftem Samtstoff, schwarzem Ärmelwams, das nur wenig den paspolierten weißen, schwarzbestickten Hemdkragen sehen läßt, ein schwarzes Barett auf dem Kopf und ein Paar weiße Lederhandschuhe in den Händen, die Goldkette im Halsausschnitt der Schaube vorgekehrt, aber mit einem stereotypen Gesichtsausdruck; dazu Wandula (Abb. 39, S. 102) in einem dunkelgrünen Brokatkleid mit goldener Musterung, die Ärmel mit Streifen weißer Puffen aufdringlich verziert, das Hemd unter dem breiten Halsbund weiß-gold mit goldener, edelsteinverzierter Applique darauf, mit einem Besatz vom Stoff des Brokatoberkleides und schließlich das Unterkleid aus weißblauem Brokat. Um den Hals liegt eine vierfache Goldkette. Der Maler der jüngeren Abschrift der Khevenhüller-Chronik, der die beiden in der 2. Hälfte des 17. Jahrhunderts malte (Abb. 40, S. 102), hielt sich an die Vorlagen von 1548. Die pelzbesetzte schwarzgestreifte Schaube Bernhards besteht hier jedoch aus hellrotem Seidenbrokat, sonst ist alles gleich. Hinzugefügt zum Brustbild sind nur die schwarze Pumphose, Strümpfe und Schuhe in derselben Farbe. Gleichermaßen schließt sich die Darstellung Wandulas eng an das Vorbild von 1548. Das grüne, goldverzierte Seidenbrokatkleid reicht jetzt bis zum Boden. Lediglich im Einsatz oben dominiert stark das Weiß, die vierfache Halskette fehlt. Das barocke Monument im Hintergrund kann bloße Staffage sein.
Aus dem Pfandbesitz des Stiftes Millstatt hat Bernhard Khevenhüller nach dem Tod des Hochmeisters des St. Georgs-Ordens Wolfgang Prandtner am 1. 5. 1545[l] von König Ferdinand die Burgställe und Ämter Hohenwart (Tafel 5) und Sternberg (Tafel 7) erworben und dafür die von ihm am 12. 12. 1544[l] gekauften Festen Parcz (Turmmühle in Schwechat) bei (Kaiser-) Ebersdorf und Mannswörth nächst Wien samt zugehörigen Liegenschaften dem König in Tausch gegeben. Mehrere Güter im Amte Sommeregg verlieh dieser Bernhard Khevenhüller schon am 23. 12. 1544[l]. In der Erbteilung mit seinen Brüdern Christoph und Siegmund vom 12. 3. 1542[g] erhielt Bernhard Khevenhüller das khevenhüllerische Stammhaus in Villach, wobei auf einen Vertrag zwischen ihrem Vater Augustin und ihrem Vetter Wolf Khevenhüller zu Wernberg hingewiesen wird, ebenso den Hof zu St. Martin, auf dem bald darauf das Schloß Mörtenegg errichtet wurde. Am 2. 10. 1546[W] belehnte König Ferdinand Bernhard Khevenhüller mit dem in Oberösterreich hoch über der Donau gelegenen Schloß Rannariedl, das 1572[t] an Hans V. Khevenhüller kam, der es 1581[ü] um 40.000 Gulden käuflich übernahm. 1590[ü] erwarb Heinrich Salburger die Herrschaft Rannariedl.
Schon seit 1539[S] war Bernhard Rat der Niederösterreichischen Kammer, wurde am 20. Juni 1542[W] in Kärnten Vizedom, dem die Finanzverwaltung unterstand, und bald darauf als Rat in die Hofkammer nach Wien berufen. Zu Anfang seiner Laufbahn hatte er einige Jahre als Hauptmann und Vizedom zu Ortenburg gedient. In Wien wurde er Präsident der Hofkammer und am 15. 9. 1547[W] durch König Ferdinand zu seinem Kämmerer ernannt. Allzufrüh starb er am 3. 11. 1548[S] in Wien, wo er bei St. Dorothea begraben liegt. Seine Witwe Wandula heiratete später Kaspar Freiherrn von Herberstein. Sein einziger Sohn Augustin war schon jung gestorben.

Tafel 22

Christoph Khevenhüller (1503-1557), zu seiner Rechten seine erste Gemahlin Elisabeth geb. von Mannsdorf (1519-1541) und zu seiner Linken seine zweite Gemahlin Anna Maria geb. Welzer (verh. 1545) Im Hintergrund die Burg Landskron und zu deren Füßen der Ort Gratschach mit Meierhof und karolingischer Kapelle

Christoph Khevenhüller, der älteste der Söhne Augustins, der nach dem frühen Tode seines um ein Jahr älteren, unverheirateten Bruders Ludwig einen Hausstand gründete und damit auch die Voraussetzungen für die auf ihn zurückzuführende Frankenburger Linie dieses Geschlechtes schuf, hat mit der aus seinem Antlitz auf dem zeitgenössischen Porträt (Abb. 41, S. 109) in Niederosterwitz sprechenden Zielstrebigkeit, Härte und Entschlossenheit die Grundlagen für die Größe und Bedeutung gelegt, welche die Khevenhüller im 16. Jahrhundert erreichten und seitdem hielten. In diesem Sinne hat er auch von sämtlichen männlichen Vorfahren bis auf Hans I. zurück der wahren Lebensstellung ihrer Träger angepaßte Porträts schaffen lassen, die heute fast alle im Schloß Niederosterwitz zu sehen sind und noch nicht der Geschichtsverfälschung unterliegen, die seit 1563 in die khevenhüllersche Genealogie Einzug hält und diese aus Gründen der Repräsentation mit einer ganzen Anzahl nie existenter Vorfahren versieht. Auch das vor seinem Tode auf sein Geheiß in der Khevenhüller-Kapelle der Villacher Jakobskirche für ihn errichtete Epitaph, das ihn links und seine zwei Frauen rechts vor dem Gekreuzigten knieend zur Darstellung bringt, führt mit beschrifteten Wappenschilden seine Vorfahren richtig bis zu den Großeltern auf väterlicher und mütterlicher Seite zurück und dient so der Manifestierung der geschichtlichen Wahrheit. Von ihm waren eigenhändige historische Aufzeichnungen (commentarii propria manu scripti) vorhanden, die Graf Franz Christoph in seine lateinische[W] und deutsche[Ö] Khevenhüller-Historie übernahm, indem er sie auszog und die Geschichte seiner Kinder und der gleichzeitigen Herzoge und Landeshauptleute Kärntens hinzufügte.
Christoph Khevenhüller wurde am 24. 12. 1503 als Sohn Augustin Khevenhüllers, Administrators des Bistums Gurk, und seiner Frau Siguna von Weißpriach auf Schloß Straßburg geboren, wie die eben erwähnte Khevenhüller-Historie des Grafen Franz Christoph berichtet, studierte auf den Universitäten Wien, Padua und Paris, beherrschte Latein, Italienisch und Französisch und wurde bereits im 22. Lebensjahr von König Ferdinand I. 1525[S] zum Hauptmann von Ortenburg bei Spittal ernannt. Im selben Jahr beteiligte er sich unter dem Kommando des steirischen Landeshauptmannes Siegmund von Dietrichstein an der Niederschlagung des Bauernaufstandes im Salzburgischen und in den anschließenden Teilen Kärntens. Dann war er in Wien am königlichen Hofe, wo er dem König Ferdinand eine ansehnliche Summe Geldes zum Krieg in Ungarn vorstrecken konnte. Nach dem Tode seines älteren Bruders Ludwig heiratete er nunmehr als ältester Erbberechtigter aus dem Geschlechte am Fronleichnamstage 12. 6. 1533 die 14jährige Tochter Elisabeth von Hans Mannsdorfer zu Oberaich bei Spittal und dessen Frau Ursula geb. Rosegger; die jugendliche Gattin hatte am 10. 6. 1519 im Schlosse Ortenburg das Licht der Welt erblickt.
Von seinem Schwiegervater Hans Mannsdorfer, der am 20. 5. 1535 starb, erbte er dessen Haus und große Liegenschaft schräg gegenüber dem damals im Bau begriffenen Schlosse Porcia, wo er sich selbst ein Renaissance-Stadtschloß mit hohem Eckturm erbaute (vgl. Tafel 35), das heute der Stadt Spittal als Rathaus dient und im 1. Stock unter den Khevenhüller-und Mannsdorfer-Wappen die Jahreszahl 1537 trägt. Vom 3. 1. 1536[l] gibt es dafür den ersten urkundlichen Hinweis, und am 24. 4. 1539[l] verpachtet Christoph Khevenhüller das ihm von König Ferdinand verliehene Recht zur Errichtung einer Seifensiederei in Spittal und dem Verkauf der Seife als Handelsgut dem Spittaler Bürger Blasius Steinberger. Von 1535 an hat Christoph Khevenhüller bis zu seinem Tode regelmäßige Aufzeichnungen geführt, auf die sich Graf Franz Christoph Khevenhüller in seiner Khevenhüller-Historie stützt, wie er sagt.
Im Jahre 1537 wurde Christoph Khevenhüller zum Rat der Wiener Hofkammer ernannt, was er bis 1542 blieb[S]. Die Khevenhüller-Historie[W] berichtet, daß er vor der Berufung in die Hofkammer 1537 zum Kriegskommissar bestellt wurde und in der für die Kaiserlichen verlustreichen Türkenschlacht bei Gorian in Ungarn nur als einer von wenigen sein Leben retten konnte. Wenn er auch am 31. 5. 1541[W] als erster aus dem Geschlechte der Khevenhüller von König Ferdinand zum Landeshauptmann von Kärnten ernannt wurde, blieb er doch weiter im Hofdienst und wurde in Kärnten durch einen Verweser vertreten. So ist Christoph Khevenhüller 1543 als Abgesandter König Ferdinands, der ihn zum Kämmerer ernennt[W], bei Kaiser Karl V., ehe dieser gegen den Herzog von Cleve zu Felde zieht, 1544 in Speyer und 1546 in Regensburg, wo er auch den Verhandlungen des Kaisers mit Kurfürst Moritz von Sachsen beiwohnt. 1547 führt er die Hofkammergeschäfte in Augsburg[S].
Um die Befestigung Klagenfurts nahm sich Christoph Khevenhüller als Landeshauptmann an und bezog am 12. 8. 1549, dem Jahr, in welchem eine für die Entwicklung des Protestantismus in Österreich wichtige Provinzialsynode in Salzburg getagt hatte, neben seinem Bruder Siegmund, dem Landesvizedom, und anderen Vertretern des Landes gegen Mißstände beim Klerus Stellung. Im selben Jahr begleitete er den Infanten Philipp von Spanien zu dessen Vater Karl V.; 1551 hat er im Namen König Ferdinands in Augsburg die Finanzierung eines Krieges gegen die Türken besorgt, nach dessen unglücklichem

Ausgang sich Kurfürst Moritz von Sachsen gegen Kaiser Karl V. erhob und ihn gefangen nehmen wollte. Der Kaiser, in dessen Reich die Sonne nicht unterging, fand 1552 Schutz und Ruhe im Hause Christoph Khevenhüllers in Villach. 1555 endlich wurde Christoph, den bereits das Podagra plagte, von Kaiser Ferdinand aus dem Hofdienst entlassen, mußte aber noch 1556, ein Jahr vor seinem Tode, bei der Errichtung des Hofkriegsrates als erfahrener Praktiker mitwirken[s].
Das Haus am Hauptplatz in Villach, das heutige Hotel zur Post, das Christoph Khevenhüller dem Kaiser als Domizil zur Verfügung stellte, hatte er erst am 24. 4. 1548[l] von Petronella Görtschacher gekauft und erweiterte es am 10. 8. 1553[l] durch Hinzuerwerb des südlich anstoßenden Eckhauses zum Kirchplatz. Der Landeshauptmann mußte zusehen, in der Stadt Villach, in der das alte, wenig ansehnliche Stammhaus der Khevenhüller stand, einen der durch ihn nun herbeigeführten Bedeutung des Geschlechtes entsprechenden Hausbesitz zu bekommen, nachdem er am 8. 7. 1542[l] von König Ferdinand das damals öd liegende, ausgebrannte, den Villacher Raum beherrschende Schloß Landskron erworben und zur Hauptburg der von ihm geführten Linie seines Geschlechtes ausgebaut hatte. Daß er uns mit seinen Gemahlinnen gerade auf einem Bilde von Landskron entgegentritt, hat daher seine tiefe Berechtigung.
Bereits am 22. 11. 1541[s] hatte König Ferdinand Schloß und Herrschaft Osterwitz, die Hauptburg der Khevenhüller bis heute, an Christoph Khevenhüller pfandweise gegeben, nachdem er ihm schon am 21. 3. 1540[s] die Anwartschaft auf dieses damals noch in den Händen des Erzbischofs von Salzburg befindliche Pfand eingeräumt hatte. Darüber hinaus erwarb Christoph Khevenhüller am Marientag 1543[l] vom Stifte Admont das Propsteiamt Reichenau, am 26. 6. 1545[l] von Bischof Christoph zu Trient das Stiftsamt Lieserhofen und am 15. 12. 1546[l] von Matthäus Prechtl und Frau deren Hof zu Fresach, dann am 7. 12. 1548[l] nach seinem verstorbenen Bruder Bernhard das Schloß Sommeregg und am 3. 7. 1550[l] den Edelmannssitz Töplitsch ob Villach von Freiherrn Hans Joachim von Rain. Siegmund Georg von Dietrichstein gab dem Ritter Christoph Khevenhüller am 5. 9. 1550[l] einen Hof zu Pattendorf zu Lehen, König Ferdinand am 1. 1. 1551[l] Güter zu Töplitsch und Treffen käuflich, ebenso Gülten in Oberkärnten, schließlich am 2. 1. 1551[l] Amt und Gericht Himmelberg um 6000 Gulden wiederkaufsweise. Ernst Klebel hat in seiner Studie „Die Grundherrschaften um die Stadt Villach" zusammengestellt, wie Christoph Khevenhüller mit Erfolg bemüht war, durch Güter verschiedenster Herkunft seine Herrschaft Landskron zu mehren und abzurunden. Dazu dienten auch die nach dem Tod seines Bruders Bernhard an ihn übergegangenen Ämter Sternberg und Hohenwart (vgl. Tafeln 7 und 5), vorher schon zahlreiche Liegenschaften in der näheren und weiteren Umgebung von Landskron aus dem Erbe nach ihrem Vater Augustin laut Teilungsvertrag vom 12. 3. 1542[g].
Der Erwerb von Landskron wurde durch Privileg König Ferdinands vom 31. 11. 1543[g], sich „von Aichelberg und Landskron" nennen zu dürfen, dem Christoph Khevenhüller honoriert, der Erwerb von Sommeregg am 22. 11. 1555[s] in Anbetracht seiner vielen, langjährigen, aufrechten und ehrlichen Dienste mit dem Prädikat „von Aichelberg auf Landskron und Sommeregg". Am 22. 7. 1544[w] erhielten die Angehörigen des Geschlechts der Khevenhüller nach dem Tod Hans Mannsdorfers, dessen Tochter Elisabeth Christoph Khevenhüller zur Frau hatte (und sein Bruder Bernhard deren Schwester Wandula), das Mannsdorfsche Wappen, nämlich den aus neun rechteckigen Platten zusammengesetzten goldenen Kachelofen unter schwarzem Haupt als Herzschild. Am mittleren der nun drei gekrönten Turnierhelme des Khevenhüller-Wappens (Abb 48, S. 40) sind schwarz-gelbe Helmdecken zu sehen, und der Kachelofen ist als Helmkleinod von schwarzen Straußenfedern umgeben. Vor 1548[s] ist den Khevenhüllern seitens König Ferdinands überdies die Gnade zuteil geworden, mit rotem Wachs siegeln zu dürfen.
Christoph Khevenhüller gehörte auch zu dem Unternehmerkonsortium, das sich von Erzbischof Matthäus Lang von Salzburg am 1. 3. 1538[c] das Eisenbergwerk in der Krems verleihen ließ, was König Ferdinand am 10. 6. 1538[c] bestätigte. Unter seiner Ägide wurde 1541[di] in Kremsbrücke der erste Floßofen in Österreich errichtet und damit der kontinuierliche Eisenverhüttungsbetrieb bei uns eingeführt. 1550 wurden hier bereits eiserne Kanonenkugeln für das Heer König Ferdinands gegossen, wie eine Abrechnung vom 18. 2. 1567[k] beweist.
Allzu früh, am 3. April 1557, erlag Christoph Khevenhüller, der die Bedeutung seines Geschlechtes im 16. Jahrhundert begründet und ausgebaut hatte, einer schweren Lungenentzündung, wie einem Bericht seines Neffen Freiherrn Georg Khevenhüller von 1583[k] entnommen werden kann. Er hinterließ ein stattliches Vermögen in Höhe von 300.000 Gulden. Sicherlich auch unter dem Eindruck daß Christoph Khevenhüller den Tod aller seiner Brüder mitansehen mußte, 1552 selbst noch den des Gründers der Osterwitzer Linie Siegmund (Tafel 37), begann er einer Sitte seiner Zeit gemäß schon zu Lebzeiten in der Khevenhüller-Kapelle der Villacher Stadtpfarrkirche sein Grabmal meißeln, ebenso sich porträtieren zu lassen. Dieses Bild (Abb. 41, S. 109), das im Schloß Niederosterwitz hängt, ist zweifellos die lebendigste Darstellung, die wir von diesem bedeutenden energischen Vertreter seines Geschlechtes haben. Ernst und Verantwortungsbewußtsein sprechen aus dem Antlitz ebenso wie Unbeugsamkeit und Zielstrebigkeit. In der Rechten hält der nach den Gepflogenheiten der Reformationszeit mit einem schwarzen von graubraunem Pelz gefütterten und breit gesäumten Gestaltrock, schwarzem Wams und ebensolchen Beinkleidern sowie schwarzen Kuhmaulschuhen bekleidete vornehme Mann, der ein kurzkrempiges schwarzes Barett trägt, eine gefaltete Pergamenturkunde, sicherlich den Kaufbrief über eine seiner zahlreichen Erwerbungen, in der Linken, die durch ein Goldarmband gefestigt wurde, nur die Handschuhe. Seine Würde bringt er lediglich durch seine Haltung zur Schau, nicht durch äußere Embleme. Der goldene Schlüssel des königlichen Kämmerers und die goldene Kette mit dem angehängten Kleinod, welche Christoph Khevenhüller auf Tafel 22 der Khevenhüller-Chronik auffällig dekorieren, sind frühbarocke Zutat und nicht im Sinne Christophs, der als einer der Führer des Kärntner Protestantismus durch innere Werte zu wirken bestrebt war.

Namentlich der Gesichtsausdruck Christophs auf dem Bild der Chronik ist viel plumper als auf dem zeitgenössischen Originalporträt, das der Mitarbeiter von Figurenmaler I aber deutlich zu kopieren versuchte. Gerade deshalb ist es geeignet, die Qualität der Personendarstellungen in der Khevenhüller-Chronik von 1625 von einer Seite zu beleuchten, die in der Großzahl der Fälle nicht zu belegen ist. Der Holzstecken, den er da in der Rechten hält, paßt zur aristokratischen Gestalt des wirklichen Christoph Khevenhüller wie die Faust aufs Auge. Gut getroffen ist hingegen die Jugendlichkeit von Christophs erster Frau Elisabeth mit dem goldenen Ofenkachelwappen der Mannsdorfer zu Füßen. Richtig gibt der Maler dem jungen Geschöpf keine Kopfbedeckung, sondern schmückt ihr Braunhaar nur durch ein schmales edelsteinbesetztes goldenes Stirnband. Auch paßt es zum Spielerischen ihres Wesens, daß sie mit der Linken an der Länge ihrer doppelten goldenen Halskette tändelt, während die Rechte eines der herabhängenden Enden des goldenen Gürtelbandes rafft. Sie trägt auch kein vollständiges Untergewand, sondern nur das gefältelte helle Hemd auf der bloßen Haut, das im Dekolleté und an den Unterarmen kräftig zu Tage tritt und bis zum Gold des edelsteinbesetzten Halsgeschmeides und der skulptierten Armbänder reicht. Auch das rote, ärmellose Brokatunterkleid unterstreicht die Lebendigkeit dieser jugendlichen Partnerin Christophs, die ihm nur durch das Schwarz des jedoch im V-Ausschnitt und unterhalb des Gürtels breit auseinandertretenden, mit gepufften Kurzärmeln versehenen seidenen Obergewandes nahegebracht wird. Sie ist die Mutter der beiden bedeutenden Söhne Hans V. und Barthelmä gewesen und zum großen Leidwesen des Gatten am 22 7. 1541 zu Wiener Neustadt einem Kindbettfieber erlegen[t].

In der matronenhaften Lässigkeit der Gebärde paßt Christoph Khevenhüllers zweite Frau Anna geb. Welzer, die er am 1. 6. 1545 heiratete[t], gut zu ihm, jedoch nicht in der frühbarocken Schaustellung von Gewand und Schmuck und damit der Betonung von Äußerlichkeiten, welche dem wirklichen Christoph Khevenhüller fern standen. Das gilt vom schwarzen Seidenbarett mit seinen Goldappliquen über das kostbare Haarnetz und den golddurchwirkten, brokatseidenen Einsatz, den kreuzförmigen Goldanhänger und die dick herabhängende große doppelte Goldhalskette bis zum mit Ärmeln versehenen Goldbrokatunterkleid mit Granatapfelmuster und dem zur Betonung des Unterkleides offen getragenen, schwarzsamtenen Obergewand mit geschlitzten Oberärmeln.

Ein Bild von großer Genauigkeit und erheblichem historischen Wert hat Landschaftsmaler I zum Hintergrund der Dreiergruppe gewählt und in dessen Mittelpunkt die Haupterwerbung Christoph Khevenhüllers, die Burg Landskron gesetzt, die dieser durch bedeutende Baumaßnahmen wirklich zu des Landes Krone machte. Die Zuverlässigkeit der Landschaftsdarstellungen der Khevenhüller-Chronik läßt sich aus einem Vergleich unseres Bildes von etwa 1625 mit dem Kupferstich in Merians Topographie von 1649 augenscheinlich machen und das Ergebnis durch Besichtigung der heute noch erhaltenen Bauten von der Höhe des Kumitzberges her erhärten, wo sich unser Landschaftsmaler wie Merians Kupferstecher postierte. Die Willkür des letzteren kommt vor allem im Vordergrund zum Ausdruck, der überhaupt nicht stimmt und in den die Kirche St. Andrä willkürlich von links hereingezogen wurde. Beim Schloß ist der Bergfried zu breit geraten und das lange Gebäude rechts überdimensioniert, umsomehr als die Ansicht von einem etwas nördlicheren Standort am Kumitzberg genommen wurde als von unserem Landschaftsmaler. Dessen Gemälde ist nicht nur von minutiöser Genauigkeit in der Darstellung der 14türmigen Burg Landskron, sondern auch hinsichtlich des Ortes Gratschach zu ihren Füßen mit dem Meierhof und dem kleinen karolingischen Kirchlein und so bis zum Westende des Ossiacher Sees hin, das man gerade noch sieht. Man kann daran ermessen, was die heutigen Ruinen von Landskron alles vermissen lassen, insbesondere den hochragenden Bergfried, die hohen Mauern des jetzt auf die Hälfte abgesunkenen Palas und die meisten der Türme. Erhalten blieb von letzteren nur das nördlichste der Vorburgtürmchen und der jetzt mit einem kleineren Helm versehene Spitzturm der Burgkapelle.

41: Christoph, 1503—1557 (um 1550)

Tafel 23

Hans V. (VII.) Khevenhüller, Graf von Frankenburg (1538-1606)
Im Hintergrund Villa (Schloß) Hans' V. zu Arganda in Spanien

Als ersten Sohn gebar die 18jährige Elisabeth Mannsdorfer ihrem Ehegemahl Christoph Khevenhüller am 16. 4. 1538 Hans V., der dank den engen Beziehungen seines Vaters zum kaiserlichen Hofe schon in jungen Jahren dort Fuß faßte, ausgezeichnet durch umfassende Bildung und Sprachkenntnisse, und es bald zum Truchseß, Mundschenk und Kämmerer Kaiser Maximilians II. brachte. Schon 1558, als dieser noch König von Böhmen war, trat er in seine Dienste und wurde im Jänner 1560 mit Wratislav von Pernstein nach Spanien geschickt, um König Philipp II. von Spanien aus der spanischen Linie der Habsburger Glückwünsche zur Vermählung mit Isabella von Valois zu bringen[t].

Anfang 1563 hatte Hans Khevenhüller sein Geschlecht gegen den Vorwurf eines nichtgenannten Höflings zu verteidigen, die Khevenhüller gehörten nicht zum alten Adel[t]. Daher wurden in den nächsten 40 Jahren in die Khevenhüller-Genealogie mehr und mehr niemals existente adelige Vorfahren eingefügt, um so die edle Herkunft schließlich bis ins 11. Jahrhundert zurückzuprojizieren.

1565 besorgte Hans V. dem Kaiser Subsidien italienischer Fürsten für den Türkenkrieg. 1566 mußte er schon wieder nach Spanien, um Philipp II. zur Geburt der Tochter Isabella Glück zu wünschen, 1568 neuerlich, als der Infant Carlos, der Philipps II. erster Ehe mit Maria von Portugal entstammte, vom Vater verhaftet wurde und starb, bald darauf auch die Königin Isabella an den Folgen einer Fehlgeburt und den Aufregungen, die sie durchmachen mußte, verschied. Als Begleiter Erzherzog Karls von Innerösterreich war dann Hans Khevenhüller erfolgreich tätig, daß es 1570 zur Vermählung der Kaisertochter Anna mit König Philipp II. von Spanien und ihrer Schwester Elisabeth mit König Karl IX. von Frankreich kam. Aus weiteren spanischen Missionen erwuchs schließlich die Übernahme des dortigen österreichischen Botschafterpostens durch Hans V. am 5. Mai 1572. Er glaubte, es sei nur für zwei Jahre; in Wirklichkeit wurden es 34[S].

Viel hat er zur Befriedung des Verhältnisses zwischen Kaiser Maximilian II. und König Philipp II. im Hinblick auf deren politische Anschauungen über die spanischen Niederlande beigetragen. Schwieriger wurde dies nach dem Regierungsantritt des Kaisers Rudolf II., dessen jüngerer Bruder Matthias die Generalstatthalterschaft über die Niederlande anstrebte. Lange Jahre blieb das Verhältnis des Königs zu Matthias getrübt. Dabei hatte Hans Khevenhüller die schwierige Aufgabe, eine Heirat des Kaisers Rudolf mit Isabella, der ältesten Tochter König Philipps II., vorzubereiten, unterstützt von Kaiserin Maria, der Witwe Maximilians II. Von 1579 bis 1592 schleppten sich die Verhandlungen infolge des ewigen Zögerns Kaiser Rudolfs dahin, bis Philipp II. die Infantin dem Erzherzog Karl von Innerösterreich verlobte und die Niederlande als Heiratsgut versprach. Für die Sammlungen des kunstsinnigen Kaisers Rudolf gelang es Hans Khevenhüller, viele wertvolle Museumsstücke beizubringen. Auch den Erzherzog Ferdinand von Tirol vertrat er am spanischen Hofe. Die Heirat des Infanten Philipp, des späteren Königs Philipp III. von Spanien, mit Margaretha, einer Tochter Erzherzog Karls von Innerösterreich, war im wesentlichen Hans Khevenhüllers Werk, der für König Philipp II. auch die Bewilligung großer Geldmittel für Kriegsrüstungen durch die Cortes, die spanische Kammer, 1589 bewerkstelligte. Trotzdem war er, der sich als einer von wenigen des Vertrauens Philipps II. erfreute, nicht bereit, von diesem ein Ehrengeschenk, einen Geheimratsposten oder auch die Besorgung des Kardinalshutes anzunehmen. Lediglich den Orden des Goldenen Vlieses ließ er sich am 15. September 1587 von ihm verleihen[S].

Kaiser Rudolf anerkannte dankbar, daß Hans Khevenhüller nicht in spanische Dienste überwechselte, sandte ihm im März 1592 mit eigenhändigem Schreiben den Kämmererschlüssel und verlieh ihm den Titel eines geheimen Rates[S]. Am 20. Juni 1588[W] erhielt er für sich und sein Geschlecht nach dem Tode seines Vetters Georg von Rudolf das Erblandstallmeisteramt in Kärnten und wurde am 19. Juli 1593[W] mit dem Prädikat „von Frankenburg" in den Reichsgrafenstand erhoben, nachdem bereits Kaiser Maximilian II. am 16. 10. 1566[W] Hans Khevenhüller neben seinem Vetter Georg, dem damaligen Kärntner Landeshauptmann, und anderen Mitgliedern des Geschlechtes zu Reichsfreiherren mit dem Titel „auf Landskron und Wernberg" gemacht hatte. Die Grafschaft Frankenburg (Oberösterreich) wurde aus den Herrschaften Frankenburg sowie Kammer am Attersee und dem angrenzenden Kogl gebildet, die Hans Khevenhüller am 1. 6. 1581[c] von Kaiser Rudolf II. für seine Entschädigungsforderungen aus seiner spanischen Gesandtschaft erhalten hatte.

An weiteren Erwerbungen Hans Khevenhüllers sind der gemeinsam mit seinem Bruder Barthelmä am 2. 12. 1560[l] getätigte Ankauf des Edelmannssitzes Tiffen von Leonhard von Keutschach zu nennen, die Verleihung des Wildbanns in der Herrschaft Landskron an ihn und seine Brüder durch Erzherzog Karl am 1. Dezember 1567[l], die Überlassung des Amtes Himmelberg von Landeshauptmann Georg Khevenhüller an ihn am 25. April 1571[l], die käufliche Erwerbung des Propsteiamtes in der Reichenau durch ihn vom Stift Admont am 21. Oktober 1576[l], schließlich von Gütern zu Treffling am 24. Februar 1600[l] von Andrä von Mallenthein. Hans Khevenhüllers geheimes Tagebuch hat sich erhalten und wurde 1971 vom Historiker der Familie, Graf Georg Khevenhüller-Metsch, publiziert[t]. Es vermittelt ausführlichen Einblick in die Dynastengeschichte seiner Zeit und stellt eine wichtige Quelle für die zweite Hälfte des 16. und das beginnende 17. Jahrhundert dar. Hans V. Khevenhüller ist einer der bedeutendsten Historiographen seiner Zeit. Sein Gedächtnis vermittelt noch die marmorne Grabtafel in San Jeronimo in Madrid, wo er am 8. Juni 1606 unvermählt starb. Er gab seinem Neffen Franz Christoph reichen Stoff für dessen in der erhaltenen lateinischen Fassung 1511 halbbrüchig beschriebene

Seiten umfassende Darstellung seiner Zeit im 14. (bzw. ursprünglich 16.) Buch von dessen Khevenhüller-Historie, der Vita Joannis Khevenhülleri.[w] *Der deutsche Text über Hans V. in der genannten Historie reicht von Seite 566 bis 1357, ist aber nur bis Seite 1080 erhalten.*[ö]
Von Hans V. gibt es in Niederosterwitz ein ausgezeichnetes Gemälde aus der Zeit, da er noch nicht kaiserlicher Botschafter in Spanien war (Abb. 43, S. 115). Es läßt sich genau datieren, weil Hans V. auf einem Schild als Kämmerer des römischen, böhmischen und ungarischen Königs bezeichnet wird. Er trat den Kämmererdienst bei Maximilian II. am 26. 8. 1563[t] *an. Dieser war seit 20. 9. 1562 böhmischer, seit 24. 11. 1562 römischer und seit 8. 9. 1563 ungarischer König und wurde am 25. 7. 1564 Kaiser. Das Bild muß zwischen den beiden letztgenannten Daten gemalt worden sein, wahrscheinlich im Herbst 1563, weil damals Zeit dafür vorhanden war. Auch der Titel „von Aichelberg auf Landskron und Sommeregg" entspricht der Zeit vor der Erhebung der Khevenhüller in den Freiherrnstand. Hans, Barthelmä und Moritz Christoph führen ihn in den Urkunden vom 7. 2. 1563 und 21. 9. 1565*[k]*.*
Hans V. trägt die um jene Zeit übliche deutsche Tracht, ein orangebraunes Ärmelwams und kurze Pluderhosen derselben Farbe, alles mit Fischgrätmuster versehen, dazu farblich passende Beintrikots und Halbschuhe, hat ein schwarzes spanisches Mäntelchen um, rechts den Dolch, vom schwarzen Ledergürtel abhängend, und in der Linken das Schwert, von dem nur der skulptierte Goldgriff sichtbar ist. Manschetten und Kragen aus weißen Rüschen und auf dem Kopf ein schwarzes mit einem weißen Straußenfedernstoß verziertes Barett vervollständigen die Garderobe. In der Rechten hält er ein Paar braune Handschuhe und trägt auf der Brust an langer Goldkette einen goldbraunen Edelstein. Es ist klar, daß dieses von einem sehr talentierten Meister geschaffene Gemälde die Anerkennung der Khevenhüller als alter Adel durch König Ferdinand, welche durch die Ernennung Hans' V. zum Kämmerer laut dessen Tagebuch äußeren Ausdruck fand, öffentlich bekunden sollte.
Das zweite wesentliche Ereignis in Hans' V. Karriere, die Verleihung des Ordens vom Goldenen Vlies durch König Philipp II. von Spanien am 20. 9. 1587[t]*, die Khevenhüller besonders freute, weil sie ohne Intervention, sondern allein aufgrund seiner Verdienste geschah, feierte er durch eine farbig gefaßte Marmorbüste, die der am Hofe des spanischen Königs tätige Künstler Jacopo da Trezzo schuf, ebenso durch einen Onyx-Cameo desselben Meisters, wie Richard Milesi in seinem Buch über den Manierismus in Kärnten festgestellt hat. In beiden Fällen präsentiert sich Hans V. im goldverzierten Halbharnisch mit Halskrause; auf der Büste trägt er eine Art Toga nach der Weise der antiken Senatoren. Es kann sein, daß die Büste schon vor der Verleihung des Toisons geschaffen wurde, wie Milesi meint, da dieser nicht plastisch gearbeitet, sondern nur aufgemalt wurde, beim Cameo jedoch plastisch ist. Hans V. erwähnt Trezzo schon 1571 in seinem Tagebuch und bezeichnet ihn anläßlich seines Todes am 23. 9. 1589*[t] *als einzigartigen Künstler (Abb. 46 u. 47, S. 116).*
Das nächste Porträt Hans' V. ist den beiden eben genannten Werken darin ähnlich, daß Khevenhüller im reichen goldgeränderten, mit rotem Vorstoß versehenen gebläuten Halbharnisch auftritt, der nur den Oberkörper deckt und die Ärmel aus Ringelgeflecht mit Goldrändern sowie die dunklen bestickten Pluderhosen und oben die weiße Halskrause sehen läßt. Den Orden vom Goldenen Vlies trägt Khevenhüller auffällig zur Schau (Abb. 44 u. 45, S. 115). Das Porträt soll, da das Bild auf 1592 inschriftlich datiert und mit „Jagomo Tentore" signiert ist, von dem durch Hans V. sehr geschätzten italienischen Maler Jacomo (so heißt er bei Khevenhüller) Tintoretto stammen, und da hatte er nur vom 22. 1. bis 6. 2. 1592 während eines längeren unfreiwilligen Aufenthaltes in Venedig Gelegenheit, sich von ihm portraitieren zu lassen, während er das ganze übrige Jahr am Hofe Kaiser Rudolfs II. festgehalten war. Der weiße Hund ist modische Zutat des Künstlers. Daß sich Tintoretto in der Signatur des Bildes nach dem Beruf seinens Vaters einfach Tentore (Tintore) nennt, da er seinen Künstlernamen ohnehin von dem Färbergewerbe seines Vaters ableitete, mag nicht wunder nehmen; es klingt an das lateinische „Tentoretus" auf seinem Selbstbildnis von 1588 im Pariser Louvre an. Die Betonung, ja Zurschaustellung und Haltung der Hände, wie sie das Bildnis Hans' V. zeigt, besonders der linken, ist für zahlreiche Porträts Tintorettos typisch. Auf dem Bildnis eines venezianischen Admirals (um 1570) in den Uffizien zu Florenz liegt die Rechte in derselben Pose auf dem Helm wie auf unserem Bild auf dem Hund, während die Linke mit ungefähr derselben Gebärde wie bei Hans V. nach unten weist. Diese Linke finden wir auch bei dem Dogen Alvise Mocenigo (1570—77) in der Galerie zu Venedig und bei dem rechten der drei Schatzmeister auf dem Iustitiabild daselbst. Hans V. besaß auch andere Bilder Tintorettos[t]*, und König Philipp II. gehörte zu den Auftraggebern des Malers.*
Als Hans V. Khevenhüller Graf von Frankenburg geworden war, worüber das Diplom Kaiser Rudolfs II. vom 19. 7. 1593[w] *vorliegt, während ihm diese Würde schon am 5. 5. 1593*[t] *bei seiner Ankunft am spanischen Hofe in Madrid bekanntgegeben wurde, hat er sich von dem spanischen Maler Juan Pantoja de la Cruz porträtieren lassen. Das Bild paßt gut in die Reihe der späteren Werke dieses Meisters, die sich laut den Angaben von Richard Milesi durch besondere Düsterkeit auszeichnen. Seine Datierung ist durch die Inschrift „Johann Khevenhiller Graf zu Franchenburg" gegeben. Der Graf präsentiert sich in der spanischen Hoftracht (Abb. 42, S. 115). Von dieser Darstellung stark beeinflußt ist das letzte Einzelblatt in der Bildfolge der lateinischen Schönschrift von des Grafen Franz Christoph Historie der Khevenhüller. Allerdings sind die Stoffe des Mäntelchens und des Wamses jetzt genoppt, die Kopfbedeckung ist eine schwarze Kappe mit Goldappliquen. Die Beinkleider reichen von den Schuhen bis unter den sogenannten Gänsebauch des Wamses, und das Goldene Vlies hängt an einer kostbaren, goldenen und rot emaillierten Kollane, die über die Schultern geführt ist. Auch wird hier der Schlüssel des Kämmerers Kaiser Rudolfs II. gezeigt, der am 10. 3. 1592*[t] *Hans V. zuteil wurde.*
Den Hintergrund des Bildes nimmt Hans' V. Villa (Schloß) bei Arganda ein. Am 23. Mai 1594[t] *kaufte er, wie er in seinem Tagebuch schreibt, ein Haus außerhalb von Arganda, vier Meilen Wegs von Madrid, ergriff am 24. davon Besitz und*

42: Hans V., 1538—1606, Gemälde von Pantoja de la Cruz (Herbst 1593)

43: Hans V. als Kämmerer Maximilians II. (Herbst 1593)

44: Signum Tintorettos auf nebenstehendem Bild

45: Hans V., Gemälde aus Tintorettos Werkstatt, 1592

baute es in der Folge mit erheblichen Kosten aus. Das Resultat seiner Baumaßnahmen ist ein dreitürmiges, um einen Hof gruppiertes Schloß, an das rechts ein zweiter Hoftrakt anschloß. Ein mit Mauern umgebener großer Garten für Weinbau, nur kleine Flächen für Baumgärten, ein Teich zum Befahren, mehrere Wasserkünste und vor dem Schloß eine eingefriedete Promenade sind die wichtigsten Stücke von Hans Khevenhüllers spanischem Besitz. Das Hauptschloß, jetzt zweigeschossig, mit seinen Türmen steht heute noch, ebenso der größte Teil der Mauer, mit welcher der Besitz eingefriedet ist.

46: Hans V., Porträtbüste von Jacopo da Trezzo, 1587

47: Hans V., Onyx-Cameo von Jacopo da Trezzo, 1588

Tafel 24

Freiherr Barthelmä Khevenhüller (1539-1613) und seine erste Gemahlin Anna Graf von Schernberg (1554-1580) um 1579
Hintergrund: Eisenerzförderung mittels Sackzug vom Altenberg in die Innerkrems

Kein anderer Angehöriger des Geschlechtes der Khevenhüller wird in der Bilderchronik auch nur annähernd in dem Maße gewürdigt wie Barthelmä, der zweitälteste Sohn des Stifters der Frankenburger Linie, Christoph, und seiner Gemahlin Elisabeth von Mannsdorf. Ihm sind nicht nur drei doppelseitige Tafeln (24-26) persönlich gewidmet, sondern es treten dazu noch vier weitere Tafeln mit seinen zahlreichen Kindern. Dies hängt zweifellos damit zusammen, daß er der geistige Vater von seines Sohnes Franz Christoph Khevenhüller-Historie ist, beauftragte er doch diesen am 8. 11. 1610 mit der Fortführung seines eigenen historischen Werkes, das aber im wesentlichen Tagebuch-Charakter hatte. Er hat bereits 1599 Tobias Eisel alias Eusebius zum Privatlehrer Franz Christophs gemacht und dieser hat „Fragmenta vom khevenhillerischen Geschlecht" verfaßt, auf die sein Schüler, der ihn offenbar schätzte, in seiner Khevenhüller-Historie, zu der er aus seiner Schrift viele Anregungen erfuhr, gerne Bezug nimmt. So geht Franz Christophs Khevenhüller-Geschichte und der von dieser abhängige Extrakt in Form der Khevenhüller-Chronik in doppelter Hinsicht auf die Initiative Barthelmä Khevenhüllers zurück. Es ist daher verständlich, daß ihm, dem das 13. (ursprünglich 15.) Buch von seines Sohnes Khevenhüller-Historie gewidmet war, im Bildmaterial zur Khevenhüller-Chronik eine hervorragende Würdigung zukommt.

Barthelmä Khevenhüller war am 22. August 1539 in Villach geboren, bezog 1549 als Zehnjähriger zusammen mit seinem elfjährigen Bruder Hans V. die Universität Padua, wohin sie ihr Lehrer Martin Siebenbürger begleitete, und studierte dort bis zum Tode seines Vaters im April 1557. Dann machte er von 1557 bis 1559 eine große Reise durch Frankreich, die ihn anschließend nach Spanien führte, wo er in San Jago di Compostella in die Gefahr kam, dem Inquisitionsgericht überstellt zu werden, das viele Leute um des Glaubens willen auf dem Scheiterhaufen verbrennen ließ. Für seine Rettung gelobte er eine Reise zum Heiligen Grab nach Jerusalem, zog nach seiner Freilassung weiter durch Portugal und Spanien, besuchte neuerlich 1560 Frankreich und dann die Niederlande, um sich nach kurzem Besuch in Kärnten nach Italien zu begeben und von Venedig am 4. Juli 1561 nach Palästina einzuschiffen. Dort wurde Barthelmä in der Kirche des Heiligen Grabes zu Jerusalem am 4. September 1561 zum Ritter des Heiligen Grabes geschlagen, sein Vetter Franz schon eine Nacht zuvor. Über Zypern führte die Heimreise, auf der Franz Khevenhüller am 1. Dezember 1561 an einer Vergiftung starb und sein Leichnam ins Meer versenkt wurde, während Barthelmä die Krankheit überwand, wieder nach Venedig, wo es den am 10. Februar 1562 angekommenen Pilgern, als sie endlich wieder unter normale Verhältnisse gelangten, vorkam, als kämen sie aus der Hölle in den Himmel[c]. 1562/63 diente Barthelmä dann am Hofe Kaiser Maximilians II., anschließend an dem des Erzherzogs Karl und beteiligte sich 1564/65 an kriegerischen Unternehmungen gegen die Türken. 1566 wurde er Mundschenk und Kämmerer des Erzherzogs Karl, auch dessen Hoffähnrich beim Zug nach Ungarn[s].

Von 1569 an beginnen Barthelmä Khevenhüllers Rechnungsbücher; die Gründung eines Hausstandes und die Tätigkeit in der Heimat zur Mehrung und Besserung seines Besitzes sind von jetzt an seine Aufgaben. Am 6. Jänner 1570[1] erwirbt er das Amt Töplitsch, die Behausung in Villach am Hauptplatz (heute Hotel Post und südlich anstoßendes Haus) und die Hälfte des alten Khevenhüller-Hauses zu Villach (am Freihausplatz) von seinem Bruder Hans V. und am 28. Oktober 1572[1] von seinem Verwandten Viktor Welzer zu Hallegg dessen Behausung zu Klagenfurt am Neuen Platz, um so in den beiden wichtigsten Städten des Landes über eigene Häuser zu verfügen, in denen er Wohnung nehmen konnte. Ebenso erwarb er von seinen Brüdern Hans und Moritz Christoph zu Anfang der 70er Jahre deren Teil am Schlosse Landskron, so daß diese das Villacher Becken beherrschende Feste ihm nun allein gehörte. Auch kaufte er deren Anteil am Eisenbergwerk in der Innerkrems 1573 um den hohen Betrag von 12.000 Gulden und 1579 um 16.000 Gulden den Teil, den Christoph Pflügl daran hatte, so daß er auch Alleinherr dieser Bergbaue wurde, sie allerdings 1580 an Jakob Türk um 31.000 Gulden wieder veräußerte[c].

Das Eisenerz wurde in 1970 m Höhe hoch oben am Altenberg, der im Stubennock (2092 m) gipfelt, in einem Stollen gewonnen, vor dessen Mundloch gerade einige Knappen, neben denen als Sackträger ein Hund steht, den nächsten Sackzug vorbereiten. Mittels Sackzug wurde nämlich das Erz über den Schnee zu Tale in die Nähe des im innersten Kremsgraben von Daniel Aschauer (+ 1591) erbauten, heute verfallenen und daher jüngst abgerissenen Gewerkenschlosses befördert, wo auch eine Sackzieherkeusche in 1590 m Höhe stand. Auf unserem Bild sieht man deutlich, wie die vollen, auf ihrer Unterseite als Schutz gegen die Reibung mit Schweinshaut samt Borsten besetzten Jutesäcke mit dem Erz in langen Zügen aneinandergereiht, durch die in dem Schnee vorbereitete Rinne in Serpentinen bergab rutschen. Auf dem ersten Sack jedes Zuges sitzt der Lenker und gebraucht seinen Leitstecken zur Dirigierung des schweren Transportes, hinten nach läuft ein Hund. Im Tale erwarten schon die ochsenbespannten Schlitten die Erzsäcke, und es sind Vorrichtungen vorhanden, um den Sackinhalt leicht in die Fahrzeuge umzuleeren. Die leeren Säcke werden von den Hunden wieder bergan getragen. Wie ein solcher Hund damit beladen wird, sieht man im Vordergrund, eine Gruppe von zur Grube auf den Altenberg zurückkehrenden Sackziehern in Begleitung der Hunde in der Bildmitte. Etwas weiter oben ist ein Arbeiter dabei, die Schneerinne für den Sackzug herzurichten.

Von der Stelle aus, wo das Aschauer-Schloß in der Innerkrems stand, präsentiert sich heute der als Eisenabbaustätte bis 1883 benutzte Altenberg mit dem Stubennock (2092 m) und dem weiter rechts erscheinenden Sauereggnock (2240 m) samt den von dort herabführenden Gerinnen noch genauso wie 1610; sogar das Vegetationsbild ist durchaus vergleichbar. Gerade von dieser Stelle aus, wo die Straße durch die Innerkrems beginnt und daher der gegebene Platz zum Entleeren der Erzsäcke war, erscheint übrigens der näher gelegene Stubennock höher als der entferntere Sauereggnock, obwohl dieser an Meereshöhe jenen überragt. Die Datierung der auf unserem Bilde wiedergegebenen Situation auf 1579 geschieht im Hinblick darauf, daß damals Barthelmä Khevenhüller die Eisenbergwerksanteile in der Krems in einem Maße beisammen hatte, daß er sie mit gutem Gewinn 1580 weiterverkaufen konnte, um sie 16 Jahre später billiger wieder zu erwerben. Unser Bild selbst entstand zwischen 1610 und 1620.
Barthelmäs Hochzeit hatte am 5. Februar 1570 unter Aufbietung allen Prunkes der Renaissance in seinem Hause in Villach in Gegenwart von 124 Vertretern des Adels und vor allem der reichen Gewerken seiner Zeit mit der noch nicht 16jährigen Anna Graf von Schernberg, einer salzburgischen Gewerkentochter, stattgefunden. Im Hause des Gewerken Pflügl in Gmünd war es vorher zur letzten Zusammenkunft zwischen Barthelmä und Anna gekommen. Dort waren eines Abends bei Tanz, Gesang und Spiel zwei Masken erschienen, deren eine der Frau Pflügl und Annas Mutter Schaupfennige verehrte, während die andere, dargestellt durch Barthelmä Khevenhüller selbst, Anna ein kostbares Kleinod darbrachte[c]. Vielleicht hängt es an dem goldenen Kettchen, das Anna um den Hals trägt. Ihr Gewand entsprach der bei uns damals üblichen spanischen Tracht jener Zeit. Das gilt für das schwarze Oberkleid mit gepufften kurzen Ärmeln, das gesteifte schwarze Miederleibchen mit Goldposamentarie, den Reifrock aus schwarzer Seide, der durch rubinbesetzte Goldappliquen geschlossen ist, den weißen Spitzenstehkragen, das Unterkleid aus rosa Goldbrokat mit engen, am Ende rüschenbesetzten Ärmeln sowie das schwarze Barett mit Rubinknöpfen und Straußenfeder. Der Zeit entsprechen die aus mehreren Gliedern geflochtene lange Goldkette um den Hals mit kreuzförmigem Anhänger und die fast bis zum Boden reichende Goldkette um die Taille.
Freiherr Barthelmä Khevenhüller trägt das typische spanische Mäntelchen aus schwarzem Samt mit Paspolierung, ein schwarzes, goldgeknöpftes Wams mit Ansatz eines spanischen „Gänsebauchs", Schulterstegen, langen Ärmeln mit Spitzenkrausen an den Enden und hochgestellter weißer Halskrause. Die Hose aus schwarzer Seide und Samt, schwarze Strümpfe und Lederschuhe vervollständigen die Tracht als Ausfluß der Steifheit des spanischen Hofzeremoniells. In der Rechten hält Barthelmä einen schwarzen Samthut mit Straußenfeder und Schmuckband. An dreifacher, über die linke Schulter führender Goldkette hängt der Orden des Ritters vom Heiligen Grab in Form eines Krukenkreuzes mit vier kleinen Kreuzen in den Zwickeln. Vom Degen ist nur der skulptierte Goldgriff zu sehen.

Tafel 25

Freiherr Barthelmä Khevenhüller (1539-1613) und seine zweite Gemahlin Blanka Ludmilla Gräfin von Thurn (+ 1595) im Jahre 1593
Im Hintergrund das Westende des Wörther Sees und das von Barthelmä neu erbaute Schloß zu Velden

Nachdem am 18. Jänner 1580 bereits Barthelmä Khevenhüllers Gemahlin Anna noch nicht 36jährig gestorben war und auch seine Schwiegermutter am 14. Oktober das Zeitliche gesegnet hatte, heiratete er am 4. Februar 1582 die älteste Tochter Blanka Ludmilla des Grafen Franz von Thurn und seiner Gattin Barbara geb. Gräfin von Schlick zu Wostitz in Böhmen und begann nach dem 1584 getätigten Ankauf von Gründen unmittelbar am Westufer des Wörther Sees mit dem Bau des prächtigen viertürmigen Spätrenaissanceschlosses[c], das in dem nach alten Ansichten 1891/92 wieder hergestellten Bau des heutigen Schloßhotels sein Konterfei findet. Nach Fertigstellung des Schloßgebäudes wohnte dort auf Einladung Barthelmä Khevenhüllers 1593 Erzherzog Ernst, betrieb den Fischfang und unterhielt sich vortrefflich. Er hatte sich auch ausbedungen, statt der Gerichte seines eigenen Kochs die bekannt gute khevenhüllerische Küche genießen zu dürfen.
Auf unserem Bild ist wahrscheinlich die Ankunft des illustren Gastes in Velden zur Darstellung gebracht. Unter einem Baldachin sitzen in einem von vier wackeren Ruderern angetriebenen Boot drei Damen und drei Herren in angeregtem Gespräch, während der Steuermann den Kurs hält und ein Fanfarenbläser bereits die Ankunft der hohen Herrschaften im Schloß meldet. Das gelb und schwarz gestreifte Khevenhüllerbanner strafft sich am Bootsheck im Fahrwind. Auch unter der Trompete des Bläsers bauschen sich die khevenhüllerischen Farben. Köstliche Fische für den vom Freiherrn dem Erzherzog gewidmeten Tisch fangen indessen vier Fischer in zwei Booten, zwischen denen ein Zugnetz ausgespannt ist.
Schloß Velden bildete auch weiterhin einen beliebten Erholungsaufenthalt für Barthelmä Khevenhüller und manche hochgestellten Gäste. 1597 begab sich die Erzherzogin Eleonore, die an Blattern erkrankt war, nach Schloß Velden, wo sie bald genas. 1598 nahmen in Schloß Velden Erzherzog Ferdinand und später die Braut König Philipps III. von Spanien, Erzherzogin Margarethe, mit ihrer Mutter Aufenthalt, 1613 Erzherzog Ferdinand. Barthelmä Khevenhüller selbst, der 1613 starb, hatte nach einer alten Chronik „in seim hechsten Alter alda seine besste Khurtzweil".
Allerdings, Blanka Ludmilla, Barthelmäs zweite Gemahlin, die auf unserem Bild ein weißes goldbortenbesetztes Atlaskleid mit spanischem Reifrock und großer Halskrause, Schulterwülsten und Scheinärmeln trägt, in denen die Ärmel des reichbestickten weißen Unterkleides sichtbar werden, als Kopfbedeckung nur eine lustige Federhaube mit steifem Gupf und um den Hals eine vierfache Goldkette mit kreuzförmigem edelsteinbesetztem Anhänger, während ihr wiederum mit dem Kreuz des Ritters vom Heiligen Grab geschmückter Gatte zu weißen Beinlingen und ebensolchen goldgespornten Schuhen einen goldverbrämten schwarzen polnischen Rock über schwarzem Wams und Kniehosen sowie eine mühlradförmige Halskrause trägt, erlebte diese Zeiten nicht mehr. Vielmehr kränkelte sie nach der Geburt ihrer vierten Tochter (des achten Kindes) Elisabeth, die am 5. Mai 1593 das Licht der Welt erblickt hatte, und starb am 16. Jänner 1595. Sie wurde in Gegenwart von rund 50 Adeligen ihrem Wunsche gemäß im khevenhüllerischen Erbbegräbnis in der St. Jakobskirche zu Villach bei ihren Kindern beigesetzt[c].
Figurenmaler I hat Blanka Ludmilla bereits die Blässe ins Antlitz gegeben, die mit ihrer Kränklichkeit seit Mai 1593 nach Geburt ihres 8. Kindes zusammenhing, während das Vorbild, an das er sich hielt und das heute in Niederosterwitz hängt, die Frau noch gesund und rosenwangig zur Darstellung bringt (Abb. 15, S. 22), allerdings auch retrospektiv, da es die Jahreszahl 1595 trägt, während unser Bild selbst ins zweite Jahrzehnt des 17. Jahrhunderts zu datieren ist. Die Kostümierung hat Figurenmaler I fast zur Gänze übernommen, nur nicht das perlenbesetzte goldene Diadem; auch die Ärmel des Untergewandes sind ein wenig anders gemustert.
Barthelmä Khevenhüller war auch in den achtziger und neunziger Jahren des 16. Jahrhunderts um die Vermehrung seiner Hausmacht erfolgreich bemüht, erwarb 1589 Schloß Timenitz bei Klagenfurt[c], am 15. September 1591 von Graf Anton von Montfort die Herrschaft Mannsberg, am 24. Jänner 1593[f] von seinem Bruder Hans V. um 60.000 Gulden die Herrschaft Biberstein und am 17. Mai 1597[g] vom Grafen Hans von Ortenburg die Herrschaft Falkenstein.

hatte sein Bruder Moritz Christoph, der bereits am 7. August des genannten Jahres starb, die Eisenbergwerke in der Krems, die Floßöfen in Kremsbrücke und Eisentratten und dort auch das hölzerne Verweshaus und das Hammerwerk sowie vier Hammerwerke im Radlgraben von der Witwe Jakob Türks, des Erbauers des Floßofens von 1566 in Eisentratten, und ihrem 23jährigen Sohn Joel um 25.000 Gulden gekauft, wobei der Kaufpreis zunächst fünf Jahre mit 6% verzinst werden und dann in Jahresraten zur Auszahlung gelangen sollte. Zwecks der Bereinigung der von Moritz Christoph hinterlassenen hohen Schulden mußte aber der reiche Barthelmä Khevenhüller 1599 dessen gesamte Liegenschaften von dessen Sohn Augustin II. übernehmen[c], der einstweilen bei ihm seinen Aufenthalt fand[f]. Dazu gehörten die von den Türks gekauften Werke, aber auch das von Moritz Christoph nach Erwerb der Herrschaft Paternion samt den Ämtern Stockenboi und Feistritz von Freiherrn Siegmund Georg von Dietrichstein am 24. 4. 1587[l] sogleich in der Kreuzen erbaute Schloß und Hammerwerk. Für Barthelmä hatte das Schloß in der Kreuzen nicht den Sinn, für den es als Jagdschloß und Gewerkensitz von Moritz Christoph gebaut war. Er wußte es daher nur wirtschaftlich zu nutzen, und so kommt es, daß das Gebäude der von ihm hier 1610[c] gegründeten Weißblechfabrik bis heute erhalten geblieben ist, weil der 1. Stock vom Verweser (bzw. jetzt vom Förster) benutzt werden konnte und das stattliche Gebäude vorhanden war. Es hat also besondere Umstände, daß hier die wohl älteste Fabrik der Welt, in die wir auf Tafel 26 blicken, infolge der Monumentalität ihres ursprünglich für burgliche Zwecke gedachten Baues noch steht (Abb. 49, S. 124). Auch im Verkaufsurbar, mit dem Barthelmäs Sohn Freiherr Hans Khevenhüller am 24. August 1629[k] die Herrschaft Paternion an Johann Widmann übereignete, wird ausdrücklich erwähnt, daß im Verweshaus in der Kreuzen der Zinner seine Werkstätten und Arbeitsräume habe.

Barthelmä Khevenhüller hat nach dem Tod seines älteren Bruders Hans V. 1606 den Titel eines Grafen von Frankenburg von diesem übernommen und folgte ihm im Besitze der Herrschaften Frankenburg, Kammer und Kogl in Oberösterreich sowie Sommeregg in Kärnten samt Häusern und Gütern in und um Spittal, wozu sich 1610 noch die Herrschaften Mödling und Liechtenstein in Niederösterreich gesellten, die 1612 an Augustin II. weitergereicht wurden. Keiner aus dem Geschlechte der Khevenhüller hat einen so umfangreichen und weitverzweigten Besitz sein eigen genannt wie Barthelmä Khevenhüller Graf von Frankenburg in seinen letzten Jahren. Die Khevenhüller-Chronik hat also guten Anlaß, so viele Bilder diesem berühmten Vertreter des Geschlechtes zu widmen, der, bis ins hohe Alter unermüdlich tätig, auf einer Reise nach Oberösterreich in Spittal an der Drau am 16. August 1613 vom Tode ereilt wurde.

50: Regina geb. Thannhausen (Kupferstich, 1612)

51: Barthelmä (Kupferstich, 1612)

Tafel 27

Freiherr Hans VI. Khevenhüller (1597-1632) mit seiner Gemahlin Maria Elisabeth geb. von Dietrichstein (+ 1662) Im Hintergrund Feistritz an der Drau mit dem von Hans VI. errichteten Blechhammerwerk um 1625

Es ist bereits die Tracht des 30jährigen Krieges, die Hans Khevenhüller und seine Frau auf unserem Bilde tragen. Die Hauptkennzeichen des spanischen Stils, Enge, Knappheit und Versteifung sind gefallen. Von den Niederlanden her kam der Umschwung. Das Wams wird leichter und bequemer, der alte spanische Reifrock wächst nicht mehr aus einer engen Taille hervor, ist an seinem Ansatz weit geworden und wirkt gleichmäßig rund. Lange, hochschäftige Stiefel aus weichem Leder sind an die Stelle der steifen Halbschuhe des spanischen Zeremoniells getreten und reichen bei Hans Khevenhüller bis zur halben Wade. In der Linken hält er einen modischen großen, weichen, schwarzen Filzhut mit Straußenfeder. Auffällig wirken die für diese Mode charakteristischen weiten Spitzenkragen, welche die starre spanische Halskrause ersetzen und sich beim Manne leger über die Umgebung des Halses und einen Teil der Schulter legen, nur bei der Dame noch hinten hochgestellt sind, ebenso die ähnlich gebildeten Spitzenmanschetten. Die überschwenglich reiche Goldverbrämung und Stickerei des schwarzen Gewandes bei beiden dargestellten Personen läßt bereits barocke Tendenzen zur Geltung kommen. Auch die stark geschwungene Gestalt von Hans Khevenhüllers goldenem Degengriff ist deutlich barock. Das Weibische in dieser Männertracht äußert sich neben der vielen Spitzenverwendung im Filigran des mit Perlen und Brillanten besetzten Brustschmucks sowie in der künstlichen Kräuselung der Haare. Auch Frau Maria Elisabeth, die neckisch ein weißes Schoßhündchen trägt, hat die Haare unter dem in einzelne Blüten und Blätter aufgelösten, stark durchbrochenen Diadem gekräuselt. Eine doppelte schwarze Halskette mit angehängter roter Blüte, ein goldener geflochtener Armreif und zwei Fingerringe an der Linken schmücken die Schöne.
Hans Khevenhüller, der am 30. Mai 1597 in Klagenfurt der dritten Ehe seines Vaters Barthelmä entsprossen war und am 1. Juni 1624 in Riedau in Oberösterreich die schöne Tochter Maria Elisabeth des Freiherrn Bartholomäus von Dietrichstein geheiratet hatte[c], übernahm als Erbe vor allem die Oberkärntner Besitzungen seines Vaters und erbaute nach dem Vorbild des von diesem in der Kreuzen 1610 errichteten ersten Blechhammerwerkes samt Blechverzinnerei (Tafel 26) ein solches Hammerwerk, in welchem nur Schwarzbleche erzeugt wurden, zu Feistritz am Weißenbach unweit von dessen Einmündung in die Drau. Dieses mit zwei Schornsteinen versehene Gebäude ist am Ende eines sehr langen gezimmerten Gerinnes, welches oberschlächtigen Wasserrädern viel Kraft darbot, in die Mitte der rechten Bildseite gerückt, wo sich auf dem anderen Drauufer noch die damals recht stattliche St. Gertraudkirche zu Stuben erhebt. In der Umgebung des Blechhammerwerkes und weiter zur Bildmitte hin stehen die Häuser von Feistritz/Drau, aus denen im Mittelpunkt der kleine Bichl (Hügel) mit der spätgotischen Kapelle Unserer lieben Frau am Bichl hervorragt, während weiter links die Pfarrkirche St. - Georgen ihren Spitzturm himmelwärts reckt. Auf dem am Bichl entlangführenden Weg sind vorn ein Kraxenträger, der auf seinem am Rücken befestigten Gestell Gläser transportiert, und hinten ein Büttenträger und eine Frau mit dem Tragkorb auf dem Kopf dabei, ihre Lasten zum Duel oder nach Pöllan oder weiter hinein in die Kreuzen zu bringen.
Von Freiherrn Hans Khevenhüller gibt es auch ein qualitätvolles Gemälde auf Hochosterwitz, das ihn in französischer Tracht darstellt. Er präsentiert sich in einem Ärmelwams aus Silberbrokat mit kostbarem Blumendekor und geschlitztem Schößchen mit roten Streifen sowie Pluderhosen aus demselben Brokat. Dazu passen rote Beinlinge und rot verzierte mit großen roten Schleifen versehene Silberbrokatschuhe. Eine Schärpe, weiße Spitzenmanschetten und Spitzenkragen vervollständigen den modischen Aufputz. Der grüne Federhut liegt auf einem Tisch zur Linken, die den Schwertgriff hält (Abb. 52, S. 132).
Freiherr Hans Khevenhüller ist ein am evangelischen Glauben streng festhaltendes Glied der Familie Khevenhüller gewesen und anläßlich der Austreibung des protestantischen Adels aus Innerösterreich im Oktober 1629 mit seiner Familie nach Nürnberg ausgewandert. Seine Oberkärntner Herrschaften bilden bis heute das Rückgrat des dortigen Besitzes der Grafen Foscari-Widmann-Rezzonico, an deren Ahnherrn, den Venezianer Kaufherrn Hans Widmann, sie von Hans Khevenhüller käuflich kamen. Allerdings waren dazu schwierige Verhandlungen notwendig, da der Kaufmann den Edelmann, der zu verkaufen gezwungen war, preislich zu drücken suchte.
Freiherr Hans Khevenhüller diente als Oberstleutnant im Heere des Schwedenkönigs Gustav Adolf und starb an einer am 30. Juli 1632 zu Freystadt durch einen unglücklichen Schuß aus den eigenen Reihen empfangenen Verwundung am 4. August zu Nürnberg[c].

52: Hans VI., 1597—1632, in französischer Tracht, um 1620 (s. S. 129)

Tafel 28

Töchter Barthelmäs aus seiner ersten Ehe mit Anna Graf von Schernberg samt ihren Ehegatten. Von links nach rechts: Georg von Stubenberg und seine Gemahlin Barbara Khevenhüller (geb. 1571), Elisabeth (1573-1587), Anna (1574-1597), Wolfgang Freiherr von Saurau und seine Gemahlin Eva Khevenhüller (geb. 1576) Im Hintergrund die Burg Sommeregg von Süden

Bei dieser Personengruppe herrscht noch die spanische Mode. Bei Georg von Stubenberg, *der am 15. November 1587 in der Burg zu Klagenfurt mit Barthelmäs ältester Tochter* Barbara *(geb. 3. 2. 1571 zu Villach) Hochzeit gehalten hatte, kommt das zwar infolge einer gewissen Wohlbeleibtheit weniger zum Ausdruck. Seine Hosen aus schwarzem, in sich gemustertem Seidensamt sind bequem geschnitten, sein schwarzer goldbordierter Rock klafft vorn weit, und sein Wams mit Spitzenmanschetten ist aus silbrigglänzendem hellila Seidenbrokat, also nicht totenschwarz, wie es das spanische Zeremoniell will. Nur der Hut, den er in der Linken hält, ist von spanischer Steifheit. Seine Gemahlin Barbara trägt ein rotes Seidenbrokatkleid und nur ein offenes Oberkleid aus schwarzem, in sich gemustertem Samt mit Schulterwülsten und kurzen Ärmeln. Die Spitzenhalskrause und der abstehende Reifrock entstammen allerdings der spanischen Mode. Die Unterärmel sind von ähnlichem Brokat wie des Mannes Wams und tragen Rüschenmanschetten. Das Diadem über dem Braunhaar ist filigranhaft. Der Halsschmuck der Schönen, die Goldkette mit ihren teils perlenbesetzten, teils durchbrochenen Gliedern, der kostbare Brustschmuck mit einer weißen Emailgestalt inmitten und die buntemaillierten großen Knöpfe, die bis zur untersten Goldborte des roten Kleides reichen, sind kennzeichnende Schöpfungen der Renaissance des 16. Jahrhunderts. Die dreifache geflochtene, große, goldene Halskette, die Georg von Stubenberg außer dem Schlüssel des Hofkämmerers trägt, ist ebenfalls typisch für die Renaissance.*

Bei der jugendlichen Elisabeth, *(geb. 28. 1. 1573 auf Schloß Landskron, gest. 27. 10. 1587) deren Konterfei ja nicht über das Jahr 1587 heraufreichen kann, sind, wenn man von dem feurigen Karminrot des vornehmen Gewandes absieht, in den Puffärmeln, der Wespentaille und dem steifen Barett sowie der gestärkten Halskrause und den Rüschenmanschetten die untrüglichen Kennzeichen der spanischen Hoftracht besonders augenfällig. Ganz Ähnliches gilt für den Schnitt des Goldbrokatkleides und des schwarzen Überkleides, die Halskrause, die Manschetten und die mit einem starren Gupf versehene Haube von* Anna *(geb. 26. 12. 1574 in Klagenfurt, gest. 25. 7. 1597). Die doppelten geflochtenen goldenen Halsketten der beiden Mädchen kennen wir mehrfach aus der Mode des 16. Jahrhunderts.*

Wolf von Saurau, *der 1592 die damals kaum 16jährige* Eva *Khevenhüller (geb. 27. 12. 1576 zu Klagenfurt) heiratete, trägt eine glänzende schwarze Rüstung mit „Tapulbrust" und roten Vorstößen, dazu einen nach spanischer Manier hinten hochgezogenen gestärkten Kragen. Der Goldgriff seines Degens ist barock. Evas Samtoberkleid ist ganz in Schwarz gehalten, wie es der spanische Hofstil fordert, mit Goldknöpfen an den Mittelborten des Kleides und der Ärmel. Vom goldseidenen Untergewand werden nur die Ärmel mit ihren Spitzenmanschetten sichtbar. Den Kopf umrahmt ein frühbarocker Spitzenkragen und das Haar ein kostbares Spitzenhäubchen. Eva trägt ebenso wie die eingangs beschriebene Barbara auf der Brust ein goldenes Kleinod mit figürlichen Emaildarstellungen.*

Die Burg Sommeregg mit ihrem runden romanischen Zinnenturm im Westen und ihrem jeden Angriff von Süden abweisenden bis zum Dach fensterlosen umfangreichen Hauptbau im Osten besaß vor 350 Jahren noch eine drohendere Gestalt, als wenn man sich ihr heute nähert. Denn, wie die Zeichnung Markus Pernharts von etwa 1850 zeigt und bereits der Kupferstich Valvasors aus dem Jahre 1680 erkennen läßt, wurde noch im 17. Jahrhundert die Südmauer zu einem wesentlichen Teil bis auf Ringmauerhöhe eingelegt und das nun verschmälerte Schloß selbst zur Gänze auf die Höhe der Türme gebracht, die 1625 nur im Westteil des Hauptbaues vorhanden waren. Lediglich im Westen und im Osten greift das Schloß seitdem und bis heute mit seinen Flügeln bis zum Felsabfall des Burghügels in die Flucht der früheren Südmauer vor.

Burg und Herrschaft Sommeregg waren von 1606 bis 1615 im Besitze Barthelmä Khevenhüllers, der sie von seinem Bruder Hans V. geerbt hatte, und seiner Erben. Am 3. Juli 1550[l] *hatte der Vater der beiden, Christoph Khevenhüller, Sommeregg von Hans Joachim von Rain gekauft. 1615 erwarb es Paul Khevenhüller und veräußerte es am 4. Mai 1628*[c] *an den venezianischen Kaufmann Johann Widmann.*

Tafel 29

Kinder des Freiherrn Barthelmä Khevenhüller aus seiner zweiten Ehe mit Blanka Ludmilla Gräfin von Thurn samt den Ehegatten der Töchter. Von links nach rechts: Christoph (1583-1584), Hans Bernhard (1584-1591), Anna Maria (geb. 1585) mit ihrem ersten Gatten Georg Wilhelm Jörger zu ihrer Rechten und ihrem zweiten Gatten Helmhart Jörger zu ihrer Linken, Franz Christoph (1588-1650), Christoph von Windischgrätz und seine Gemahlin Salome Khevenhüller (geb. 1590), Barthelmä (1589-1590), Elisabeth (1593-1596) und Regina (1591-1593) Im Hintergrund die Burgruine Himmelberg und westlich anschließende Berge

Dieses figurenreiche Bild ist den acht Kindern des Freiherrn Barthelmä Khevenhüller gewidmet, die ihm seine zweite Gattin Blanka Ludmilla geb. Gräfin von Thurn gebar. Wir beginnen mit dem ersten Söhnchen Christoph, *geboren am 18. Februar 1583 zu Klagenfurt, das schon am 13. Dezember 1584 an den Blattern starb und im Kinderstühlchen dargestellt ist, ein blaues, schwarzgeschnürtes Mäntelchen an und eine rote Schärpe um den Leib. Der weiße Hemdkragen und die weißen Lederschuhe sind von der Kleidung noch hervorzuheben.*
Auch der zweite Knabe, Hans Bernhard, *geboren zu Klagenfurt am 15. Mai 1584, wurde nur knapp sieben Jahre alt und erlag am 2. Mai 1591 einer Epidemie. Er ist schon in die spanische Hoftracht gekleidet, trägt einen Rock mit Schulterstegen und Tressen sowie eine Kniehose aus schwarzem Stoff, ein hellila Wams und hellila Strümpfe zu schwarzen Halbschuhen, um den Hals bereits eine weiße Mühlradkrause und weiße Krausenmanschetten an den Ärmeln sowie eine geflochtene Goldkette über der rechten Schulter.*
Neben diesen Kindern steht die älteste Tochter aus der zweiten Ehe Barthelmäs, die am 21. Juni 1585 in Klagenfurt geborene Anna Maria *im schwarzen Samtoberkleid mit spanischem Reifrock und hoher Taille, Puffärmeln und Schulterstegen, einem Unterkleid aus schwarzem, rotgoldgemustertem Brokat, weißem gefälteltem Spitzenhemd, aufgestelltem spanischen Spitzenkragen und ebensolchen Manschetten, ein perlenbesetztes goldenes Diadem mit anschließendem Häubchen auf dem freundlich glänzenden Braunhaar und eine lange Goldkette mit rotemaillierten Zwischengliedern um den Hals. Sie war erst die Gattin des oberösterreichischen Edelmannes* Georg Wilhelm Jörger, *der als Mundschenk des Erzherzogs Matthias diente und 1611 als Hofkammerrat in den Staatsdienst eintrat. Die Hochzeit fand am 30. November 1608 in Linz statt; jedoch starb Georg Wilhelm schon im August 1617, und sein Vetter* Helmhart *(1572-1631) heiratete bald darauf Anna Maria, um auf diese Weise umso leichter zum Erbe Georg Wilhelms zu kommen, für dessen vier Töchter er Vormund wurde. Drei von diesen, Maria Salome, Anna Regina und Anna Maria, stammten aus dessen zweiter Ehe mit Anna Maria Khevenhüller.*
Beide Jörger sind in die gleichen, in sich gemusterten schwarzen Röcke mit Schulterstegen und ebensolche Kniehosen gekleidet, tragen weiße Spitzenmanschetten und einen hinten aufgestellten glatten weißen Kragen, die Goldkette über die rechte Schulter.
In der Mitte des Bildes und durch Haltung, Stellung und französische Kleidung hervorgehoben steht Barthelmä Khevenhüllers erfolgreichster Sohn und Fortsetzer der Frankenburger Linie, Franz Christoph, *geboren zu Klagenfurt am 21. Februar 1588, der Autor der Khevenhüller-Historie, der 19 der in diesem Buch veröffentlichten Bilder entstammen und aus der sein Mitarbeiter Georg Moshamer die Khevenhüller-Chronik exzerpierte, in der alle unsere Tafelbilder eingebunden gefunden wurden. Er trägt einen hellroten Rock mit silbernen Borten und eine ebensolche Pumphose, unten durch rote Schleifchen gerafft, dazu eine rote Schärpe, den 1604 empfangenen goldenen Kammerherrnschlüssel stolz dem Beschauer zugekehrt. Manschetten und ein hochgestellter Halskragen sind aus feiner weißer Spitze. Weiße, gespornte Stiefel vervollständigen die Kleidung des jungen selbstbewußten Mannes mit dem modischen kleinen dunklen Spitzbart; einen schwarzen, goldbetreßten Federhut hält er in der Linken.*
Einen ebensolchen blonden Bart, den gleichen Spitzenkragen und dieselben Spitzenmanschetten trägt der schmächtige Christoph von Windischgrätz, *der Gatte von Barthelmä Khevenhüllers Tochter* Salome, *der aber sonst ganz mit in sich gemustertem schwarzem Samt bekleidet ist, sehr ähnlich wie die Herren Jörger. Er und seine Frau Salome, die am 14. Juli 1590 in Klagenfurt das Licht der Welt erblickte, tragen fast die gleiche schöne, von uns schon mehrfach erwähnte große goldene Spätrenaissance-Halskette mit emaillierten Gliedern, durch ein weißblaues Schleifchen dekoriert, welches zum Ausdruck bringt,daß sich die beiden versprochen haben.*
Salomes jugendliche Gestalt gewinnt sehr durch den aparten Gegensatz zwischen dem schwarzen langärmeligen Oberkleid mit Schulterstegen und einer bis zum Boden reichenden Verzierung und dem vom Boden bis zum waagerechten Halsausschnitt reichenden hellen Goldbrokatunterkleid mit Palmettenmuster. Die Spitzenmanschetten sind gleich fein wie beim Gemahl, die Halskrause ist trotz des Spitzenbesatzes aber noch mühlradförmig schwer. Allerdings wirkt die Harmonie der Spitzen mit dem feingliedrigen Diadem sehr auflockernd. Auch die Ohrklips, die bei Anna Maria noch einfarbig schwarz sind, zeigen bei Salome eine Belebung durch eine Gold- und Perlenauflage.

Zur Linken Salomes sitzt auf einem Kinderstühlchen der kleine Barthelmä, *geboren zu Klagenfurt am 27. März 1589 und mit knapp eineinhalb Jahren an der Ruhr gestorben am 3. September 1590, angetan mit einem durch Goldtressen zusammengehaltenen rotseidenen Oberkleid und einem langen weißen Unterkleid (Hemd) und trotz seiner Jugend mit Halskrause und Kräuselmanschetten ausgestattet, eine doppelstielige zweiblütige rote Nelke in der Rechten.*
Etwas zu groß geraten sind dem Maler die zwei letzten Kinder, die Blanka Ludmilla ihrem Gatten Freiherrn Barthelmä Khevenhüller gebar, die in ein rotes Seidenoberkleid mit spanischem Reifrock gekleidete Elisabeth, *geboren zu Klagenfurt am 5. Mai 1593 und gestorben am 3. März 1596, und die mit einem ebensolchen violetten Kleid versehene* Regina, *geboren zu Klagenfurt am 1. November 1591 und gestorben am 17. Juni 1593. Die weißen Halskrausen und die Kräuselmanschetten sind bei beiden gleich, die aus künstlichen Blättern und Blüten gebildeten Diademe nahe vergleichbar. Nur das Unterkleid ist bei Elisabeth weiß mit reicher Goldmusterung, bei Regina blau mit wenig Gold.*
Als Hintergrund für diese große Personengruppe hat der Maler die Ansicht der Burgruine Himmelberg von der gleichnamigen Ortschaft aus, des dahinter aufsteigenden Hocheggs und der anschließenden Höhe 1512 gewählt. Der vorspringende niedere Gupf mit der Ruine, der Verlauf des Waldes und der Lichtungen daran, der dahinter herabziehende Waldgraben, die durch waagerechte Gebüschgruppen getrennten landwirtschaftlichen Flächen weiter westlich und die Bewaldung des Hocheggs sind unmittelbar mit den heutigen Verhältnissen vergleichbar; nur die Höhe 1512 war damals noch nicht so bewaldet wie heute. Der Bergfried und das östlich anschließende niedrigere Gebäude sind auch bei Valvasor 1681 abgebildet, nur in noch ruinöserem Zustand, so, wie beide Bauten heute im Wald stehen.
Nachdem Christoph Khevenhüller das Amt und Landgericht Himmelberg von den Herren von Keutschach abgelöst hatte, verkaufte es ihm König Ferdinand am 1. Jänner 1551[c] *um 6000 Gulden mit Rücklösungsrecht. Von einer von Erzherzog Karl aufgestellten Kommission wurde 1570*[c] *erhoben, daß das Amt Himmelberg seit Menschengedenken keine Residenz, sondern nur ein altes ödes Schloß besitze, in welchem seit vielen Jahren niemand gewohnt habe*[c]*. Am 18. März 1571*[w] *teilte Erzherzog Karl dem Vizedomamtsverwalter in Kärnten mit, daß er an Landeshauptmann Freiherrn Georg Khevenhüller u. a. das Amt Himmelberg veräußert habe. Am 18. April 1571*[w] *quittieren dann Hans und Barthelmä Khevenhüller, auch für ihren Bruder Moritz Christoph, über die Rückzahlung obiger 6000 Gulden vom Jahre 1551 seitens Georg Khevenhüllers, und am 25. April 1571*[w] *gibt schließlich letzterer das Amt Himmelberg an Hans V. Khevenhüller gegen eine nichtgenannte Summe Geldes ins Eigentum. Von ihm erwirbt es am 24. April 1593*[l] *Barthelmä bereits unter der Bezeichnung Herrschaft Biberstein samt den Anteilen seiner Brüder Hans und Moritz Christoph am Schlosse Biberstein in Himmelberg, mit dem Erzherzog Karl sie nach dem von ihnen am 31. Dezember 1565*[l] *getätigten Erwerb am 8. April 1570*[w] *belehnt hatte, wobei Hans V. 60.000 Gulden erhält*[c]*. Barthelmä vererbt es seinem Sohn Hans VI. und dieser gibt die Herrschaft Biberstein, wie es nun einfach heißt, am 17. September 1629*[l] *käuflich an Freiherrn Veit von Khünigl; 1640*[e] *aber wird sie, nachdem Khünigl nicht gezahlt hatte, als protestantischer Besitz — Hans VI. war zu König Gustav Adolf von Schweden übergegangen — vom Fiskus eingezogen und 1662*[e] *von Kaiser Leopold an Gräfin Katharina von Lodron verkauft.*

Tafel 30

Kinder des Grafen Barthelmä Khevenhüller von Frankenburg aus seiner dritten Ehe mit Regina geborene von Thannhausen Von links nach rechts: Hans VI. (1597-1632), Bernhard II. (1599-1617), Amalie (1602-1608), Jakob (3. 6. - 26. 9. 1600), Christian und Christoph (11. 5. 1607 geboren und gestorben) Im Hintergrund das Floßofenwerk Eisentratten samt Verweshaus und Kohlbarren des Eisenhammers im Jahre 1612

Dieses Bild ist geeignet zu zeigen, daß die doppelseitigen Tafeln zur Khevenhüller-Chronik keineswegs alle aus dem Jahre 1625 stammen, sondern zu unterschiedlichen Zeiten entstanden sind. Das vorliegende Bild ist kaum später als 1612 gemalt worden, denn Hans VI. *Khevenhüller, der als erster darauf abgebildet ist und am 30. Mai 1597 zu Klagenfurt das Licht der Welt erblickte, ist auf unserem Bild etwa 15 Jahre alt.* Bernhard II., *geboren zu Villach am 28. Juni 1599, ungefähr dreizehnjährig. Das Gewand der beiden Söhne ist eng vergleichbar: ein in sich gemusterter schwarzer Samtrock mit Schulterstegen und langen Ärmeln sowie Hosen aus demselben Stoff, schwarze Strümpfe und Lederhalbschuhe mit Laschen, der Stehkragen und die Manschetten aus Klöppelspitze, der Degen mit barockem Griff zur Linken und der Dolch zur Rechten an goldenem Gehänge. Als Brustschmuck tragen beide feine Perlenanhänger.*
Amalie, *geboren am 6. Mai 1602 zu Villach und gestorben zu Frankenburg am 17. Juli 1608, trägt ein offenes schwarzes Seidentaftoberkleid und ein blaues bis zum geraden Halsausschnitt reichendes Unterkleid aus demselben Stoff. Das weiße Hemd ziert im Halsausschnitt die Darstellung einer rotblühenden Blume; Spitzenmanschetten, hochgestellter Spitzenhalskragen, Spitzentaschentuch in der Linken und die lange goldene Halskette sowie das aus künstlichen Blättern und Blüten gebildete Diadem sind typisch für die Zeit.*
Die übrigen Kinder Barthelmä Khevenhüllers und seiner dritten Frau Regina geb. von Thannhausen waren nicht recht lebensfähig. Der am 3. Juni 1600 in Velden geborene Jakob *starb schon am 26. September. Der Maler hat ihn etwas älter gemacht, ihm ein Oberkleidchen aus gelbgemusterter rosa Seide über das weiße Hemdchen angezogen und weder die aus Rüschen gebildete Halskrause noch die Rüschenmanschetten fehlen lassen, auch ihm einen Apfel in die Hand gegeben, um die Darstellung zu beleben.* Christian *und* Christoph, *die 13 Wochen zu früh am 11. Mai 1607 zur Welt kamen und am selben Tag wieder starben, sehen allzu herzig aus in ihren weißen Hemdchen mit Rüschenhalskrause und ebensolchen Manschetten, an ein purpurrotes Kissen gelehnt auf ihrem fahrbaren Kinderstühlchen; sitzen und einander umarmen konnten sie wirklich noch nicht; die Chronik meldet nur, daß sie in einem gemeinsamen Sarg am 12. Mai in der Khevenhüller-Kapelle der Villacher St. Jakobskirche beigesetzt wurden. Aber der Maler hat sie wenigstens schicklich zur Abbildung gebracht, und damit wurde dem Grafen Barthelmä Khevenhüller und seiner großen Familie das Denkmal würdig vollendet, das ihm sein Sohn Franz Christoph setzte.*
Im übrigen wird auf diesem letzten Bild durch den Landschaftsmaler II der Blick wieder auf das Eisenwesen in der Krems gerichtet und auf die Rolle, die Barthelmä Khevenhüller hier spielte. Den Floßofen mit dem sich nach oben verjüngenden Gichtaufsatz (Rauchgewölbe), wie er in weiten Teilen Mitteleuropas vom 16. bis gegen das 19. Jahrhundert verbreitet war, zeigt in seiner ältesten alpenländischen Form die farbige Abbildung des 1566 von Jakob Türk in Eisentratten bei Gmünd erbauten „deutschen" Floßofens auf Tafel 30 der Khevenhüller-Chronik; sie ist die früheste Darstellung des kontinuierlichen Eisenverhüttungsbetriebs in Innerösterreich. Die Lokalisierung ist durch das bis heute in der alten Gestalt erhaltene Verweshaus mit seiner Sonnenuhr im 1. Stock ganz links, aber auch durch die Gruppierung der übrigen Gebäude, die bis jetzt unveränderte Form des Baumgartens hinter dem Verweshaus sowie die gesamte Bodengestalt und Bewachsung der hinter dem Hüttenwerk aufsteigenden Hänge des Heitzelbergs mit den zerstreuten Anwesen der Ortschaft Lientsch unzweifelhaft gegeben.
Das Innerkremser Eisenerz wurde in Eisentratten verhüttet. Wie das geschah, zeigt unser Bild. Im ersten Stockwerk des Ofengebäudes, das von außen durch eine Rampe zugänglich ist, wird der Ofen gerade von einem Arbeiter mit Erz begichtet, das er einer vor ihm stehenden, inzwischen leer gewordenen Butte entnommen hat. Weiter rechts steht ein Schubkarren mit Holzkohle, die abwechselnd mit dem Eisenerz zur Begichtung kommt. Im Rauchabzug des Ofens befindet sich hier vorn ein Fenster, durch das die Vorgänge im Ofenschacht beobachtet werden können. Zu ebener Erde, in dem von vorn besonders gut einsehbaren breiten Formgewölbe des außergewöhnlich weiten Ofenstockes, dem sogenannten Arbeitsgewölbe, ist ein Arbeiter eben dabei, mit einer Eisenstange, dem sogenannten Wentscher, das flüssige Eisen abzustechen, um eine Floße in das vor dem Ofen im Sandboden eingetiefte Floßenbett abzulassen. Der andere Arbeiter kühlt zur selben Zeit die etwas abgebogene Spitze einer anderen Eisenstange, des Sinterspießes, mit dem er zuvor den Ofeninhalt geprüft und Schlacke (Sinter) abgelassen hatte, wobei die Spitze glühend geworden war, in einem rechts vor dem Ofen stehenden Wasserbottich ab. Ein weiterer Arbeiter ist gerade dabei, mit einem Schubkarren eine Floße links vom Ofengebäude zu lagern. Dort liegen schon vier weitere Floßen in gehörigen

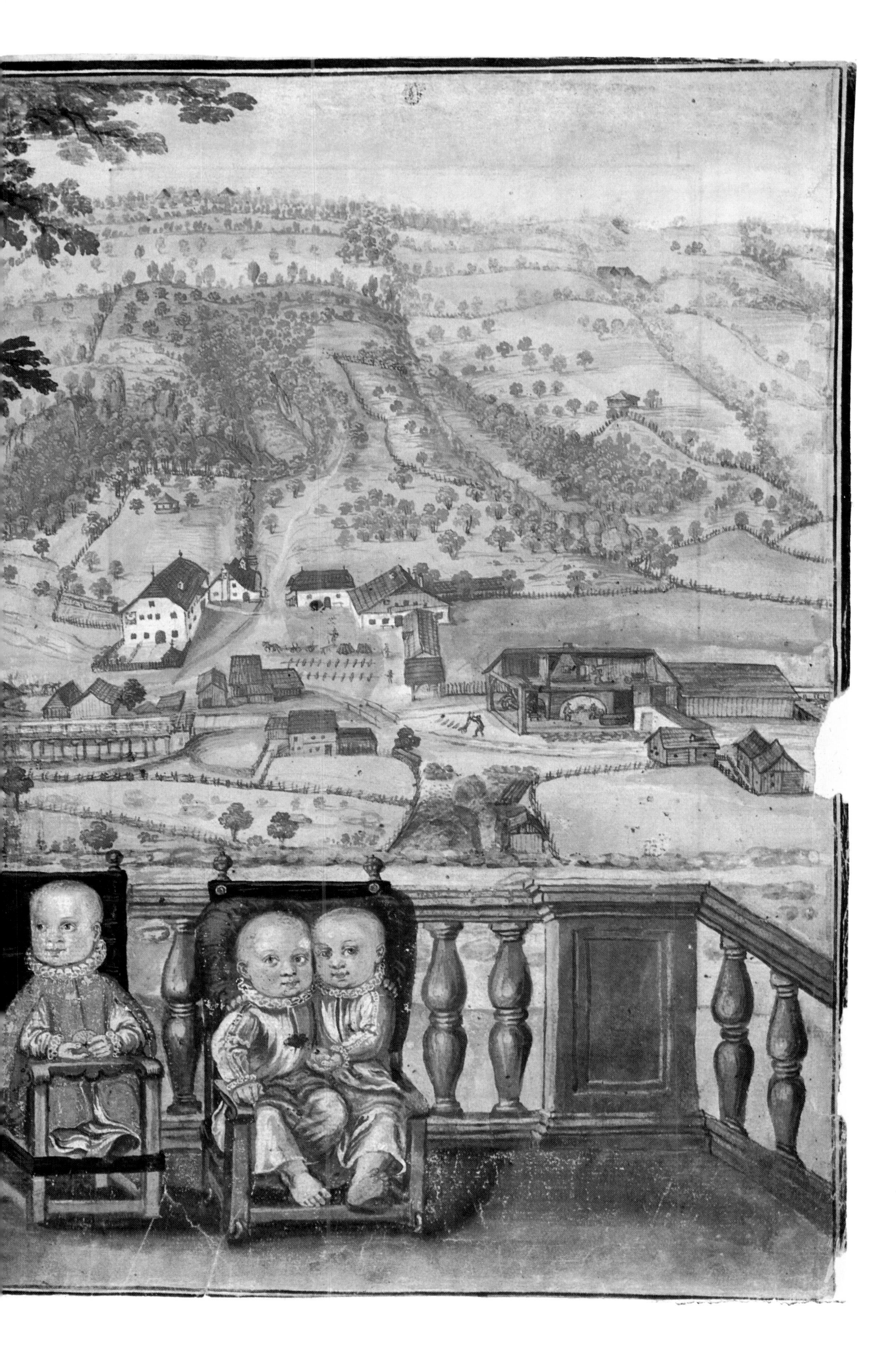

Abständen, um abzukühlen; sieben solche von durchschnittlich 224 kg Gewicht bildeten 1652 die Tageserzeugung von Eisentratten. Franz Anton von Marcher weist 1808 darauf hin, daß in Kärnten alle ein bis zwei Stunden abgestochen wurde.
Die Floßen wurden dann, wie man sieht, über eine Brücke, die das Gerinne überquerte, in den Hof des Verweshauses gebracht und dort zunächst in Reihen unter Beobachtung des nötigen Abstandes zwischen den einzelnen Stücken auf Schienen abgelegt, damit man sie drehen und auf allen Seiten blank machen konnte. In der Folge wurden sie aufrecht zu Pyramiden zusammengestellt und dann über ein Gestell, das eine schiefe Ebene bildet, auf einen Pferdewagen gehoben, der ihrem Weitertransport diente. Die Floßen wurden teils in dem Hammerwerk zu Eisentratten, dessen großer Kohlbarren und langes Gerinne noch auf unserem Bild zu sehen sind, teils zu Kreuzen (Tafel 26) und Feistritz a. d. Drau (Tafel 27) verarbeitet, wohin sie die Fuhrwerke brachten, da die Khevenhüller dort Blechhämmer betrieben, ebenso zu dem Pfannhammer in Spittal (Tafel 35), wo man Bratpfannen herstellte.

Jakob Türks Witwe Lukretia und Sohn Joel hatten am 29. 6. 1596[c] *neben den Eisenbergwerken in der Innerkrems und dem Floßofen zu Kremsbrücke auch den zu Eisentratten samt Hammerwerk an Barthelmä Khevenhüllers Bruder Moritz Christoph verkauft; nach dessen frühem Tod (+ 7. 8. 1596*[f]*) hatte sie Barthelmä zur Deckung der hinterlassenen Schulden 1599 von dessen Sohn Augustin übernehmen müssen*[c]*.*
Da Freiherr Hans VI. Khevenhüller, der die durch seinen Vater Barthelmä 1599 erworbenen Eisenwerke nach dessen Tod 1613 erbte, wegen seines evangelischen Glaubens auswandern mußte, war er gezwungen, seine Bergwerke, Hütten- und Hammerwerke in Oberkärnten an den venezianischen Kaufmann Johann Widmann zu veräußern, was mit Kaufbrief vom 17. Mai 1629 und Aufsandungsurkunde vom 8. September 1629 geschah[c]*. Am 24. Februar 1651 verkaufte dann Martin Widmann, Graf zu Ortenburg, die Eisenwerke in der Krems, zu Eisentratten und im Radlgraben an Gräfin Katharina von Lodron zu Gmünd.*

Tafel 31

Links: Franz Christoph Khevenhüller Graf von Frankenburg (1588-1650) im Jahre 1624
Im Hintergrund Schloß Frein samt Meierhof und Ziergarten.
Zwischen der Gestalt des Grafen und dem Schlosse Frein am Horizont die Ruinen der Burg Frankenburg auf dem Hofberg, zwischen Schloß und Meierhof in größerer Entfernung Hoftafern und Schloß Frankenburg
Rechts: Franz Christophs erste Gemahlin Barbara geb. Teufel, verheiratet 1613, gestorben 1635
Im Hintergrund Schloß Weyregg mit barocken Wasserkünsten; links kleiner Blick auf den Attersee

Franz Christoph Khevenhüller hat zwar noch zu Vaters Zeiten, auf Tafel 29 durch Gewand und Mittelpunktstellung hervorgehoben, unter den Kindern Barthelmäs mit seiner zweiten Gattin Blanka Ludmilla entsprechende Würdigung erfahren, aber was aus seiner Zeit noch da ist, die beiden Gemälde mit seiner ersten bzw. zweiten Gattin sowie das Porträt der Kinder erster Ehe, verhält sich zum Ruhm, den die Porträts Barthelmäs und seiner Kinder ausstrahlen, ein wenig epigonenhaft.

Dabei war Franz Christoph, anders als sein Vater, Liebhaber äußeren Prunkes, auch nicht ein Haushalter, der seinen Besitz zu mehren bemüht war, sondern Höfling, als solcher allerdings sehr erfolgreich. Am 21. Februar 1588 zu Klagenfurt geboren, war er zunächst ein schwächliches Kind, entwickelte sich aber bemerkenswerterweise unter der Obhut seiner Stiefmutter Regina, die sein Vater am 4. Februar 1596 heiratete, zusehends und diente schon mit acht Jahren in Graz als Edelknabe bei einer Maskerade am Hofe Erzherzog Ferdinands. Vom 24. 4. 1599 bis 20.5. 1604 hatte er Tobias Esellius alias Eusebius zum Privatlehrer[c], der auf die Beschäftigung Franz Christophs mit Geschichte sicherlich nachhaltigen Einfluß nahm, verfaßte er doch selbst „Fragmenta vom khevenhillerischen Geschlecht“.[f] 1604 schickten dann die Eltern den Sohn zu weiterem Studium und Erlernung der Sprachen zunächst nach Italien, wo er ein Jahr in Padua studierte, 15 Monate in Florenz, hier Fortifikationswissenschaft und ritterliche Übungen. Der weitere Italienaufenthalt führte ihn dann nach Rom und Neapel, und darauf lernte er nach einem halbjährigen Heimatbesuch 1607 auf einer großen Reise Frankreich, England und Holland kennen. Doch im Mai 1609 diente er schon bei der Huldigung des Erzherzogs Matthias in Linz als Truchseß, und als dieser dann König von Ungarn geworden war, noch im gleichen Jahre als Vorschneider, blieb auch 1610 am Hofe und zeichnete sich durch seine Reitkunst aus. Den Erzherzog Ferdinand, der entscheidend für seine weitere Laufbahn werden sollte, lernte er Anfang Juli 1610 kennen, als er ihn zur Beilegung des Bruderzwistes zwischen Kaiser Rudolf und König Matthias nach Prag begleitete. Der Vater befahl ihn dann nach Hause, wo er in dessen Herrschaften die Stiftgelder einheben und so deren Verwaltung kennenlernen sollte. Am 8. November 1610 übertrug ihm der Vater aus Altersgründen die Fortführung der Khevenhüller-Geschichtsschreibung ab Anfang 1611, nachdem er dieselbe und vorher sein Bruder Hans V. und andere Vorfahren getreulich besorgt hatten, allerdings nur in Tagebuchform. Da Franz Christoph schon seit 1604 Tagebuch führte, war ihm diese Aufgabe nicht schwer, und da er gelernt hatte, auch die Geschichte des Reiches und Europas aus habsburgischer Sicht in den Blickpunkt seiner Aufzeichnungen zu nehmen, verfaßte er in Gestalt einer Weltgeschichte, deren lateinische Fassung auch „Historia Universalis“ heißt, die Annalen seines Herrn Kaiser Ferdinands II., („Annales Ferdinandei“) sowie die erste wirkliche Geschichte seines eigenen Geschlechtes, die „Khevenhüller-Historie“, aus der sein Mitarbeiter Georg Moshamer in Gestalt der sogenannten „Khevenhüller-Chronik“, der unsere Bilder entstammen, einen Auszug machte.

Am 1. Februar 1611 ernannte König Matthias den Grafen Franz Christoph Khevenhüller zum Silberkämmerer und hatte ihn nun wieder in seinem Gefolge, so bei der Krönung zum König von Böhmen am 23. Mai 1611, bei seiner Vermählung mit Anna, der Tochter Ferdinands von Tirol, am 4. Dezember 1611, bei der Bestattung des am 20. Jänner 1612 verstorbenen Kaisers Rudolf am 6. Februar sowie bei der Kaiserkrönung in Frankfurt am 13. Juni 1612. Selbst die Vorbereitung der Trauung Franz Christophs mit Barbara Teufel, einer Angehörigen des oberösterreichischen Adels, die ihm ihr Vater zwar mehrfach als Gemahlin zugesagt, aber in unzuträglichem Maße immer wieder so lange gezögert hatte, bis Franz Christoph sich ihrer am 6. Mai 1613 mit Gewalt bemächtigte und sie noch am selben Tag ehelichte, fand zwischen dem Preßburger Landtag vom 8. März 1613 und Franz Christophs Abreise am 20. Juni zu des Kaisers erstem Reichstag in Regensburg nur knapp Zeit. Dort erfuhr er am 23. August von dem am 16. erfolgten Tode seines Vaters, laut dessen Testament ihm die oberösterreichischen Güter Frankenburg, Kammer und Kogl zufielen, wo er im Jänner 1614 die Erbhuldigung der Untertanen einnahm.

Am 10. August 1614 erhielt Franz Christoph den Kammer-

herrnschlüssel und machte im September samt Gemahlin und Gesinde eine Wallfahrt nach Altötting, wodurch er seinen katholischen Glauben bekundete, während sein Vater und seine Brüder evangelisch waren. Diese Wendung des sicher evangelisch erzogenen Franz Christoph muß durch seinen Hofdienst zustande gekommen sein. 1616 wurde er zum außerordentlichen Gesandten des Kaisers am Hofe König Philipps III. von Spanien ernannt und traf am 23. April 1617 in Madrid ein. Vorher hatte er noch im November 1615 die Herrschaft Sommeregg seinem Bruder Paul vertauscht und im Juli 1616 zur Abstattung seiner hohen, namentlich durch den Hofdienst entstandenen Schulden 100.000 Gulden auf die Herrschaften Frankenburg und Kogl aufgenommen. Wenn auch seine Gemahlin in seinem Namen 1617 Weyregg erwerben konnte, so mußte er doch 1618 die Herrschaften Frankenburg, Kogl und Weyregg seinem Frankenburger Pfleger Abraham Grienbacher, den er gleichzeitig zum Oberpfleger seiner Besitzungen einsetzte, um jährlich 11.000 Gulden verpfänden; er verkaufte im selben Jahr seinem Bruder Paul, der ihn vom 16. September bis 20. Oktober in Madrid besuchte, die Ämter Timenitz und Lassendorf und bestimmte ehemalige Untertanen des Stiftes Viktring sowie das vom Vater 1572 erworbene Haus in Klagenfurt samt dem Meierhof ob der Stadt[f], die er 1615 von Paul gegen die Herrschaft Sommeregg in Tausch genommen hatte, um 21.000 Gulden.[f]

Man muß sich dazu vergegenwärtigen, daß der kaiserliche Botschafter in Madrid infolge der schweren Ereignisse am Beginn des 30jährigen Krieges, der 1618 in Böhmen seinen Ausgang nahm, von seiner Besoldung angesichts der mißlichen Finanzlage in Wien nur einen kleinen Bruchteil bekam und persönliche Kleinodien veräußern mußte, um durchzukommen. Dabei hatte er seit 26. Mai 1618 auch seine Gemahlin und die Familie bei sich in Madrid. Vom 1. Februar 1617 bis 30. April 1619 belief sich das Guthaben des Gesandten gegenüber dem Kaiser auf 105.131 Gulden 43 Kreuzer. Es wurden ihm aber nach vielen Urgenzen zunächst nur 30.000 Gulden auf die Herrschaft Steyr angewiesen; dabei war er bereits am 22. September 1617 zum ordentlichen Botschafter in Spanien ernannt worden, was er 14 Jahre bleiben sollte. Sicher, er war dadurch ein hochangesehener Mann, so daß sich über ihn die Obersthofmeister des Kaisers und der Kaiserin, der Oberstkämmerer, der Oberstkanzler, der päpstliche Nuntius in Wien und zwei Erzherzoge um den Orden des Goldenen Vlieses, um Präbenden und Pensionen bei den spanischen Königen Philipp III. und IV. bewarben.

Seine Hauptaufgabe wurde es, König Philipp III. zu einer stärkeren Unterstützung des Königs und seit 28. August 1619 Kaisers Ferdinand II. zu bewegen, welcher der spanischen Hilfe nach Ausbruch der Wirren des 30jährigen Krieges bedurfte. Dabei mußte er dem König für Lässigkeit in der Unterstützung der katholischen Sache die Schrecken des Jüngsten Gerichtes vor Augen führen, wodurch es gelang, Philipp III. zum Angriff auf die Rheinpfalz zu bewegen, was Graf Franz Christoph Khevenhüller als die einzige Möglichkeit bezeichnete, Österreich aus feindlicher Umklammerung zu befreien. Als Philipp III. am 31. März 1621 gestorben war und Philipp IV. folgte, ließ dieser dem kaiserlichen Botschafter sagen, er wolle mit ihm alle Zeit familiär traktieren, wie es sein Ahnherr mit dem Botschafter Grafen Hans Khevenhüller getan habe. Das war eine gute Aussicht, und Philipp IV. ließ sich auch bereitfinden, auf Betreiben Khevenhüllers sich am 8. November 1621 als Lehensmann des Kaisers zu bekennen. Inzwischen war Graf Franz Christoph Khevenhüller am 3. Juli 1621 nach Wien abgereist. In Genf durfte er dabei das Haus nicht verlassen, weil er spanisch gekleidet war, was am Sitze des Calvinismus eine Gefahr bedeutete. Bevor er im August 1621 in Wien angelangt war, hatte schon sein Oberpfleger Grienbacher das adelige Gut Frein nahe Frankenburg gekauft, das nach der Flucht Ortolfs von Geimann, der als Landesverräter galt, konfisziert worden war. Doch wurde die Verkaufsurkunde für Franz Christoph während dessen Anwesenheit in Österreich am 20. Oktober 1621 vom Kaiser selbst ausgestellt.

Das 16. Buch von Franz Christophs Khevenhüller-Historie, dem wir diese Mitteilung entnehmen, trägt den Verfassernamen Georg Moshamers, weil der Graf nicht gern als Autor seiner eigenen Lebensgeschichte erscheinen wollte. Doch sind darin seine eigenen Aufzeichnungen in aller Breite verarbeitet, umfaßt es doch die Seiten 2031 bis 4671 von seiner Khevenhüller-Historie, mit deren Abfassung er zu Madrid am 30. 7. 1619 begann und sie Ende 1628 mit Seite 4762 am Ende des 19. Buches abschloß.[f] Auch lateinische und spanische Übersetzungen davon wurden hergestellt. So haben sich das 1., ferner das 12. bis 14.[w] Buch in lateinischer Sprache erhalten, während von dem deutschen Exemplar das 1. bis 13. und der größte Teil des 14. Buches (bis Ende 1592) erhalten sind.[ö] Die 1623 abgefaßte und 1625 vollendete Khevenhüller-Chronik, die Georg Moshamer im Auftrage des Grafen Franz Christoph verfaßte, ist ein auf rund 650 Seiten zusammengestrichener Auszug aus obigen 4762 Seiten von des Grafen Khevenhüller-Historie. In diesen bei dem angegebenen Umfang eher lesbaren Text kamen auch die Farbbilder, die wir veröffentlichen und mit denen Franz Christoph sein Werk zu illustrieren wünschte, wofür er erhebliche Ausgaben machte.

Wie sehr Graf Franz Christoph Khevenhüller sowohl um die Khevenhüller-Historie wie um die Geschichtsschreibung seiner Zeit in Gestalt seiner Annales Ferdinandei bemüht war, geht aus verschiedenen Aufträgen hervor, mit denen er am 23. Jänner 1621 seinen Hofmeister Theodor Hartmann aus der spanischen Hauptstadt nach Wien schickte. Auf der Reise dorthin sollte er sich die 6 Bücher Gesandtschaftsberichte des Grafen Hans Khevenhüller vom Grafen Trivulzio in Mailand aushändigen lassen, wohin sie verschleppt worden waren. In Landskron sollte er bei Pfleger Christoph Schneeweiß und bei Bernhard Moser sich erkundigen, ob etwas an alten Schriften den khevenhüllerischen Stamm betreffend dort vorhanden sei, dieselben abschreiben lassen und mitbringen und „wenn von Frau Kreszenzia und Herrn Barthelmä Khevenhüller die von mir begehrten Schriften nicht zu Handen gebracht würden“, sollte er sich von Moser darüber unterrichten und diese auch abschreiben lassen[f]. In Linz sollte er bei der Witwe von Hieronymus Megiser und dem Astronomen Hans Kepler, welcher dessen Nachlaß in Händen hatte, sich mit einem Gruß nach einem Verzeichnis der Stammbücher und Genealogien

erkundigen, die Megiser hinterlassen hatte. Ebenso sollte er in Wien bei gelehrten Leuten Erkundigungen einziehen, welche Autoren vom letzten ungarischen Kriege, von Erzherzog Maximilians Gefangennahme in Polen und vom Leben der Kaiser Rudolf und Matthias geschrieben haben. So fleißig bemüht war Franz Christoph um die Sammlung von Materialien zu seiner Universalgeschichte bzw. zu den Annales Ferdinandei und zur Khevenhüller-Historie.
Hartmann hatte überdies dem Kaiser eine Bittschrift Khevenhüllers um Erhebung des zu Füßen des Hofberges gelegenen Dorfes Zwiespalen zum Markte unter dem Namen Frankenburg zu überreichen gehabt, und dem entsprach Kaiser Ferdinand II. mit Privileg vom 11. Juni 1621. Auf der Rückreise von Wien nach Madrid wird als einer der Begleiter Georg Moshamer genannt, der am 30. 12. 1621 mit anderen in einer Landkutsche dem Wagen des Grafen Franz Christoph folgte[f]*.*
Mit Herzog Maximilian von Bayern, dem insgeheim die Kurwürde der Pfalz von Kaiser Ferdinand II. übertragen wurde, obwohl dieses Land am Rhein die Spanier erobert hatten, führte Franz Christoph als dem Oberhaupt der katholischen Liga in München wichtige Verhandlungen und nahm ein Schreiben desselben an den spanischen König mit. Eine goldene Kette, an der ein goldener mit Diamanten besetzter Gnadenpfennig hing, verehrte ihm am 24. Jänner 1622 der Graf von Hohenzollern namens des Herzogs von Bayern, dessen Kurfürstenwürde am 23. Februar 1623 offiziell wurde. Nach der Rückkehr in die spanische Hauptstadt Anfang März 1622 überreichte Franz Christoph der aus Deutschland stammenden Gräfin von Barajas ein diamantenbesetztes Halsband und Ohrgehänge für ihre Tochter Margaretha namens des Kaisers. „Der König ist während meiner 8monatigen Abwesenheit sehr gewachsen und männlicher geworden", stellt Graf Franz Christoph Khevenhüller hinsichtlich Philipps IV. fest. Diese Aussage in der ersten Person zeugt von der Urheberschaft des Grafen Franz Christoph an dem Text, dem wir folgen und für den er Georg Moshamer als Autor nur hatte zeichnen lassen, weil er vor der Öffentlichkeit nicht als Verfasser seiner eigenen Historie erscheinen wollte. Der Graf mußte gleich nach seiner Rückkunft nach Madrid dafür Sorge tragen, daß der König nicht weiter darüber zürne, daß Kaiser Ferdinand ohne Vorwissen des spanischen Hofes die Tochter Eleonore des Herzogs von Mantua zur Gemahlin genommen hatte. Bis gegen 1624 reichen die Eintragungen im 16. Buch der Khevenhüller-Historie, in der es zum Jahre 1611 heißt, daß die Mitteilungen darüber 1624 geschrieben wurden. Der Moshamersche Extrakt aus des Grafen Franz Christoph Khevenhüller-Historie reicht in Gestalt der Khevenhüller-Chronik gar nur bis in das im Text gelegentlich als gegenwärtig bezeichnete Jahr 1623 und wurde in einigen Exemplaren von späteren Autoren weitergeführt. Aus einer solchen Fortsetzung[w] *entnehmen wir für unser Bild, daß Graf Franz Christoph Khevenhüller am 8. 12. 1623 in Madrid vom Grafen Olivárez zum Ritter geschlagen wurde und dann von König Philipp von Spanien den Orden des Goldenen Vlieses verliehen bekam, den ihm der Monarch selbst umhängte. Wir unterbrechen aber hier die Darstellung der Geschichte dieses Grafen, zumal Tafel 31 aus dem Jahre 1624 stammt, und werden die weiteren Ereignisse seines Lebens bei Tafel 33 zusammenfassen. Wir konnten oben einige auf Schmuck und Kleidung bezügliche Passagen wiedergeben, um so anhand zeitgenössischer Quellen zu belegen, was wir auf den Bildern zur Khevenhüller-Chronik vielfach besprechen müssen.*
Allerdings trägt Graf Franz Christoph auf Tafel 31 nicht die ihm vom bayrischen Kurfürsten Maximilian gestiftete Goldkette mit dem diamantenbesetzten Gnadenpfennig, wie wir sie oben beschrieben, sondern an goldener Kette den ihm vom spanischen König am 8. 12. 1623 verliehenen Orden des Goldenen Vlieses. Auch der goldene Kammerherrnschlüssel, den er seit 1614 besitzt, ist ein Zeichen seiner Würde. Beide zieren fein die schwarze spanische Hoftracht des Grafen, deren Rock durch goldene Knöpfe zusammengehalten wird. Zwar wird die Schwärze durch reiche Paspolierung und die Anbringung goldener strich- und punktförmiger Muster auf dem Rock, der weiten Pumphose und dem Seidenfutter des Umhangs aufgeheitert. Daß der Kopf Franz Christophs beinahe neckisch auf der weißen Mühlsteinhalskrause sitzt, geht auf die Eigenheit des oberösterreichischen Figurenmalers zurück. In der Linken hält der Graf einen kleinen spanischen Hut mit Goldschmuckband und Federstoß, in der Rechten ein Paar braune Lederhandschuhe. Die Manschetten passen zur Halskrause. Schwarze Strümpfe und ebensolche Lederhalbschuhe mit rosettenförmigen Schließenverzierungen vervollständigen die höfische Kleidung. Das goldene Degengefäß ist barock geschwungen. Ein brauner Hund sitzt rechts vom Grafen zur Abrundung des Bildes, welches das 1621 erworbene Schloß Frein ungefähr in seiner heutigen Gestalt zeigt, die es kurz vor der Erwerbung durch den Grafen unter Ortolf von Geimann erhalten hatte. Es ist vom heutigen Mausoleum aus gesehen. Vom Vorgarten besteht nur noch ein Teil; Wirtschaftsgebäude und Wirtschaftshof liegen nicht mehr am hier angegebenen Platz, sondern die landwirtschaftlichen Gebäude erheben sich heute im Bereiche des barocken Ziergartens unseres Bildes. Von dem Renaissanceschloß Frankenburg mit den vier Ecktürmchen, das man links vom Freiner Hofgebäude auf Tafel 31 im Hintergrund sieht, ist heute nichts mehr sichtbar, aber die im Herbst 1621 von Franz Christoph laut Urkunde vom 20. 3. 1622[ö] *erbaute viergiebelige Hoftafern existiert noch in Gestalt des Gasthauses zur Post, das jetzt nur noch zwei Giebel nebeneinander zieren, an dessen mittlerem Schornstein aber aus einem früheren Giebelgesims die ursprüngliche Viergiebeligkeit noch mit Sicherheit erschlossen werden kann. In der Topographie von Oberösterreich von Georg Matthaeus Vischer aus dem Jahre 1674 sind beide Gebäude gut zu sehen. Von den Ruinen der Burg Frankenburg auf dem Hofberge links hinter dem Schloß Frein, in denen auf Tafel 31 der Bergfried, der Mauerring und der Palas sichtbar sind, ist heute kein Stein mehr an der Oberfläche, sondern es sind nur noch die Erdwerke erhalten.*
Ein kostbares Pendant zur schwarzen spanischen Hoftracht des Grafen Franz Christoph Khevenhüller bildet das ebenfalls stark spanisch beeinflußte rote Seidenbrokatkleid seiner ersten Gattin Barbara mit dem großen Reifrock und der schmalen Taille, einem offensichtlich gegenüber der Wirklichkeit überbetonten Gegensatz. Zu dem goldenen Granatapfelmuster paßt

die reiche Verzierung mit Goldtressen und -säumen. Aus den halblangen Oberkleidärmeln, die in hängende Scheinärmel übergehen, treten die Ärmel des weißen, goldgestickten Seidenunterkleides hervor. Die Spitzenhalskrause und die Spitzenmanschetten entsprechen der Mode um 1620. Die goldene Halskette endet in einer reich mit Edelsteinen besetzten Brosche. Das ganz kleine weiße Schoßhündchen ist eine barocke Gepflogenheit.

Vom Schloß Weyregg, das mit Recht auf das Bild der Gräfin gesetzt wurde, weil sie es ja 1617 nach dem Tode des Pflegers Siegmund Widerroiter, der es für sich erbaut hatte, erworben hat, ist keine Spur mehr vorhanden. Die Abbildung bei Georg Matthaeus Vischer ist irreführend; denn das Schloß lag nicht im nördlichen Teil der in den Attersee vorspringenden Halbinsel von Weyregg, sondern im südlichen, genau wie unser Bild dies zeigt, das ungefähr von der Bundesstraße aus gesehen ist, bis zu deren Höhe die Ziergärten und Wasserkünste gereicht haben müssen, die der Maler in aller Pracht wiedergegeben hat. Der Attersee erstreckte sich südlich und westlich des Geländes, auf dem Schloß Weyregg lag, dessen Hauptgebäude westlich des sogenannten Freisitzes Haus Nummer 31 zu Weyregg (heute Gemischtwarengeschäft Pachler) zu suchen ist. Bewiesen wird dies nicht nur durch unser Bild, sondern auch durch ein Gemälde aus dem Jahre 1622, welches das Schloß an dem von uns näher beschriebenen Platze vom See her erkennen läßt. Leider ist dieses von J. L. Atergovius (Pseudonym für Pfarrer Lohninger) in seinem 1913 erschienenen Buche „Die Pfarrkirche St. Georgen im Attergau" abgebildete Gemälde trotz vielfacher Bemühungen nicht mehr zu finden.

53: Franz Christoph mit Infantin Maria Anna von Spanien in Saragossa auf der Reise nach Wien zu ihrem Bräutigam König Ferdinand III., Jänner 1630 (s. S. 155)

Tafel 32

Kinder des Grafen Franz Christoph Khevenhüller von Frankenburg und seiner ersten Gemahlin Barbara geb. Teufel im Jahre 1622: Hans Barthelmä (1615-1617), Margaretha Franziska Philippa (1619-1624), Matthias (1614-1636), Judith Bianca (1617-1622), Maria (richtig: Barbara) Elisabeth (1621: 3 Tage), Ignaz Im Hintergrund: Idealisierter Blick von der Koglhöhe auf das Bergschloß Kogl, den Markt St. Georgen im Attergau und Umgebung sowie in der Ferne Schloß Wildenhag und das Höllengebirge

Die Kinder des Grafen Franz Christoph Khevenhüller von Frankenburg und seiner ersten Gemahlin Barbara geb. Teufel sind nach demselben Verfahren wie bei Barthelmä Khevenhüller auf einem Bild versammelt. Es wurde im Jahre 1622 geschaffen, weil die 1623 geborene Maria Anna nicht mehr darauf abgebildet ist. Wenn wir links beginnen, so sehen wir den kleinen Hans Barthelmä *mit einem Vogel in der Linken und einem Schnuller in der Rechten in seinem fast bodenlangen, mit Spitzenkragen versehenen weißen Leinenhemdchen auf einem Stühlchen sitzen, ein Kranzl aus roten und weißen Korallen auf dem Kopfe. Sein Vater berichtet, daß der am 12. Oktober 1615 im Schlosse Kammer am Attersee geborene Knabe immer kränklich blieb, da eine Amme ihn vernachlässigt hatte, und am 20. April 1617 in Wien starb.*
Margaretha Franziska Philippa, *die als nächste auf unserem Bilde folgt, kam am 3. Oktober 1619 in Madrid zur Welt, wo sie Graf und Gräfin Salazar aus der Taufe hoben; sie starb aber im Kindesalter am 22. September 1624[c]. Auf unserem Bild trägt sie ein steifes blaues, vorn geöffnetes Seidenbrokatkleid, das zum Blondhaar mit Blätterdiadem und den blauen Augen wunderbar paßt. Das hochgeschlossene weiße Seidenunterkleid trägt Kragen und Manschetten aus Klöppelspitze. Eine dreifach geflochtene Goldkette schmückt den Hals. Ein Paar rote Rosen hält das Mädchen zierlich in der Rechten.*
Auf das Khevenhüllerwappen stützt sich der älteste Sohn Matthias, *geboren am 28. April 1614 zu Linz und namens des Kaisers Matthias und der Kaiserin durch Obersthofmeister Grafen Friedrich von Fürstenberg und Frau von Kolowrat aus der Taufe gehoben. Matthias studierte in Spanien, war dann Kaiser Ferdinands II. Mundschenk, kam sehr jung zur Armee und war bei vielen bedeutenden Schlachten des 30jährigen Krieges dabei. Am 22. Juli 1636 starb er an einer Verwundung, die er bei einem Gefecht zwischen Franzosen und Spaniern bei Vaferola im Herzogtum Mailand erhalten hatte. Er ist als Achtjähriger nach spanischer Hoftracht gekleidet, trägt einen reich mit Goldtressen besetzten schwarzen Rock aus Samt, bauschige Kniehosen aus demselben Material, schwarze Strümpfe und ebensolche Lederhalbschuhe mit Rosettenzierverschluß. Den Hals rahmt ein hochgestellter Spitzenkragen, während an den Ärmeln Spitzenmanschetten sitzen. Über die linke Schulter nach vorn führt eine geflochtene Goldkette und wieder unter dem rechten Arm nach hinten. Der schmale schwarze Ledergürtel trägt Goldverzierung. Gewissermaßen als Pendant zu Matthias auf der anderen Seite einer barocken Kartusche in der Mitte des Bildes steht* Judith Bianca, *die am 19. April 1617 in Wien das Licht der Welt erblickt hatte und am 12. September 1622 in Madrid an den Blattern starb. Sie trägt ein mit schwarz-goldenen Borten reichverziertes Seidenbrokatkleid, eine Mühlsteinkrause als Halskragen sowie Rüschenmanschetten, zwei rote Blumen in der Rechten und eine hellblaue Rüschenhaube auf dem Kopf. In einem mit rotem, schwarzgestreiftem Plüsch ausgekleideten Stühlchen sitzt* Barbara Elisabeth *(auf dem Bild fälschlich als Maria Elisabeth bezeichnet) in einem weißen spitzengesäumten Hemdchen mit Spitzenkragen und Manschetten, ein paar rote Rosen sowie ein Spielzeug in Händen und einen Blumen- und Blätterkranz auf dem Kopf. In Wirklichkeit hat dieses arme Kind nie sitzen können, sondern ist schon 3 Tage nach seiner Geburt in Madrid 1621 an den Blattern gestorben. Von dem kleinen* Ignaz, *der auf einem roten Brokatteppich liegt und in ein weißes gefaltetes Leinwandtuch gewickelt ist, meldet keine Chronik.*
Auf der Kartusche in der Mitte des Bildes wurden die weiteren Kinder des Grafen Franz Christoph und seiner Frau Barbara, die nach 1622 zur Welt kamen und daher nicht mehr abgebildet sind, wenigstens der Erwähnung halber 1649 eingetragen, nämlich Maria Anna, geb. in Madrid am 3. März 1623, die Hofdame der Kaiserin Maria Eleonore, Witwe Kaiser Ferdinands II., wurde; Maria Barbara, geboren zu Madrid am 1. Juli 1624, Hofdame der Kaiserin Maria, Gemahlin Kaiser Ferdinands III., dann vermählt mit Grafen Albrecht von Zinzendorf; Ferdinand, geboren 18. Oktober 1629, der 1649 ermordet wurde; Maria Katharina, geboren 1630, die ins Himmelpfortkloster in Wien eintrat; Franz Christoph, geb. 22. September 1634, kaiserlicher Kämmerer und Oberstjägermeister, der das Geschlecht fortpflanzte und am 11. September 1684 starb, nachdem er in erster Ehe mit Polixena Gräfin von Fünfkirchen und in zweiter mit Ernestine Fürstin Montecuculi vermählt gewesen war. Des am 3. September 1625 geborenen Karl, der während seiner Studien in Graz am 14. Dezember 1640 starb, geschieht deshalb keine Erwähnung, weil er 1649 nicht mehr am Leben war.
Der oberösterreichische Landschaftsmaler hat die Landschaft, in der er die Kinder Franz Christophs und seiner ersten Gemahlin Barbara stellte und über denen er den Stammbaum der beiden Ehegatten aufbaute, dem oberösterreichischen Attergau nachgebildet, ohne im geringsten auf eine genaue Wiedergabe der landschaftlichen und baulichen Einzelheiten

Margarita Francisca
Matthias
Hans Bartholme
Matthias. Maria A
Maria Catharina
Siller von Aichelbe
außer deß. Matt

Maria Elisabeth
Ignatius
aria. Barbara. Ferdinand

Bedacht zu nehmen. Der Rundblick ist unterhalb des Höhenpunktes 650 südlich des Schlosses Kogl aufgenommen, von wo der den Schloßfelsen umgebende künstlich aufgeführte Wall auf unserem Bild zu sehen ist. Sonst steht vom Schloß Kogl wie von vielen oberösterreichischen Burgen im allgemeinen kein Stein mehr auf dem anderen. Die Ortschaft über dem rechten Arm des Matthias soll St. Georgen im Attergau sein. Der Turm unter dem Höllengebirge ist offenbar der von Wildenhag.

Schloß Kogl war samt der Herrschaft seit 1572[1] *vom Kaiser an Freiherrn Hans V. Khevenhüller verpfändet, von dem es 1606 Graf Barthelmä und 1613 Graf Franz Christoph erbten. 1810 verkauften es die Grafen Anton und Josef Khevenhüller an Dr. Pausinger, nachdem in der 2. Hälfte des 18. Jahrhunderts das neue barocke Schloß in der Ortschaft Kogl gebaut worden war. Während des oberösterreichischen Bauernaufstandes bemächtigte sich Hans Ortolf Geimann, der letzte Besitzer von Frein vor dem Grafen Franz Christoph, des Schlosses Kogl.*

Tafel 33

Graf Franz Christoph Khevenhüller von Frankenburg (1588-1650) und seine zweite Gemahlin Susanna Eleonore geb. Gräfin von Kolonitsch (verheiratet 1636) gegen 1650

Das jüngste Bild der Khevenhüller-Chronik wurde später gemalt, als Graf Franz Christoph Khevenhüller auf den Seiten 677-680 der Chronik den Nachtrag über den Tod seiner ersten Gemahlin und seines Sohnes Franz Christoph, der 14 Tage nach seiner Geburt starb, angebracht und dem hinzugefügt hatte, wie sowohl der kaiserliche Hof als auch die Stadt Wien ihm zugeredet hatten, sich wieder zu verehelichen. Er schildert dann seine Hochzeit im Jahre 1636 mit Susanna Eleonore Gräfin Kolonitsch und berichtet von dem ersten und einzigen Kind aus dieser Ehe, der Tochter Maria Franziska, die 1637 zur Welt kam und später den Grafen Johann Peter von Ranzau ehelichte.
Der Umstand dieser persönlichen Weiterführung der Khevenhüller-Chronik in der Ichform durch ihren Auftraggeber Franz Christoph ist ein Hinweis auf das enge Zusammenwirken des Grafen mit seinem Mitarbeiter Georg Moshamer auch bei der Chronik. Die geschlossene Gestalt des Kragens bei Franz Christoph und Susanna Eleonore läßt uns annehmen, daß gegen 1650 Tafel 33 gemalt wurde.
Sie ist ganz von barockem Pathos getragen und zeigt nichts Landschaftliches. Säulen und schwungvolle Draperien um einen heroischen Ausblick in den Himmel bilden den Hintergrund der Personen, die durch Haltung und Gewandung mehr scheinen wollen, als sie sind. Der wie immer in die dunkle spanische Hoftracht gekleidete Graf Franz Christoph trägt ein graues Wams mit geschlitzten Ärmeln, graue Kniebänder, weißen Spitzenkragen und Spitzenmanschetten. Links hängt ein Bügeldegen. Franz Christoph stellt sich mit Ornat und Kette des Ordens vom Goldenen Vlies dar.
In eine lange Schleppe verläuft das kostbare weißgrundige Goldbrokatseidenkleid mit Granatapfelmuster, das Susanna Eleonore trägt. Obwohl sie eine viel gesetztere Dame war als Barbara, ist der Gegensatz zwischen einer schmalen Taille und dem Riesenumfang des am Boden schleifenden Rockes stark und prächtig herausgearbeitet. Die Ärmel des weißen Leinenhemdes bauschen sich mit ihren gelappten Spitzenmanschetten an den zierlichen Armen. Der Oberteil, der einen großen runden Halsausschnitt frei läßt, ist durch einen großen Spitzenkragen abgeschlossen. Das durch die gekräuselten hellbraunen Locken gerahmte große Dekolleté erhält durch eine Halskette mit anhängendem Kleinod seinen Schmuck. Eine Art Diadem sitzt lediglich auf dem hintersten Teil des zarten Kopfes. Von den mit weiten Armbändern verzierten Händen streckt die rechte dem Gatten einen grünen Myrtenkranz entgegen, während die linke ein gezipfeltes Taschentuch hält.
Die Tätigkeit des Grafen Franz Christoph Khevenhüller für den Kaiser in Madrid bestand seit 1624 in besonderem Maße in der Werbung der Infantin Maria für Kaiser Ferdinands gleichnamigen Sohn, welcher zunächst zum König von Böhmen und dann zum König von Ungarn gekrönt wurde.
Obwohl das Ehegelöbnis schon 1626 verkündigt wurde, dauerte es bis 1631, ehe Maria vom Grafen Franz Christoph Khevenhüller, ihrem Haushofmeister, dem König zugeführt werden konnte. Die schönste Szene der Reise, der Empfang in Saragossa im Jänner 1630, wo man die hohen Gäste mit Turnieren und Festspielen unterhielt, wurde von einem spanischen Maler im Bilde festgehalten, das heute auf der Burg Hochosterwitz zu sehen ist (Abb. 53, S. 150). Man blickt dabei durchs Fenster in die Kutsche mit der liebreizenden Königin Maria und sieht den Grafen Franz Christoph Khevenhüller als ihren Hofmeister und Beschützer zu Seiten des Wagens auf einem rassigen Schimmel reiten. Eine Ringszene spielt sich ganz in der Nähe ab, während das Turnier der Lanzenreiter im Hintergrund sichtbar wird.
Inzwischen war 1625 in Oberösterreich ein riesiger Bauernaufstand ausgebrochen, der im Hauptort von Graf Khevenhüllers Herrschaft Frankenburg einen wichtigen Mittelpunkt hatte. Auf das Haushamer Feld bei Frankenburg entbot Graf Adam von Herberstorf nach seinem über die Bauern errungenen Siege die Bewohner und ließ im Frankenburger Würfelspiel die geschworenen Vertreter, die sogenannten Achter, von Frankenburg, Vöcklamarkt und weiteren fünf aufständischen Pfarren um ihr Leben würfeln, so daß immer jeder zweite, der weniger gewürfelt hatte, vom Freimann hingerichtet wurde. 1632 entspann sich der Bauernaufstand von neuem, der Bewahrung des evangelischen Glaubens und Abzug der zu Hilfe gerufenen Bayern aus Oberösterreich verlangte. An seiner Niederwerfung beteiligte sich nun auch Graf Franz Christoph Khevenhüller, der auf seine Kosten Soldaten in Dienst stellte, aus 19 Pfarren 4000 Bewaffnete zusammenbrachte und an ihrer Spitze Vöcklabruck und Wolfsegg einnahm, den Bauern in ihrem Lager bei Köppach entgegentrat und schließlich den Grafen Tilly und den Obristen Traun nach Oberösterreich zog, so daß die Aufständischen bei Eferding entscheidend geschlagen wurden. So nahm Franz Christoph auf katholischer Seite persönlich an den Auseinandersetzungen des 30jährigen Krieges Anteil, wie sein Halbbruder Hans VI. und sein Vetter Paul es auf evangelischer Seite taten.
Als Geschichtsschreiber wurde Graf Franz Christoph Khevenhüller mit seinen „Annales Ferdinandei", welche die Zeit von der Geburt Kaiser Ferdinands II. am 9. 7. 1578 bis zu seinem Tod am 15. 2. 1637 umfassen, zur wichtigsten Quelle für den 30jährigen Krieg. Dem König Ferdinand III. widmete der Obersthofmeister seiner Gemahlin Maria 1636 beim Erscheinen des ersten Druckes das Werk, ebenso diesem, 1637 seinem Vater als Kaiser gefolgten Monarchen am 31. 12. 1645 die „Historia Universalis", die nur handschriftlich für die Jahre 1578—85 erhaltene lateinische Version der „Annales Ferdinandei". Mit welchen Worten Graf Franz Christoph Khevenhüller am Ende des Jahres 1628 seine „Khevenhüller-Historie und

-Genealogie" auf der letzten Seite 4762 dieses Werkes abschloß, das soll hier im Wortlaut wiedergegeben werden: „Mit disem schliess ich Frantz Christoph Khevenhiller Graf zu Franckhenburg zu Endt dess 1628. J[ars den dritten] Thaill der khevenhiller[isch]en Histori oder Genealogia, darinnen von [viel hunde]rt Jaren her die s[ic]h[erlich] wichtigist und zu wissen mehr als würdtigen Sachen, wie's etliche aus unserm Geschlecht mit grossem Fleiß beschriben und notiert, einkhommen. Daraus dann zu spüren, wie das Glükh nicht allein mit Khönigreich und Ländern als wie mit einem Pallen gespilt und sie baldt disem, baldt einem andern mit unerschätzlichem Guet in die Hand geworfen und das Gott der Allmechtig das Ertzhauß Oessterreich altzeit, unangesechen er's oft schwerlich haimbgesuecht, obsiegendt erhalten und ire Rebellen, es sey nun über khurz oder lang, gestrafft. Da sein gestorben Babst, Khayser, Khönig, Fürsten, Eltern, Geschwistriget, Schwäger und Bruedersverwandte und niemandt darf hoffen, das uns oder unserer Posteritet anderst ergehen und das uns mehr als die Todtenbar verbleiben werde. Darumb ermahn ich hiemit alle meine Khinder, Brueder, Vettern, Muemben umb Gottes Barmhertzigkait willen, dem diss mein zöhenjähriges schweres Werkh in die Hendt khombt, sie wellen dahin trachten, damit sie alle Laster fliehen, ein unbefleckhtes Leben fieren und zu ihrem letzten Seuftzer ir Seel durch den Weeg zu der Glory, dadurch alle heylige Martirer und ihr Uhr- Anhern und -frawen eingangen, beglaidten mögen. Amen."
Wer die ausschließlich vom festen Glauben an Christi Erlösungstat getragenen, von Franz Christophs Vater und Großvater aus ähnlichem Anlaß gebrauchten Worte dazu vergleicht, sieht den Vertreter des Katholizismus in der Familie auf die Unbeständigkeit des Glückes und als einzige Sicherheit für den Menschen die Totenbahre hinweisen, während der Weg in die himmlische Glorie am Ende sehr floskelhaft klingt. Graf Franz Christoph überlebte den von 1640 bis 1646 mit neun von zwölf Teilen geführten Druck seiner „Annales Ferdinandei" nur wenige Jahre und starb am 13. 6. 1650 in Baden bei Wien, wo ihm die Kur wahrscheinlich nicht gut tat. In seinem Testament vom 4. 2. 1639 hatte er zum Ausdruck gebracht, er wünsche, daß seine Khevenhüller-Historie, die Universal-Historie und die Kaiser Ferdinands II. sowie die Bilder, die er von den Khevenhüllern und den in ihrem Besitz gewesenen und noch befindlichen Grafschaften, Herrschaften und Schlössern habe malen lassen, beim Majorat aufbewahrt werden. Damit ist direkter Bezug auf die im vorliegenden Bande veröffentlichten Bilder genommen, die einen wesentlichen Beitrag zu den grundlegenden Leistungen darstellen, die Franz Christoph der Geschichte seiner Zeit und seines Geschlechts gewidmet hat.

Tafel 34

Freiherr Moritz Christoph Khevenhüller (1549-1596) und seine Gemahlin Sibylla geb. Gräfin von Montfort (verheiratet 1576)
Großer Blick auf Markt und Schloß Paternion mit dem Altenberg (1287 m) und dem Riednock (1537 m) im Hintergrund

Es ist folgerichtig, daß der jüngste Sohn des 1557 verstorbenen Landeshauptmannes Christoph Khevenhüller vor dem Bild seiner größten Erwerbung, des Marktes und der Herrschaft Paternion, porträtiert ist. Am 24. April 1587[l] kaufte er sie um 44.000 Gulden von Siegmund Georg von Dietrichstein. Landschaftsmaler II hat sich um subtile Wiedergabe des Marktes aus der Vogelschau sehr bemüht. Und da doch noch viele alte Häuser stehen, ist ihre Identifizierung leicht. Das gilt für den Pfarrhof, das Haus Nr. 47 gegenüber dem Dorfbrunnen mit der Jahreszahl 1588, die Anwesen Fallasch, Plazotta und vulgo Pacher, ebenso die den Berg hinaufführenden Häuser am Kirchplatz. Nur hat das breite Eckhaus Philipp Müllers nicht mehr den Renaissance-Treppengiebel und das Ecktürmchen wie auf unserem Bild. Ähnlich klein wie heute stehen rechts davon die ehemaligen Fleischbänke (jetzt Bibi Kapeller) und der Stiegenwirt (Haus Nr. 18), während über dem Schloßweg drüben sich noch heute wie um 1625 das mit der Jahreszahl 1558 bezeichnete kaiserliche Postgebäude erhebt. Besonders wertvoll ist unser Bild für die Kenntnis der mittelalterlichen gotischen Pfarrkirche St. Paternianus mit hohem Chor, die 1676 einem Barockbau weichen mußte. Auf diese Weise ist die altertümliche Wallfahrtskirche wenigstens als Malerei überliefert. Beim Schloß fehlen natürlich alle östlich an den Hauptbau anschließenden Gebäude des späten 17. Jahrhunderts, die sich auch heute schon von weitem durch rote Ziegeldächer von dem graugedeckten Altbau unterscheiden. Ein Vergleich unseres Bildes mit der Luftaufnahme des Marktes Paternion von H. G. Trenkwalder in „Blick auf Kärnten", Bd. 2, macht unsere Ausführungen schaubar.

Freiherr Moritz Christoph Khevenhüller ist als letzter Sohn des Landeshauptmannes Christoph Khevenhüller am 24. November 1549 in Villach zur Welt gekommen. Über ihn unterrichtet eine eingehende Darstellung im 2. Band der Khevenhüller-Historie seines Neffen Grafen Franz Christoph Khevenhüller[f], während die Khevenhüller-Lebensbeschreibung seines Vetters Landeshauptmann Freiherrn Georg Khevenhüller[k] davon nur weniges weiß. Mit 15 Jahren ging er 1564 nach Padua, um zu studieren, kehrte von dort 1569 entsprechend ausgebildet zurück und begab sich im November des genannten Jahres mit dem Verwalter Strauß „zu den Stiften", d. h. zu den nach Kärntner Rechtsbrauch zu Freistift sitzenden Untertanen, die alljährlich für ihren weiteren Verbleib auf den Anwesen dem Grundherrn eine kleine Stiftgebühr zahlen mußten. So lernte Moritz Christoph auf diesen Untertanenzusammenkünften in den Mittelpunkten der Grundherrschaften den Khevenhüllerbesitz in Kärnten näher kennen. Damit war er auch genügend orientiert, um am 24. 12. 1569[t] mit den älteren Brüdern Hans und Barthelmä die Teilung des Erbes nach ihrem 1557 verstorbenen Vater Christoph durchzuführen, „die in Herrn Grafen Hansen Buch zu finden," wie des Grafen Franz Christoph Historie sagt, die damit auf ihr 14. (bzw. früher 16.) Buch Bezug nimmt, das uns noch lateinisch in der „Vita Ioannis Khevenhülleri" ganz erhalten ist,[w] in Deutsch nur bis Ende 1592.[ö] Denn das Tagebuch des Freiherrn und späteren Grafen Hans V. Khevenhüller[t] nennt nur den Zeitpunkt und Zweck der Zusammenkunft der drei Brüder in Villach in Gegenwart ihres Vetters Landeshauptmann Freiherrn Georg Khevenhüller, dessen hochgeschätzten Rat sie einholten.

Im März 1570 kam Moritz Christoph, um den vorgeschriebenen Weg eines höher gestellten Edelmannes zu gehen, an den kaiserlichen Hof und begleitete im Juli Kaiser Maximilian II. nach Speyer, wurde dann Kämmerer von dessen Söhnen, der Erzherzoge Wenzel und Albrecht, mit denen er am 30. 7. 1570 nach Spanien und Portugal aufbrach. Nach seiner Rückkunft wurde er alsbald Kämmerer am Hofe des Erzherzogs Karl in Graz, wo er Fräulein Sibylla, die Tochter des Grafen Jakob von Montfort und seiner Gattin Katharina geb. Fugger, der obersten Hofmeisterin, lieb gewann und, da sie Hofdame war, die Hochzeit mit ihr am 4. 3. 1576 im erzherzoglichen Palaste in Graz feiern konnte. Im Khevenhüller-Schloß in Spittal, dem heutigen Rathaus (siehe Tafel 35), nahm das junge Paar Wohnung.

Am 25. 7. 1575[l] erwarb Moritz Christoph von seinem Schwager Lorenz von Mallenthein dessen Edelmannssitz zu Treffling, am selben Tag[l] bekam er von Erzherzog Karl die Güter des St. Georgsordens zu Millstatt gegen Darreichung von 30.000 Gulden und am 2. August[l] weitere nahegelegene Güter desselben in Tausch. 1578 wurde Moritz Christoph vom Erzherzog wieder nach Graz beordert und zum Regimentsrat ernannt, erhielt von diesem am 1. 6. 1579[c] ein jährliches Gnadengeld von 100 Gulden, kehrte 1581 wieder auf seine Güter zurück und wurde 1586 ständischer Verordneter in Klagenfurt, wohin er mit seiner ganzen Haushaltung ins Khevenhüller-Haus (siehe Text zu Tafel 46) zog. 1587 suchte er sein bereits in so jungen Jahren auftretendes Zipperlein im Gasteiner Bad zu kurieren und erbaute nach Erwerb der Herrschaft Paternion, von dem wir eingangs sprachen, 1587 das Schloß (später Verweshaus) in der Kreuzen, in dem 1610 sein Bruder Barthelmä eine Weißblechfabrik einrichtete (Tafel 26), und die Hammerwerke daselbst. Doch verstand er es nicht, aus dem Eisenwesen Kapital zu schlagen, sondern geriet in arge Schulden.

Um ihm zu helfen, kaufte ihm sein Bruder Hans am 24. 1. 1593[t] die Herrschaft Sommeregg um den hohen Preis von 80.000 Gulden ab. Moritz Christoph selbst erwarb noch am 29. 6. 1596[c] von Lukretia Türk, der Witwe nach dem bekannten Eisenfachmann Jakob Türk, und ihrem Sohn Joel die Eisenbergwerke, Floßöfen und Hämmer zu Eisentratten,

Kremsbrücke und im Radlgraben um 25.000 Gulden, d. h. er mußte 6.000 Gulden weniger zahlen, als Türk hatte dem Freiherrn Barthelmä Khevenhüller 1580 dafür geben müssen. Doch konnte er dieser umfangreichen Eisenindustriewerke nicht mehr froh werden, sondern holte sich bei einem neuerlichen Kuraufenthalt im Gasteiner Bad eine schwere Verkühlung, die auf der Rückreise an der Lend und schließlich zu St. Johann im Pongau zu katarrhalischen Anfällen führte, so daß er dort den damit verbundenen Hustenkrämpfen am 7. 8. 1596 um 1/2 1 Uhr nachts im 47. Lebensjahr erlag. Nachdem er in der Khevenhüller-Kapelle der Villacher Pfarrkirche sein Grab fand, das aber nicht erhalten ist, heiratete die Witwe den Grafen Hans von Ortenburg, und die hohen Schulden mußte Bruder Barthelmä übernehmen, der „großen Schaden dadurch gelitten, wie in seiner Historie einkhommen," endet der Bericht des Grafen Franz Christoph unter Hinweis auf das Buch 15 (bzw. früher 17) seiner Khevenhüller-Historie, das sich als „History Beschreibung Barthelmä Khevenhüller des andern" in deutscher Sprache erhalten hat[ke]*.*

Freiherr Moritz Christoph Khevenhüller präsentiert sich in der deutschen Adelstracht, wie sie unter spanischem Einfluß um 1585 Mode war. Er trägt ein hochgeschlossenes gestepptes Wams aus schwarzer Seide mit Goldknöpfen, an den langen gesteppten Ärmeln zierliche weiße Spitzenkrausen als Manschetten und eine weiße Halskrause mit Spitzenrand, schwarze Beinkleidung und ebensolche Lederschuhe; in der Rechten hält er eine schwarze Faltentulpe mit ganz wenig Goldzier als Kopfbedeckung und mit der Linken den Degen mit apartem Renaissance-Goldgriff, während unterm rechten Arm der aus derselben Werkstätte stammende Goldgriff des Dolches hervortritt. Als Kämmerer Erzherzog Karls zeichnet er sich durch den goldenen Kammerherrnschlüssel aus.

Moritz Christophs Gattin Sibylla trägt ebenfalls die deutsche Adelstracht, wie sie unter spanischem Einfluß in der 2. Hälfte des 16. Jahrhunderts Mode war, nämlich ein mit durchbrochenen Goldborten in der Mitte, randlich und auf den Puffärmeln sehr kleidsam verziertes schwarzes Seidensamtoberkleid mit miederartigem Oberteil und weitem Reifrock, dazu ein Unterkleid aus brauner bestickter Seide mit kleinen weißen Rüschenmanschetten. Um den Hals trägt die junge Frau die gleiche Krause wie der Gatte, auf dem dunklen Haar eine kleine wulstartige Goldfadenhaube, in der Rechten ein venezianisches Spitzentaschentuch. Vom Hals herab hängt eine aus lauter blau- bzw. rotemaillierten Rosetten zusammengesetzte Goldkette und noch eine zweite weit herabreichende mit kostbarem Goldfiligrananhänger, an dem ein Bergkristall befestigt ist. Die um die Taille geschlungene dritte Goldkette, die fast bis zum Boden reicht, trägt am untersten Ende das für Damenketten dieser Zeit übliche Renaissance-Zierat.

Tafel 35

Von Freiherrn Moritz Christoph Khevenhüller (1549-1596) und seiner Gemahlin Sibylla geb. Gräfin von Montfort ausgehender Stammbaum, der Kinder und Kindeskinder umfaßt

Blick auf das khevenhüllerische Schloß samt Baumgarten und den Hauptplatz zu Spittal an der Drau

Unmittelbar dem prunkvollen, als künstlerische Leistung weit bekannten Renaissanceschloß des 1524 mit der Grafschaft Ortenburg vom Kaiser belehnten Gabriel Salamanca gegenüber, das wohl 1527 begonnen wurde und bei seinem Tode 1539 noch im Bau war, stand bis 1963 das in ähnlichen Formen seit Mitte 1535 erbaute, heute noch zur guten Hälfte in Gestalt des Spittaler Rathauses erhaltene Amtsgebäude des kaiserlichen Hauptmannes der Grafschaft Ortenburg; 1525 hatte König Ferdinand Christoph Khevenhüller dazu ernannt, dem darin 1530 sein Bruder Siegmund folgte.

Als am 20. 5. 1535 Hans Mannsdorfer, der letzte seines Geschlechts und Vater der jungen Gattin Christoph Khevenhüllers, in seinem Hause in Spittal gestorben war, erbte diese Liegenschaft laut Vertrag Christoph Khevenhüller und erbaute nun das khevenhüllerische Stadtschloß, das sein und seiner Gemahlin Wappen (Khevenhüller-Mannsdorf) mit der Jahreszahl 1537 über dem rundbogigen Zwillingsfenster im 1. Stock unmittelbar über dem Eingangsportal (mit den drei von Megiser in seinen Annales Carinthiae 1612 als Sammelwappen überlieferten Wappen der Grafschaft Ortenburg) trägt und bald vollendet wurde. Im khevenhüllerischen „Haus in Spittal" kam schon Christophs ältester Sohn Hans V., der spätere kaiserliche Botschafter in Spanien, am 16. 4. 1538[t] zur Welt.

Unser Gemälde bringt das khevenhüllerische Stadtschloß, wie wir es mit seiner Zinnenmauer und seinem runden Bergfried an der dem Schloß Porcia gegenüberliegenden Ecke mit Fug und Recht nennen können, eindringlich zur Schau. Wir sehen in den für die italienische Renaissance typischen Arkadenhof, bemerken, daß ein den Hof überquerender Gang vom Treppenturm des Hauptgebäudes zum Bergfried läuft, so daß Sicherheit gegeben ist, bewundern hinter dem Hauptgebäude den köstlichen Ziergarten mit einem kleinen Springbrunnen unter einem Renaissancebaldachin inmitten und sehen den riesigen Baumgarten Khevenhüllers allenthalben von einer langen Mauer umgeben. Das Eckgebäude des Baumgartens, das durch einen gedeckten Gang im ersten Stock mit dem Wirtschaftsgebäude des Schlosses verbunden ist, diente offenbar dem Verweser zur Wohnung, der vor der Haustür neben einem mit Floßen beladenen Karren im roten Gewand steht. In derselben Gasse liegen nahe der Mauer des Schloßhauptgebäudes und des Wirtschaftsgebäudes zahlreiche Floßen, Erzeugnisse des kontinuierlichen Eisenverhüttungsprozesses, zum Abtransport bereit. Sie sind ein Kennzeichen für die Beschäftigung Moritz Christoph Khevenhüllers mit dem Eisenwesen sowohl im Gebiete von Stockenboi-Feistritz wie in der Krems. Im Vordergrund lagert offenbar truhenladungsweise braunes Erz und schwarze Holzkohle für den Eisenverhüttungsbetrieb. Ein Treiber führt vier mit je zwei Säcken beladene Maultiere am Schlosse vorbei, die wahrscheinlich khevenhüllerische Handelsware als Gegenfracht für Eisen vom Süden nach dem Norden bringen.

Von besonderer Bedeutung für die Geschichte des Marktes bzw. der heutigen Stadt Spittal ist die eingehende Darstellung des dortigen Hauptplatzes mit seinen altertümlichen Häusern, die heute wohl noch in den Proportionen vergleichbar sind wie etwa die langgestreckte „Alte Post", die nur jetzt viel höher ist; aber sonst haben sie ihr Aussehen des 17. Jahrhunderts doch weitgehend verloren. Der Wert unseres Bildes ist umso höher, als Matthäus Merian in seinem Stich von Spittal 1649 den eigentlichen Markt in völliger Falschdarstellung der Verhältnisse einfach unterschlagen hat. Landschaftsmaler II hat das Bild von Spittal in subtiler Weise aus der Vogelschau gestaltet und dabei die Lieserkaserne, die Geburtsstätte des Marktes, etwas höher gehoben, damit sie entsprechend zur Geltung kommt. Erwähnenswert ist an der Lieser oberhalb Spittals das heute veränderte Gebäude der Kartonagenfabrik Volpini di Maestri, 1873 durch A. L. Moritsch als erste Kärntner Fabrik für braunen Holzstoff eröffnet. Zur Zeit der Khevenhüller-Chronik war das Gebäude offensichtlich der eisenverarbeitenden Industrie nutzbar, weswegen an seiner Südseite aufgehäuft Floßen lagern; es handelt sich um den sogenannten Pfannhammer, in dem eiserne Bratpfannen und Kasserollen erzeugt wurden, wahrscheinlich auch eine Gründung Moritz Christoph Khevenhüllers.

Die khevenhüllerischen Güter zu Spittal und Umgebung sind in der Erbteilung nach Christoph Khevenhüller (+ 1557) an dessen jüngsten Sohn Moritz Christoph gekommen. Nach dessen am 7. 8. 1596[f] erfolgtem Tode mußte sie sein Sohn Augustin infolge der großen Schulden, die der Vater auf montanistischem Gebiet hinterlassen hatte, neben den Eisenbergwerken und der Herrschaft Paternion samt den Ämtern Feistritz-Stockenboi 1599 an Freiherrn Barthelmä Khevenhüller dafür abgeben, daß dieser die Schulden übernahm. Von ihm erwarb die Spittaler Güter um denselben Preis von 34.000 Gulden, den sie Barthelmä gekostet hatten, ihm zuliebe am 21. 1. 1604[t] sein Bruder Hans V., der ja in Spittal das Licht der Welt erblickt hatte. Nach dessen Tod erbte sie 1606 samt der Herrschaft Sommeregg Moritz Christophs Sohn Augustin II., dem dafür Barthelmä 1612[c] die Herrschaften Liechtenstein und Mödling in Niederösterreich in Tausch gab. Von Barthelmäs Söhnen und nach seinem Tode 1613 Erben Hans und Bernhard erwarb die genannten Güter schließlich 1615[d] ihr Vetter Freiherr Paul Khevenhüller, der sie vor seiner Auswan-

Regina Elisabetha Keuenhillerin fol. 56
Bartolomeus. S? Keuenhil fol:
Georgius Augustinus Keuenhiller fol: 562.
Paulus Christophorus Keuenhiller fol: 562.
Keuenhil fol: 1 553.
Christophor Keuenhiller fol: 54

Regina Si
billa Keuenhil
lerin fol: 556
Joannes
Mauritius Ke
uenhiller fol:
561.
Georgius
Andreas Ke
uenhiller fol:
561.
Anna Ca
tharina Keuen
hillerin fol: 555.
Joannes
Balthasar a
Hoys fol: 555.
Christophorus
Keuenhiller
fol: 554.
na Marisch
Vindischgrä
553.
billa Co
itissa a Mans
rf fol: 542.

derung aus Glaubensgründen nach Nürnberg dem Venezianer Kaufmann Hans Widmann am 4. Mai 1628[d] um 110.000 Gulden verkaufte; dessen Söhne Martin und Ludwig wurden nach dem Aussterben der Salamanca Grafen von Ortenburg.
Zwei beklagenswerte Tatsachen gibt es in der Geschichte der Khevenhüller-Bauten. Die eine ist die 1977 erfolgte Niederreißung des neuen Schlosses Liechtenstein bei Wien, von dem man noch 1964 hoffte, es für ein Kinderheim des Landes Niederösterreich gerettet zu haben. Allerdings hatte dieser Bau im Laufe der Jahrhunderte viele Veränderungen erfahren. Das gilt jedoch nicht für das heutige Rathaus der Stadt Spittal, den ehemaligen Hauptbau des Khevenhüller-Schlosses, an welches man 1978 so nahe hinbauen ließ, daß ein Teil der Arkaden nun zugesetzt ist, und von dem man den Bergfried und das anschließende Gebäude im Jahre 1963 zum Abbruch brachte, um an dessen Stelle den knalligen modernen Zweckbau der Gewerbe- und Handelsbank erstehen zu lassen, der an diesen Punkt des Stadtinnern paßt wie die Faust aufs Auge. Es ist auf hunderte von Kilometern das ärgste Beispiel von schreiender Unvernunft, die das wohlabgestimmte Mit- und Gegeneinander der beiden Stadtschlösser, des gräflichen und des freiherrlichen, mit ihren vom gleichen Meister geschaffenen Rundtürmen und Bauformen in einer an Brutalität kaum überbietbaren Weise zerhauen ließ, und es ist nicht nur in Kärnten, sondern in ganz Österreich ohne Beispiel, daß eine Stadt ihr Rathaus so verunzieren und in den Hintergrund drängen ließ. Hätte man sich doch die Stadt St. Veit an der Glan zum Vorbild genommen, die den nur halb ausgeführten Renaissance-Arkadenhof ihres Rathauses in unserer Zeit stilgerecht ausbauen ließ.

Abb. 53 A: Der 1963 abgerissene Teil des Khevenhüller-Stadtschlosses in Spittal

Tafel 36

Freiherr Augustin II. Khevenhüller (1580-1625) und seine Frau Anna Maria geb. von Windischgrätz (verheiratet 1607) um 1620 In der linken Bildhälfte Markt und Burg Mödling (Niederösterreich)

Für die seit 1558 vereinigten Herrschaften Markt und Burg Mödling und Burg Liechtenstein (Tafel 20) hatte am 6. November 1592[t] Freiherr Hans V. Khevenhüller von Kaiser Rudolf II. die Genehmigung zur Einlösung dieser verpfändeten Herrschaften erhalten, und er vererbte sie 1606 bei seinem Tode an seinen Bruder Graf Barthelmä Khevenhüller, der dieselben 1612[c] an Freiherrn Augustin II. Khevenhüller, Moritz Christophs Sohn, gegen die Herrschaft Sommeregg und Güter zu und um Spittal in Tausch gab. Mödling und Liechtenstein vererbten in der Familie über Augustins II. Sohn Georg Augustin (1615-1652) und Enkel Ferdinand Joseph (1637-1668) sowie die Grafen Barthelmä (1626-78) und Franz Christoph (1634-84) aus der Frankenburger Linie, bis sie nach der schrecklichen Zerstörung durch die Türken im Jahre 1683 durch Zwangsveräußerung 1686 an Johann Ludwig von Waffenberg kamen.

Die eingehende bildliche Darstellung namentlich des Marktes Mödling durch einen niederösterreichischen Landschaftsmaler um 1620 ist als ältestes erhaltenes Bild Mödlings sehr wertvoll. Das gilt auch, wenn man berücksichtigt, daß der Maler seinem Herrn zuliebe Ortsveränderungen von Gebäuden vorgenommen hat. Aber im allgemeinen entspricht die Wiedergabe der damaligen Wirklichkeit. Die Spitalskirche im Süden des Marktes, die romanische Kirche St. Pantaleon und die große gotische Othmar-Kathedrale, die nur keinen Turm hat, sind mit viel Akribie wiedergegeben, wie man durch Autopsie und Heranziehung von Merians Kupferstich aus dem Jahre 1649 feststellen kann, wo auch statt der heutigen barocken Turmhelme von St. Pantaleon und dem Rathaus spitze Türme zu sehen sind. Letzteres erscheint auf unserem Bilde allerdings etwas zu weit nach Norden verschoben. Die Fleischgasse bildet auch heute den Abschluß des bebauten Geländes gegen Osten, wo sich die Gärten hinziehen. Die Holzgasse (heute Elisabethstraße) ist im Hintergrund der Fleischgasse als letzte parallele Häuserzeile, die von Nord nach Süd geht, gut auszumachen, obwohl der Genauigkeit des Malers in diesen Partien nicht zu viel Wert beigemessen werden darf. Jedoch kann man annehmen, daß das Untere Tor, das nur auf unserem Gemälde bildlich überliefert ist, mit seinen aus dem Dach vorspringenden Türmchenerkern und die Straßensperren davor durch Bäume, denen man die Äste belassen hatte, der Wirklichkeit ebenso gut entnommen sind wie die gotische von einer Kreuzblume gekrönte Wegsäule in der Hauptstraße, obwohl beide, das Tor und die Säule, weiter an den Marktkern herangezogen wurden als dies in Wirklichkeit der Fall war; ersteres ist tatsächlich beim Haus Nr. 51 der Hauptstraße gelegen gewesen, letztere noch weiter draußen. Außer dem Unteren Tor hat übrigens der Maler auch das Neusiedler Tor in seinem Bilde von Norden in den Markt hereingezogen und unterhalb der Spitalkirche plaziert; sein Aussehen enspricht den bildlichen Überlieferungen dieses viel weiter marktauswärts gelegen gewesenen Tores[i].

Auch mit der Burg Mödling, die auf ihrem Felsen durch die Klause im Hintergrund sichtbar wird, hat der Maler eine Verschiebung nach Norden vorgenommen, weil sie sonst aus der auf den Markt Mödling angewandten Betrachtungsrichtung nicht in den Spalt der Klause zu stehen käme. Sie war auch um 1615 schon ziemlich ruinös und ähnelt der Darstellung bei Matthäus Vischer von 1674 in seiner „Austria Inferior", wo sie allerdings aus anderer Richtung gesehen ist. Das Wachthaus auf dem Kirchberge ist gleichfalls von Merian und auf dem Plan des Burgfrieds Mödling von 1610[i] überliefert. Ganz im Norden erhebt sich auf dem Berge das Hochgericht der Herrschaft Liechtenstein. Daß die Weinberge im Vordergrund bis in die Baumgärten der Häuser des Marktes reichten, ist auch bei Merian so.

Augustin Khevenhüller, der am 6. Juli 1580 in Spittal zur Welt kam, in Padua studierte, wo Hektor von Ernau sein Hofmeister war, hatte es als Erbe nach seinem Vater Moritz Christoph nicht einfach, da die von diesem hinterlassenen Schulden sehr hoch waren. Er mußte daher seinem Onkel Barthelmä nicht nur die Eisenbergwerke in der Krems, sondern am 24. April 1599[l] auch die Herrschaft Paternion samt den Ämtern Stockenboi und Feistritz abtreten. Aus der Hinterlassenschaft des Grafen Hans V. Khevenhüller, der bekanntlich 1606 starb, bekam er die Herrschaft Sommeregg sowie den Familienbesitz in und um Spittal; dafür tauschte er, wie schon oben gesagt, 1612 die Herrschaften Liechtenstein und Mödling ein.

Augustin Khevenhüller trägt auf unserem Bilde die unter spanischem Einfluß stehende Hoftracht, alles in Schwarz, sowohl das hochgeschlossene Seidenwams, das durch den aufgestellten Spitzenkragen und die abstehenden Spitzenmanschetten kaum Belebung erfährt, wie die weite Kniehose aus gemustertem Samt, die an den Kniebändern sogar schwarze Spitzenrosetten trägt. Auch die Rosette, die den Verschluß der Halbschuhe ziert, ist natürlich schwarz. Der schwarze Federhut, den Augustin in der Rechten hält, trägt nur einen schwarzen Federbusch und lediglich an dessen Ansatzstelle ein wenig Gold. Golden, aber zu dürftig, um in das Gewand nur etwas Farbe zu bringen, ist die geflochtene Kette, die Augustin um den Hals gelegt hat und die von den Schultern bis zum Gürtel reicht, ebenso das Degengefäß, das Metall am Gürtel und dessen schmale Paspolierung.

Genauso schwarz wie Augustin ist seine Gattin Anna Maria gekleidet. Das weite Samtkleid mit langen Ärmeln läßt nirgends Farbe aufkommen; lediglich im V-Ausschnitt wird ein bißchen weißes Hemd sichtbar. Der aufgestellte Spitzenkragen und die Spitzenmanschetten sind zu filigran, um mit ihrer weißen Farbe zu wirken. Selbst im Diadem kommen nur Weiß und Gold vor. Die Emailglieder der goldenen Halskette

reichen bis zur Taille. Die Perlenohrgehänge haben zur Kleidung passende schwarze Schleifen. Das Schwarz der Hoftracht beherrscht dieses Paar stärker als irgend eines in der langen Reihe der Khevenhüller.
Die Hochzeit zwischen Augustin Khevenhüller und Anna Maria, einer Tochter des Andreas von Windischgrätz, Freiherrn von Waldstein, und dessen Gemahlin Regina, geborene Freiin von Dietrichstein, hatte am 14. September 1607 in Wels stattgefunden[f]*. Seine älteste Tochter Regina Sibylla, die am 19. November 1608 in Kammer am Attersee, also auf einem Besitz des Grafen Barthelmä Khevenhüller, das Licht der Welt erblickt hatte und am 16. Jänner 1628 in Wien Siegmund von Stubenberg heiratete, wanderte mit diesem wegen ihres evangelischen Glaubens 1629 nach Nürnberg aus*[d]*. Weitere Kinder waren*[f] *Hans Moritz (Spittal 15. 2. 1610, + 1657), Georg Andre (Wien 7. September 1612, + 1613), Paul Christoph (Wien 17. Juni 1614, gefallen 1631 als Fähnrich), Georg Augustin (Wien 19. September 1615, + Wien 1652), Barthelmä (Wien 15. Mai 1618, + als Kind) und Regina Elisabeth (Klagenfurt 6. September 1619), die Johann Ernst Graf von Herberstein zur Frau nahm. Von Georg Augustin, der Mundschenk Kaiser Ferdinands III. und Kämmerer Erzherzog Leopold Wilhelms war, wissen wir, daß er in erster Ehe mit der schönen Susanna Felicitas von Losenstein und in zweiter Ehe 1640 mit Maria Salome von Regal verheiratet war. Seine erste Gattin schenkte ihm 1637 den Stammhalter Ferdinand Joseph, der auf Schloß Liechtenstein bis zu seinem Tode 1668 lebte, womit die Linie ausstarb. Deswegen mußten Graf Barthelmä und dann Franz Christoph von der Frankenburger Linie nun die Herrschaften Liechtenstein und Mödling übernehmen. So viel zur Erläuterung des Stammbaums auf Tafel 35.*

54: Siegmund I., 1507—1552, und Katharina geb. Gleinitz nach einer Khevenhüller-Chronik aus der 2. Hälfte des 17. Jahrhunderts

55: Barbara Senuß, geb. Khevenhüller

Tafel 37

Von Siegmund Khevenhüller von Aichelberg (1507-1552) und seiner Gemahlin Katharina von Gleinitz (verheiratet 1530, gest. 1555) zu ihren Kindern und Kindeskindern führender Stammbaum. Blick auf Stadt und Burg Gmünd in Kärnten

Siegmund Khevenhüller, dem zweitjüngsten Sohn Augustins und Stifter der heute noch blühenden Hochosterwitzer Linie der Khevenhüller, der wir uns nun zuwenden, kommt unter den Porträts, die Landeshauptmann Christoph Khevenhüller als erste Ahnen- und Familiengalerie malen ließ, die Schlüsselposition zu: sein Bild ist auf 1550 datiert und Siegmund damals richtig als 43 Jahre alt bezeichnet (Abb. 6, S. 20). Damit haben wir auch für die anderen Bilder einen Termin, um den wir sie anordnen müssen. Siegmund, ein ruhiger, überlegter, seiner Würde als Landesvizedom von Kärnten und kaiserlicher Rat durchaus bewußter Mann, trägt ein schwarzes Wams, schwarze Beinkleidung und Schuhe, hat ein schwarzes spanisches Mäntelchen um und dazu einen schmalkrempigen, runden schwarzen Hut. Sein weißer Halsumlegekragen läuft vorne in zwei Spitzen aus. Die linke Hand sitzt am Schwertgriff, während die rechte einen gefalteten Brief hält. Eine geflochtene goldene Halskette reicht bis zur halben Länge des Oberkörpers herab. Das Wappen seiner Gattin Katharina von Gleinitz vervollständigt das Bild.

In der Khevenhüller-Chronik des Österr. Museums für angewandte Kunst in Wien ist kein Bild Siegmunds und seiner Gattin enthalten. Auf Hochosterwitz gibt es weit schwächere Kopien der Bilder dieser Chronik aus dem späten 17. Jahrhundert. In dieser Reihe ist das allerdings nur rasch hingeworfene Konterfei von Siegmund Khevenhüller, das vollständig nach dem lebendigen Portrait von 1550 kopiert wurde, und seiner Gattin Katharina enthalten (Abb. 54, S. 170), die ein schwarzes gemustertes Samtkleid mit schweren, goldgestickten Pflanzenmustern im Ausschlag des vorne offenen Kleides und reihenweise abwechselnd mit weißen Puffen auf den langen Ärmeln des Gewandes trägt. Selbst das schwarze Barett zeigt eine schwere, strahlenförmige Goldmusterung, das schwarze Unterkleid ist ähnlich dem Oberkleid gearbeitet und in der oberen Partie goldverziert, ebenso wie das weiße, im viereckigen Halsausschnitt zutage tretende hochgeschlossene Hemd Goldzier trägt. Von der Taille hängt eine typische Renaissance-Goldkette mit skulptiertem Anhänger herab. In der Linken hält die Schöne ein Taschentuch. Besonders bei Frau Katharina und ihrem Schmuck wird es ganz deutlich, daß unser Bild eine schnell angefertigte Kopie nach dem Original ist, das sich ursprünglich offenbar unter den hier veröffentlichten Bildern der Khevenhüller-Chronik von 1625 befand, jedoch verlorenging.

Siegmund Khevenhüller hat am 2. Mai 1507 auf Schloß Hardegg nächst Feldkirchen in Kärnten das Licht der Welt erblickt. Man gab ihm den Vornamen des Tagesheiligen, wie es ausdrücklich heißt, weswegen auch Christoph Khevenhüller bei der Entscheidung über die Beschriftung des Bildes seines ältesten Vorfahren, von dem er aufgrund des unzuverlässigen Turnierbuches von Rüxner glauben mußte, er habe 1165 gelebt, sich nicht durch den dort genannten Namen Siegmund irreführen ließ, sondern ihn richtig Hans nannte (vgl. S. 53). Sowohl aus dem 12. und 18. Buch der Khevenhüller-Historie des Grafen Franz Christoph Khevenhüller wie aus der Khevenhüller-Lebensbeschreibung von Siegmunds Sohn Georg ist ersichtlich, daß er 1525[w] *unter der Hauptmannschaft seines ältesten Bruders Ludwig bereits am Feldzug gegen die Franzosen in Italien teilnahm und 1529*[f] *mit einem Fähnlein von sechs Berittenen unter der Hauptmannschaft Leonhard Lohrners zur Besatzung des von den Türken belagerten Wien gehörte, wo er bei einem Sturmangriff körperlichen Schaden erlitt, was man ihm nach der Mitteilung Georgs*[k] *bis an sein Ende angesehen hat. Am 10. 10. 1530 ehelichte Siegmund Khevenhüller Katharina von Gleinitz zu Gleinitzstetten, Hans Meixners Witwe, die ihm vier Söhne, Ludwig, (*12. 10. 1531, +23. 5. 1540), Georg (Tafel 38), Franz (Tafel 47) und Siegfried (geb. auf dem kaiserlichen Schloß Ortenburg am 31. 1. 1540, im gleichen Jahr wieder gestorben) und sechs Töchter gebar: Siguna, geboren zu Pittersberg am 29. 5. 1537, 1556 in erster Ehe verheiratet mit Wilhelm Freiherrn von Herberstein, der bald darauf starb, 1557 in zweiter Ehe mit Volckhamb von Rotmannsdorf auf Sturmberg und nach dessen Tod in dritter Ehe mit Herrn von Stibich, den sie auch überlebte; Barbara, geboren auf Schloß Ortenburg am 30. 10. 1538, seit 1559 verheiratet mit Melchisedek Senuß zu Villach. Von Barbara Khevenhüller verehelichte Senuß besitzt das Museum der Stadt Villach ein wohl nicht zeitgenössisches Porträt (Abb. 55, S. 170). Sie ist sehr reich gekleidet; dabei spielt nicht so sehr das pompöse, schwarze, goldverzierte Brokatkleid mit breitem Halsausschnitt, breitem weißem spitzengesäumtem Schulterkragen und ebensolchen Manschetten die Hauptrolle, sondern der kostbare Schmuck: Inmitten des Halsausschnitts eine aufwendige, vierflügelige Goldbrosche mit roter Emaileinlage und rechts und links davon an den Enden des kostbaren schwarzen Spitzensaums des Halskragens dazu passende rotemaillierte Goldknöpfe, um den Hals eine doppelte Perlenkette, an den Armen dreifache Perlenarmbänder mit sonnenförmigen Goldschließen, im dunkelbraunen Haar eine perlenverzierte Goldfiligranspange. Ein Fächer in der Linken, drei Tulpen in der Rechten vervollständigen das charmante Bild. Der Gesichtsschnitt mit den übergroßen Augen läßt einen italienischen Meister als Maler vermuten.*

Die nächsten beiden Töchter, Christine, geboren zu Spittal gegen Ende September 1541 und im selben Jahr wieder gestorben, sowie Anna, die nur ihr Bruder Georg in seiner Khevenhüller-Lebensbeschreibung[k] *als früh verstorben erwähnt, folgen als nächste, dann Florentina, geboren auf dem khevenhüllerischen Stammschloß Aichelberg am 31. 12. 1544, die 1563 zu Graz Freiherrn Siegmund von Puchheim heiratete, wo bei der Hochzeit im Landhaus ein Ring- und Quintanaren-*

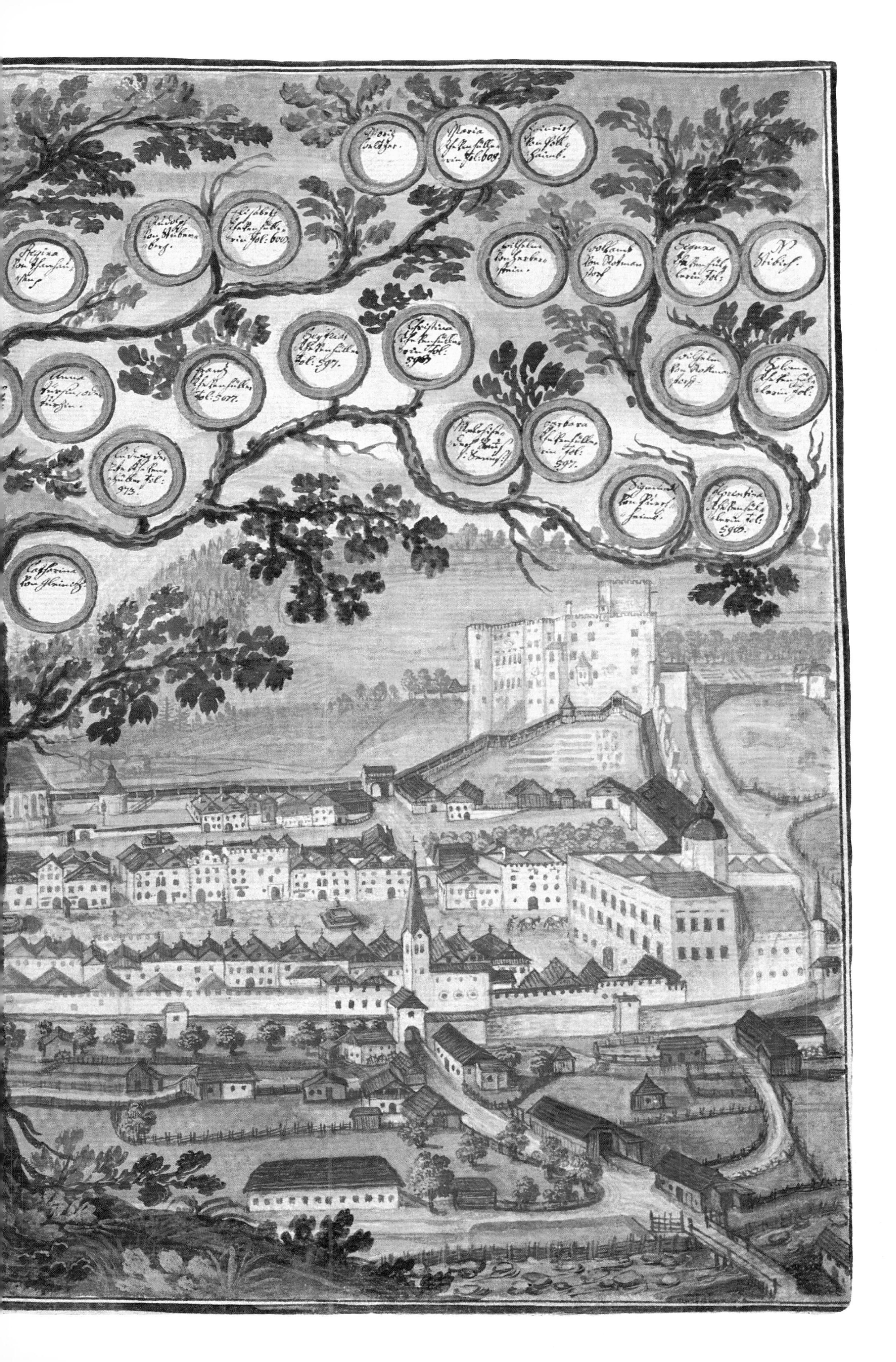

nen gehalten wurde, und die dann mit ihrem Gemahl nach Niederösterreich zog und ihren Witwenstand in Znaim verbrachte, schließlich Salome, geboren zu Villach am 23. 3. 1546, die 1566 mit Wilhelm von Rotmannsdorf zu Weyer bei Graz Hochzeit hielt und dann auf Schloß Weyer wohnte. Siegmund Khevenhüller war seit 1530 unter Graf Gabriel Salamanca Hauptmann der Grafschaft Ortenburg, zu der auch die Burg Pittersberg gehörte, auf der 1534 sein Sohn Georg, der Stammvater der Osterwitzer Khevenhüller, zur Welt kam. In der Erbteilung zwischen den drei Brüdern Christoph, Siegmund und Bernhard Khevenhüller vom 12. 3. 1542[g] erhielt Siegmund die Stammburg des Geschlechts, Aichelberg, samt Zubehör, wo sich damals auch das Familienarchiv befand. Am 1. 10. 1542 ernannte ihn König Ferdinand zu seinem Rat und 1543 zum Landesvizedom, d. h. Finanzverwalter von Kärnten.[s] Für den Ausbau des ehemals Roseggerischen Hauses nahe dem Oberen Tor der Stadt Villach, das sein Bruder Christoph 1539 erworben hatte — es ist seit 1889 Villacher Rathaus — war er tätig, wie sein Sohn Georg berichtet, nachdem die Brüder bald nach dem Erbteilungsvertrag vom 12. 3. 1542 eine andere Regelung getroffen hatten, deren genauen Inhalt wir nicht kennen, die aber dahin ging, daß Siegmund nicht nur dieses Roseggerische Haus von Christoph bekam, sondern auch von Bernhard den Hof zu Villach - St. Martin, den er 1546 zum Edelmannssitz ausbaute, d. h. das Schloß Mörtenegg erbaute. Letzteres wissen wir aus einem von Wilhelm Neumann freundlich mitgeteilten Schreiben König Ferdinands an Dechant und Domkapitel zu Bamberg vom 12. 7. 1546[b], in welchem dieser die Eintauschung bambergischer Untertanen zu St. Martin durch Siegmund Khevenhüller befürwortet, weil dieser dort eine Edelmannswohnung baut und deren Gründe für diesen Zweck gebraucht wurden. Einem weiteren Schreiben König Ferdinands vom 24. 8. 1546[b] ist zu entnehmen, daß bereits eine weitgehende Regelung getroffen und nur noch mit den Untertanen einiges zu regeln war.

Am 23. 9. 1544[g] gewährte König Ferdinand dem Siegmund Khevenhüller 200 Gulden Gnadengeld und 300 Gulden Baugeld jährlich auf Schloß Weidenburg im Gailtal, und am 10. 1. 1548[e] verpfändete er ihm Schloß und Herrschaft Karlsberg samt den zwei Gurnikämtern. Als Siegmund Khevenhüller nach dem Aufenthalt Kaiser Karls V. im Khevenhüller-Hause in Villach, der vom 17. 5. - 13. 7. 1552 gedauert hatte, zu diesem im Auftrage König Ferdinands in wichtigen Geschäften nach Tirol reiten mußte, erhitzte er sich auf dem wahrscheinlich sehr eiligen Ritt so, wie sein Sohn Georg berichtet[k], daß er sich einen fiebrigen Keuchhusten zuzog und nach mehrwöchigem Krankenlager im Schloß Mörtenegg am 12. 9. 1552 mit nur 45 Jahren starb.

Der Stammbaum auf unserem Bild führt von Siegmund Khevenhüller zu seinem Sohn Georg, und der hat die reizvolle mittelalterliche Stadt Gmünd samt Oberhauptmannschaft, Herrschaft und Schloß vom 14. 4. 1580[g] an gegen ein Darlehen von 28.000 Gulden von Erzherzog Karl innegehabt, die nach ihm sein Sohn Siegmund 1594 übernahm. Rudolf von Raitenau folgt 1601 als Pfandinhaber. Aus seiner Periode stammt unser Bild, das vor allem dem Orts- und Landeshistoriker mit aller Deutlichkeit beweist, daß das Stadtschloß Gmünd schon unter Raitenau, der 1604 Gmünd auf 100 Jahre in Pfandbesitz nehmen konnte, in den heutigen Ausmaßen erbaut worden ist, sogar noch mit einem bergfriedartigen Turm. Darauf sei hier mit Nachdruck hingewiesen, da trotz Veröffentlichung unseres Bildes bereits 1950 durch Walter Frodl das 1976 für Kärnten erschienene Dehio-Handbuch der Kunstdenkmäler Österreichs dies noch nicht zur Kenntnis genommen hat. Das alte Schloß über der Stadt mit seinen grauen Mauern zeigt heute noch ungefähr dasselbe Aussehen wie auf unserem Gemälde; nur der ausgezeichnet dargestellte Wehrgang, der von der Stadtmauer da hinaufführt, fehlt. Überhaupt ist die auch heute noch in ansehnlichen Teilen erhaltene Stadtbefestigung auf dem Bild zur Gänze einsichtig und ihre Verstärkung durch eine riesige Zinnenmauer bergwärts sehr eindrucksvoll. Ein Seitenarm der Lieser dient bis jetzt als Stadtgraben gegen Osten, wo die Befestigung, allerdings ohne die Zinnen, noch am besten erhalten ist, während der Eckturm im Südwesten und die Mauer in seiner Umgebung fehlt. Die heutige Situation ist aus den Luftbildern von H. G. Trenkwalder, Blick auf Kärnten 1, Seite 45, und Kärntner Burgenbuch, Seite 49, ersichtlich.

Die beiden wesentlichen Partien des Stadtbildes, der von Süden nach Norden führende Hauptplatz mit seinen beiden Brunnen und der Denkmalsäule nahe dem Rathaus, sowie dahinter der Neumarkt, der heute Kirchgasse heißt und vom Friedhof mit der Stadtpfarrkirche und dem Karner im Westen begrenzt wird, sind von dem Landschaftsmalern II und III mit allen Einzelheiten zur Darstellung gebracht. Dabei haben sich diese, wohl um ein Panorama zu haben, auf der Höhe östlich Gmünds so weit emporbegeben, bis sie das alte Schloß etwa in Augenhöhe hatten, haben aber die Stadt Gmünd selbst aus der Vogelperspektive gebracht, um wirklichen Einblick geben zu können, wie das Landschaftsmaler II auch bei Paternion (Tafel 34) und Spittal (Tafel 35) tat. Die Häuser des Stadtplatzes , die besonders attraktiv sind, verraten durch ihre Mehrgiebeligkeit noch ihre Entstehung aus mehreren bürgerlichen Hofstätten, so Haus Nr. 24 südlich der Ausfahrt ins Maltatal, die damals noch nicht überbaut war wie heute, mit zwei Giebeln und daran anschließend Haus Nr. 23 mit drei Giebeln oder das heutige Rathaus mit dem Zwillingsfenster über dem Eingangstor nördlich der nächsten Gassenmündung mit zwei Giebeln. Der lange Westteil des Stadtschlosses läßt sogar erkennen, daß in ihm acht oder neun alte bürgerliche Hofstätten aufgegangen sind. Andererseits ist der frühbarock geschweifte Schaugiebel von Haus Nr. 21 (mit Inschrift von 1594) nördlich des Rathauses eindrucksvoll, ebenso der Zinnenkranz des anschließenden Gebäudes Nr. 22, der heutigen Volksbank, alles Reminiszenzen aus älterer Zeit, die heute straßenseitig abfallenden einfachen Dächern gewichen sind. Im ganzen ist der Blick auf das damals wie heute altertümliche Städtchen Gmünd mit drei sichtbaren Toren, den vollständigen mittelalterlichen Befestigungen, zwei Kirchen und zwei Schlössern an der Mündung von Lieser- und Maltatal als Verkehrsknotenpunkt an der Straße von Italien nach Salzburg, die gerade je eine mit Tragsäcken beladene Maultierkolonne mit ihrem Treiber beschreitet, in der herrlichen Alpenlandschaft eines der eindruckvollsten Bilder der Chronik.

Tafel 38

Freiherr Georg Khevenhüller (1534-1587) mit seiner ersten Gemahlin Sibylla geb. Weitmoser (1538-1564, verheiratet 1557) und seiner zweiten Gemahlin Anna geb. Turzo (verheiratet 1568, gest. als Witwe nach Christoph Welzer 1607). Rechts im Hintergrund stark idealisiertes Bild des Schlosses Mitterburg in Istrien mit dem Foiba-Fluß

Keinen größeren Gegensatz gibt es in der Khevenhüller-Chronik wie den zwischen Tafel 37 mit seiner köstlich genauen Wiedergabe der mittelalterlichen Stadt Gmünd und der schemenhaften Gestalt des Schlosses Mitterburg auf Tafel 38, die Landschaftsmaler III offenbar nach dem sogenannten Burgenbild von etwa 1590 konstruierte, das sich heute auf Hochosterwitz befindet und die Burgen, die einmal in Khevenhüller-Besitz waren, sehr willkürlich und oft geradezu falsch wiedergibt. Sicher ist der Maler nicht in Istrien gewesen, sondern hat sich nur erzählen lassen, daß die Burg auf einer felsigen Erhebung liegt und die Foiba-Schlucht, in die sie abfällt, auf beiden Seiten felsenreich ist. Denn beim Schloß Mitterburg handelt es sich um einen heute noch bestehenden fünfeckigen Baublock mit einem Hof inmitten; an dessen einer Ecke erhob sich 1690, als Freiherr von Valvasor seine „Ehre des Herzogtums Krain" schrieb und illustrierte, ein als Bergfried zu bezeichnender Turm. Die auf unserem Bild vorgeführte bauliche Vielgestaltigkeit bestand nicht; sie ist direkt der Darstellung von Mitterburg auf dem Hochosterwitzer Burgenbild entnommen. Da die Grafschaft Mitterburg, zu der ein Bischofssitz und 27 Pfarren gehörten, als die bedeutendste Erwerbung Georg Khevenhüllers erschien, hat man ihm und seinen zwei Frauen im 17. Jahrhundert die Burg, deren Hauptmann er rund 3½ Jahre war, zum Hintergrund gegeben, ohne zu berücksichtigen, daß er sie samt der Grafschaft nur vom 24. 4. 1574 bis Ende 1577 innehatte. Am 20. 10. 1573[g] hatte sie Erzherzog Karl dem Freiherrn Georg Khevenhüller gegen 50.000 Gulden Darlehen ab Georgi (24. 4.) 1574 auf drei Jahre verpfändet, eine Summe, über die der Erzherzog am 31. 3. 1574[g] quittierte. 100.000 Gulden bekam er von Georg am 1. 1. 1575[g] gegen 7 % Zinsen hypothekarisch auf die Grafschaft Mitterburg.

Aber Freiherr Georg Khevenhüller, der sich zunächst am 26. 2. 1574[g] vom Erzherzog hatte 500 Gulden zum Neubau von 4 Zimmern im Schloß Mitterburg gegen die Grube hin und einer Küche sowie des Meierhofes genehmigen lassen, hatte dort Mängel an den Einkünften vorgefunden und ließ sich, als Ende 1577 der Erblandstabelmeister von Kärnten, Leonhard von Keutschach, bereit war, dem Erzherzog 120.000 Gulden auf Mitterburg zu leihen, für die 100.000 Gulden Leihkapital vom Erzherzog am 1. 1. 1578[g] den gesamten Aufschlag, der an der Kremsbrücke vom Güterverkehr auf der Katschbergstraße kassiert wurde, samt den Einnahmen dieser Art an deren sämtlichen Filialämtern, nämlich zu Stadl an der Mur, Großkirchheim (Döllach im Mölltal), in der Reichenau und zu Mallnitz, in Oberdrauburg, Murau, Millstatt und Lieserhofen, verpfänden, weil dies sichere Einnahmen waren. So bekamen nach dem inzwischen erfolgten Tod Leonhards von Keutschach dessen Söhne Johann, Siegmund und Wolf am 24. 4. 1578[g] von Erzherzog Karl die Grafschaft Mitterburg gegen 120.000 Gulden verpfändet.

Georg Khevenhüller ist der bedeutendste Vertreter der Hochosterwitzer Linie seiner Familie. Am 8. 3. 1534[f] auf der Burg Pittersberg in Oberkärnten geboren, wo sein Vater Siegmund als Hauptmann der Grafschaft Ortenburg amtete, lernte er in der Jugend im Ausland Sprachen mit ausgezeichnetem Erfolg und mußte schon früh Selbständigkeit entwickeln, da sein Vater starb, als der Sohn erst 18 Jahre zählte. Zu seiner Hochzeit, die er am 21. 2. 1557[f] zu Villach mit Sibylla, der Tochter des reichen Tauerngoldgewerken Christoph Weitmoser hielt, entsandte Kaiser Ferdinand laut Befehl vom 21. Jänner[g] eigens den Kärntner Vizedom mit einem Trinkgeschirr im Wert von 100 Gulden als Präsent, hatte doch Weitmoser am 20. 10. 1555[g] dem damaligen König Ferdinand 34.000 Gulden zu 8 % Zins geliehen, die dieser 1554 gegen 12 % Zinsen bei Hans Rott dem Älteren hatte ausleihen müssen. Georg, der die Forderung seines Schwiegervaters gegen den Kaiser erbte, lieh diesem am 20. 10. 1559[g] noch weitere 10.000 Gulden zu 8 % Zins, ebenso am 1. 1. 1561[g] und ging bei der nochmaligen Leihe von 10.000 Gulden an den Kaiser am 20. 4. 1562[g] sogar auf 7 % Zinsen herab. Bald nach der Erreichung der Großjährigkeit erhielt Georg eine Stelle bei der niederösterreichischen Regierung, war zunächst in Kärnten Landesvizedom und von 1562 bis 1565 Landesverweser und von da an bis zu seinem Tode im Jahre 1587 mehr als 20 Jahre Landeshauptmann. Als Rat und Kämmerer Erzherzog Karls von Innerösterreich begleitete er diesen 1565 nach Linz zu den Erbschaftsverhandlungen mit dessen Brüdern, 1566 ins kaiserliche Feldlager bei Raab, wo er und seine Vettern Hans, Barthelmä und Moritz Christoph samt ihren Nachkommen von Kaiser Maximilian II. am 18. Oktober[w] in den Freiherrnstand erhoben wurden, und 1568 nach München zur Hochzeit Herzog Wilhelms von Bayern. In diesem Jahr wurde er Geheimer Rat und Hofkammerpräsident des Erzherzogs, mußte sich daher nach Graz begeben, blieb aber Landeshauptmann von Kärnten.

Seine Vettern, die Brüder Hans, Barthelmä und Moritz Christoph Khevenhüller, führten mit seiner Hilfe im Dezember 1569 ihre Erbteilung nach ihrem Vater Christoph Khevenhüller durch und zogen dann zusammen mit ihm nach St. Veit, um dort Erzherzog Karl zu empfangen und ihn am 31. 12. 1569 nach Klagenfurt zum Landtag des Jahres 1570 zu geleiten. Bei diesem hat Georg dem Erzherzog derartige Dienste geleistet, daß er in Anbetracht dieser und seiner vorigen Verdienste und der seiner Voreltern ihn zum obersten Hofmeister und obersten Kämmerer bestellte, so daß „Thobias Eusebius -[am Rand

heißt es: „Thobiae Euselij wort"] - in seinen fragmentis vom Khevenhillerischen Geschlecht dise Wort braucht, daß zu sagen durch dises Herrn hochen Verstandt, Fleiß, Aufrechtigkait und Vorsichtigkait allain ir fürstlichen Durchlaucht Landte sein geregieret worden."[f] Allerdings erfolgte Georgs Bestellung zum obersten Kämmerer erst an Michaelis (29. 9.) 1570, noch nicht beim Landtag, und wenn Euselius behauptet, Georg sei gleichzeitig auch oberster Hofmeister geworden — wir haben diese Stelle oben ausgelassen —, so geschah das erst am 1. Jänner 1575[g]. Dabei wird Georgs ausgezeichnete Rechnungslegung über sein Kämmereramt hervorgehoben, das nun an Wolf von Stubenberg überging.

Es gelang Georg 1570 auch, für seinen Herrn Erzherzog Karl durch Verhandlungen in München Maria, die Tochter Herzog Albrechts von Bayern, als Gemahlin zu gewinnen.

1571 wurde er auf eigenes Ersuchen seines Amtes als Hofkammerpräsident enthoben, blieb aber weiter als Oberstkämmerer und Obersthofmeister im Geheimen Rat. Als Hochzeitsgeschenk Kärntens überbrachte er am 11. 9. 1571 der neuen Landesfürstin Maria bei ihrem Einzug in Graz ein von Cellini gearbeitetes goldenes Gießbecken samt Kanne.[s]

In der Folge spielte Freiherr Georg Khevenhüller eine bedeutende Rolle in den Verhandlungen des Erzherzogs mit den Landständen, die größtenteils evangelisch geworden waren und die offizielle Anerkennung der freien Religionsausübung verlangten, so schon 1572 auf dem Grazer Landtag. Als 1577 die Türken Innerösterreich bedrängten, ließ sich Erzherzog Karl zur Erklärung der Gewissensfreiheit in Glaubenssachen herbei und äußerte in Gegenwart seiner Geheimen Räte, insbesondere Georg Khevenhüllers, er wolle keineswegs die protestantischen Prediger in Graz, Laibach, Klagenfurt und Judenburg vertreiben und ihre Schulen aufheben. Khevenhüller war es, der zusammen mit dem Kanzler Kobenzl dem Brucker Landtag 1578 die Gültigkeit dieser Zusicherung des Erzherzogs versicherte. Doch als im Oktober 1579 in München, wo auch Erzherzog Karl zugegen war, die Grundzüge der Gegenreformation in Innerösterreich festgelegt worden waren, verfügte der Erzherzog am 10. 12. 1580 die ausschließliche Ausübung der katholischen Religion in allen landesfürstlichen Städten und Märkten, worauf sich der Zorn der Stände gegen Khevenhüller und Kobenzl richtete, bis schließlich Erzherzog Karl zum Widerruf seiner Verfügung vom 10. 12. 1580 veranlaßt werden konnte.[s]

Als dieser Widerruf erfolgte, befand sich Freiherr Georg Khevenhüller schon in Kärnten, um dort als Landeshauptmann weiter zu amten. Im Jänner 1580 hatte er sich bereits vom Obersthofmeisteramt entheben lassen, nachdem er am 20. 5. 1579[k] darum vorstellig gewesen war. Dies erschien ihm umso wünschenswerter, als man in München im Oktober 1579 dem Erzherzog vorgeschlagen hatte, den ganzen Hof, insbesondere die Geheimen Räte, wieder zum Katholizismus zurückzuführen. Dazu war der überzeugte Protestant keineswegs bereit. Von Erzherzog Karl erhielt er für seine Dienste 15.000 Gulden Gnadengeld und zu einer goldenen Kette extra 1.500 Gulden. Die Obersthofmeisterstelle wurde zeit seines Lebens nicht neu besetzt, wie die Annales Ferdinandei des Grafen Franz Christoph Khevenhüller berichten. Am 12. 1. 1581 schrieb Georg an Hans V. Khevenhüller, er komme sich seit seinem Abschied von Hof um zehn Jahre jünger vor. „Wann Ich von Wernberg und Osterwicz khomb, ist alda mein Burgenlust, sonderlich wann Weib und Kind bey mir", fährt er fort. Dieser Satz geht uns stark ins Ohr und erklärt, warum gerade Landeshauptmann Freiherr Georg Khevenhüller Hochosterwitz zur schönsten Burg der Welt gestaltete. Freudig erwähnt Georg in seinem Brief, daß sein Sohn Franz aber noch in Erzherzog Maximilians Kammerdiensten stehe, also derzeit alle Khevenhüller, sechs an der Zahl, abgesehen von zwei Kindern, Kammerdiener der österreichischen Fürsten seien, wofür Gott zu danken sei. Diese Bemerkungen zeugen von des Landeshauptmanns enger Bindung an den Hof und besonders an die Persönlichkeit des Erzherzogs Karl, den er übrigens auch noch 1581 nach Prag und 1582 nach Augsburg begleiten mußte, um Hilfe gegen die Türken zu erwirken. In Wien wohnte er 1582 den Beratungen über die Grenzverteidigung bei.[s]

Infolge seiner Vertrauensstellung gegenüber Erzherzog Karl und durch sein sorgsames Wirtschaften war es dem Freiherrn Georg Khevenhüller möglich, seinen Besitz sehr zu mehren. Im September 1575[w] vermochte er festzustellen, daß sich sein Vermögen von 1555 bis 1575 von 28.000 auf 218.000 Gulden gesteigert hatte. Dabei werden zunächst die in Georgs vollem Eigentum stehenden Güter aufgezählt und veranschlagt: Burg Aichelberg, die aus Familienbesitz kam, mit 12.000 Gulden, das Schloß Wernberg, das nach dem Aussterben der dortigen Khevenhüller-Linie 1561 an die anderen Familienmitglieder gelangte und Georg Khevenhüller von seinen Vettern Hans, Barthelmä und Moritz Christoph 1569 gegen Zahlung von 10.000 Gulden allein überlassen worden war, mit 40.000 Gulden. Hochosterwitz und das Amt Kraig wurden mit 42.000 Gulden bewertet und die Weidenburg im Gailtal mit 10.000. Zu letzteren Besitzstücken ist zu bemerken, daß am 18. 3. 1571[g] Erzherzog Karl dem Freiherrn Georg Khevenhüller, der am 11. 11. 1569[c] von Sebastian Windischgrätz Schloß und Freiherrschaft Thal in der Steiermark um 40.000 Gulden gekauft, diese aber dem Erzherzog wegen ihrer zu Graz günstigen Lage überlassen hatte, die Herrschaften Osterwitz und Himmelberg sowie Schloß und Amt Weidenburg um 39.000 Gulden unter Verzicht auf jedes Rückerwerbsrecht verkauft hat. Georg hat gleichzeitig die Pfandsumme abgelöst, welche seine drei Vettern, Hans, Barthelmä und Moritz Christoph, auf Himmelberg und Osterwitz liegen hatten, während er Schloß Weidenburg als Erbe schon pfandweise innehatte. Für die Herrschaft Himmelberg war das allerdings nur ein Durchgangsstadium; Georg überließ nämlich seinem Vetter Hans V. am 25. 4. 1571[l] diese Herrschaft ins Eigentum. Auf solche Weise waren alle vier Angehörigen der Familie Khevenhüller zufriedengestellt; denn es war über Erzherzog Karls Günstling Georg Khevenhüller gelungen, Himmelberg der Frankenburger Linie ins Eigentum zu gewinnen.

Wie eng die Zusammenarbeit der drei Vettern mit Georg gestaltet war, der sich der besonderen Wertschätzung des Erzherzogs Karl erfreute, von der seine Vettern gern profitierten geht aus der Bemerkung[t] hervor, die Hans V. an die Ablassung von seinem und seiner beiden Brüder Teil von Wernberg an Georg und dessen Beschaffung des Eigentums an Himmelberg für sich knüpft: „So und nachdem unser vetter herr Sigmund Khevenhüller von Wernberg seliger uns Khevenhüller dem mannstammen ain donation über Wernberg gethan, haben wir uns unsers Tails in ansehnung, das herr Georg Khevenhüller, landshaubtman, unser vetter sich daher vetterlich und wol jederzeit verhalten und dem der halb tail ohne das gehörig, auch verhilflich gewest, das das ambt Himblwerg von den landesfürsten aigentümblich und erblich daher bekommen worden, dahin bewegen lassen, ihme unser gebrueder gebürenden tail an bemeldten schloß um geburliche billiche bezahlung, als nemblich zehentausend gulden, folgen zu lassen. Dem ebigen guetigen Gott sei lob, ehr und dank umb seine gnadenreichen wolthaten, der wolle könftig sein hand von uns auch nicht abziehen, Amen."

Das Amt Kraig, das Georgs Onkel Christoph samt Schloß und Amt Osterwitz seit 22. 11. 1541[g] pfandweise innegehabt hatte, kam am 26. 5. 1571[g] in derselben Eigenschaft an Georg gegen eine Bestandssumme von 12.000 Gulden, die am 8. 12. 1573[g] auf 16.000 Gulden erhöht wurde. Freiherr Georg Khevenhüller war daher bemüht, dieses Amt von Erzherzog Karl zu eigen zu erwerben, um weiterer Steigerungen enthoben zu sein, was ihm am 24. 4. 1575[g] um 26.000 Gulden gelang.

Als weitere Eigengüter des Freiherrn Georg Khevenhüller führt das Verzeichnis von 1575 das Schloß Mörtenegg in Villach-St. Martin, das an Georg von seinem Vater Siegmund gekommen war, mit 6.400 Gulden Wert an, Haus und Garten zu Klagenfurt mit 4.000 Gulden, das Schloß Freienthurn bei Klagenfurt, das er kurzfristig besaß, mit 4.500 Gulden und die Dielenmaut an der Drau zu Villach, die er am 14. 8. 1569[g] von Erzherzog Karl gegen 1 Golddukaten Jahresabgabe zu Kaufrecht erhielt, sowie die Einfuhr von 200 Fuder Salz aus dem Hallamt Aussee für das Erblandstallmeisteramt in Kärnten laut Verschreibung desselben Erzherzogs vom 15. 8. 1575[g] im Wert von 2.400 Gulden, zusammen 127.300 Gulden. Das ebenfalls vom Vater geerbte Villacher Venezianer-Haus, das als Rathaus im 2. Weltkrieg Bombenschaden hatte und an dem Georg laut Wappen vom Schlußstein des Hauptportals baute, wird gar nicht eigens wertmäßig erfaßt, vielleicht weil es gerade im Umbau war.

Pfandweise hatte die Herrschaft Karlsberg bereits Georgs Vater Siegmund nach der von ihm am 15. 9. 1548 gegenüber Christoph Rauber getätigten Ablöse seit 17. 9. 1550[g] um 10.005 Gulden auf 8 Jahre und am 24. 4. 1552 auf Lebzeiten und darüber hinaus noch 15 Jahre nach seinem Tode an die Erben überlassen bekommen. Als diese Zeit auslief, hatte Georg Karlsberg von Erzherzog Karl am 18. 7. 1567[g] auf Lebzeiten verpfändet bekommen und am 15. 1. 1568[g] noch auf 12 Jahre über seinen Tod hinaus. Auf die Burg Dürnstein an der steirisch-kärntnerischen Grenze hatte Georg 1573 12.000 Gulden Pfandsumme gegeben und dafür von Erzherzog Karl am 1. 4. 1573[g] einen Pfandbrief über 11.509 Gulden erhalten; doch löste Dürnstein vier Jahre später Viktor Mager ab und erhielt darüber die erzherzogliche Verschreibung vom 9. 1. 1577.[g] Wenn im Verzeichnis nach Durchstreichung von Dürnstein Schloß und Amt Weißenfels stehen, so gilt das erst für die Verschreibung des Erzherzogs Karl vom 28. 12. 1578[g] und eine Pfandsumme von nur 3.445 Gulden. An weiteren Pfandgütern sind angeführt das Amt Wörth, d. h. die Millstätter Güter des St. Georgsordens in Maria Wörth und Umgebung, die Erzherzog Karl dem Freiherrn Georg am 20. 3. 1572[g] auf sechs Jahre zunächst gegen jährliches Bestandsgeld von 320 Gulden verlieh, um sie ihm am 24. 4. 1574[g] um 6.500 Gulden auf 6 Jahre zu verpfänden, mit eben diesen 6.500 Gulden und die Peuscherische Gült mit 6.100 Gulden. Das ergibt 33.546 Gulden bar geliehenes Geld. Dazu lagen auf der 1574 an Georg Khevenhüller vom Erzherzog verpfändeten Grafschaft Mitterburg in Istrien 46.500 Gulden, und auf dem Vizedomamt in Kärnten waren 12.000 Gulden angelegt. Zusätzlich sei noch erwähnt, daß Georg Khevenhüller auch eine kurze Zeit das Schloß Freudenberg bei Pischeldorf innehatte, bis er es am 29. 9. 1573[g] dem Erzherzog aufsandte, nachdem er es seinem Schwager Melchisedek Senuß, der mit Barbara Khevenhüller verheiratet war, verkauft hatte.

Aus Urkunden wissen wir von einer Verpfändung des Zeughauses zu St. Veit an der Glan, das als des Erzherzogs Behausung bezeichnet wird, am 9. 8. 1571[g] sowie des Amtes und Gerichtes Cormons und des Amtes Gradiska im Görzischen am 6. 2. 1573[g] an Landeshauptmann Freiherrn Georg Khevenhüller, die aber des verstorbenen Vorbesitzers Franz von Thurn Sohn Raimund laut Urkunde vom 28. 8. 1575[g] wieder an sich brachte, ferner von der Belehnung Georgs mit dem Landgericht Krumpendorf am 28. 4. 1573[k], das später 1599[e] von Georgs Nachkommen an Wolf Mager von Fuchsstadt zu Mageregg kam. Am 20. 6. 1576[w] gelang es dem Freiherrn Georg Khevenhüller, Schloß und Herrschaft Obertrixen von Erzherzog Karl zu eigen zu erwerben, am 14. 4. 1580[g] Hauptmannschaft, Herrschaft, Schloß und Stadt Gmünd um 28.000 Gulden pfandweise. Fischrechte im Wörther See zu Dellach und in der Gurk zwischen Krobathen und Zweibrücken sind kleinere Gunstbeweise Erzherzogs Karls für Georg vom 3. 1. und 1. 2. 1573[g].

Am 18. 11. 1577[w] verleiht Erzherzog Karl an Georg auch die Gerichtsbarkeit zu Annabichl, wo er seiner zweiten Gemahlin, Anna geb. Turzo, ein Schloß baut. Zur Hochzeit, die am 25. 1. 1568[f] zu Villach stattfand, war von Erzherzog Karl Graf Ehrenfried von Ortenburg am 21. 10. 1567[g] mit einem Trinkgeschirr im Wert von 100 Gulden und „unser Gnad und alles Guts anzeigen" entsandt worden. In Klagenfurt hatte Georg Khevenhüller von Leonhard von Keutschach ein Haus erworben, das 1568 durch einen Neubau ersetzt wurde, von dem Georg die Hälfte seinen Vettern Hans, Barthelmä und Moritz Christoph überließ. Die Baukosten von 4.714 Gulden wurden gemeinschaftlich getragen.[t] Georg und seine drei Vettern erhielten am 10. 1. 1572[w] von Kaiser Maximilian II. auch das Wappen des ausgestorbenen Geschlechts derer von Weißpriach verliehen, da der letzte dieses Geschlechts, Ulrich, gestorben und Siguna von Weißpriach, Gemahlin Augustin Khevenhüllers, ihre Großmutter war (Abb. 37, S. 98).

Das Wappen wird folgendermaßen beschrieben: ein quadrierter Schild, dessen erstes und viertes Feld gespalten ist, vorn in Silber drei schwarze rechte Spitzen zeigt und hinten schwarz ist. Im zweiten und dritten silbernen Feld steht ein schwarzer gekrönter Adler mit gelben Krallen und Schnabel, roter

herausgestreckter Zunge, den Kopf nach rechts gerichtet, die Flügel zum Flug erhoben, ausgebreitet, an der Brust einen goldenen Halbmond mit aufwärts stehenden Spitzen. Auf dem Wappen sitzen zwei offene adelige, mit schwarzen und weißen Helmdecken gezierte Turnierhelme mit Königskronen; auf der linken Krone ein Adler mit Halbmond wie im Wappen, auf der rechten sehr lange Straußenfedern, die erste und dritte von links in Gelb, die zweite und fünfte in Weiß, die dritte und sechste in Schwarz (Abb. 56, S. 180).
Am 13. März 1565[w] verlieh Erzherzog Karl überdies an Georg Khevenhüller und seine drei Vettern Hans, Barthelmä und Moritz Christoph sowie ihre männlichen Leibeserben und zwar immer jeweils an den ältesten unter ihnen das Erblandstallmeisteramt in Kärnten. Aus den achtziger Jahren ist noch erwähnenswert, daß Freiherr Georg Khevenhüller am 6. Mai 1581[g] die Herrschaft Mahrenberg in der Steiermark pfandweise erwerben und nicht lange vor seinem Tode noch für die Herrschaft Karlsberg am 8. 11. 1586[g] das volle Eigentum erlangen konnte, ebenso am 29. 1. 1587[g] für Schloß und Herrschaft Neudenstein, so daß diese dann durch den Erzherzog oder seinen Nachfolger nicht rücklösbar waren,ein Recht, das nach Georgs Tode dessen Nachkommen vieler Pfandgüter beraubte, selbst Mahrenbergs, für das ausdrücklich auch den Söhnen das Pfandrecht zugesichert war, und dies, obwohl sie sich ein Jahr lang gegen die Rücklösung sträubten.
Ohne nähere Beschreibung gewährte Erzherzog Karl am 28. 5. 1571[w] dem Landeshauptmann Freiherrn Georg Khevenhüller, aber auch seinen Vettern, das Recht, sich „von Hohen-Osterwitz“ zu nennen und das Wappen derer von Aufenstein zu führen, da diese hievor solche Herrschaft Hochosterwitz inne gehabt hätten, obwohl das nie der Fall gewesen ist. Hier beginnt die seit 1563 betriebene Einfügung von Märchen in die von Landeshauptmann Christoph Khevenhüller unverfälscht überlieferte Khevenhüller-Geschichte. Dieser Stammvater der Khevenhüller-Geschichtsschreibung hatte in der auf seine Veranlassung um 1550 geschaffenen Ahnengalerie (Abb. 1—12, S. 20/21) stets genauso wie auf seinem mit Wappen und Inschriften bis zu den Großeltern väterlicher- und mütterlicherseits zurückreichenden Grabmal in der Jakobskirche zu Villach vollkommen der Wahrheit die Ehre gegeben und sich nur bei dem ältesten Vorfahren durch Rüxners Turnierbuch bestimmen lassen, diesen Ahnen ins Jahr 1165 zurückzuversetzen, wobei er sich standhaft geweigert hatte, ihm den überlieferten Vornamen Hans zu nehmen und diesen durch Siegmund zu ersetzen. Aber nun zeigt der älteste, von Georg Khevenhüller schon laut einer Inschrift, was die darauf wiedergegebenen Burgen und Schlösser anlangt, 1560 ins Werk gesetzte und 1568 vollendete Khevenhüller-Stammbaum, der farbig heute im Nordischen Museum in Stockholm aufbewahrt wird (Abb. 32, S. 78/79), da ihn Georgs Enkel Paul nach Schweden mitnahm, Siegmund Khevenhüller 1148 angeblich verheiratet mit einer Mechthild von Aufenstein als Ausgangspunkt der Ahnenreihe und daran anschließend fünf Träger des Vornamens Hans hintereinander vor Augustin, obwohl es in Wirklichkeit nur drei waren, und der 1571 gezeichnete und 1573 in Kupfer gestochene zweite Stammbaum desselben Autors (Abb. 22, S. 55) unterscheidet sich darin nicht. Die Aufensteiner brauchte Georg, da er von den bedeutenden Leistungen dieses Geschlechts als Landeshauptleute von Kärnten gehört hatte und ihre angebliche Verbindung mit Hochosterwitz in Rechnung zog, um sich und seinen Vettern 1571 auch deren Wappen verleihen zu lassen. Daß es ein Auf (Uhu) war, wird nirgends gesagt, da sich offenbar Erzherzog Karl und die Khevenhüller der Problematik dieser Wappenverleihung nach Jahrhunderten bewußt waren.
In der von Freiherrn Georg Khevenhüller 1583/84 eigenhändig

56: Das Wappen der Herren von Weißpriach laut Wappenbrief vom 10. 1. 1572

niedergeschriebenen „Der Herren Khevenhüller Lebensbeschreibung“[k] schiebt er dann zwischen Siegmund und den ersten Hans noch einen Achatz ein und vermerkt auf Blatt 9 eine ganze Reihe von Vornamen, über die er nicht eigens handelt, sondern auf die betreffenden Folia des von seinem Prädikanten Michael Gothard Christalnick verfaßten, auf die Khevenhüller bezüglichen Auszugs aus dessen Historia Carinthiaca verweist und sucht, mit vier Trägern des Namens Hans bis zu Augustin durchzukommen. Trotz dieser Aufblähung mit legendären Namen ist aber für die Khevenhüller-Historie namentlich des 16. Jahrhunderts Georgs liebenswürdige Aufzeichnung eine wertvolle Quelle, welche der noch viel weiterreichenden Legenden entbehrt, die aus den Aufzeichnungen Christalnicks und den „Fragmentis vom khevenhillerischen Geschlecht“ des Privatlehrers von Georgs Großneffen und Enkeln, Tobias Eiselius alias Eusebius, in die 1619 begonnene Khevenhüller-Historie des Grafen Franz Christoph und in die daraus komprimierte Khevenhüller-Chronik von 1625 geraten sind, deren Bilder wir hier veröffentlichen. Freiherr Georg Khevenhüller kann sich jedenfalls rühmen, der erste Geschichtsschreiber aus dem Geschlecht der Khevenhüller zu sein, da seine Darstellung seinen Vorfahren gewidmet ist, nicht - wie die Aufzeichnungen anderer Mitglieder seines Geschlechtes - den eigenen Leistungen.

Noch stärker und in der Öffentlichkeit auffallender ist Georg Khevenhüllers Manifestation in seinen Bauten, vor allem den Schlössern Wernberg und Hochosterwitz, die seinen Ruhm noch heute jedem Besucher verkünden. In Wernberg, wo von 1570 bis 1576 gebaut wurde, hat er sich selbst im Innenhof 1572 von einem ausgezeichneten Künstler im Relief abbilden lassen und 1575 außen im Schlußstein des Eingangsportals zusammen mit seinen zwei Gemahlinnen von einem weniger talentierten Meister. Auf Hochosterwitz, wo von 1570 bis 1583 gebaut und 1586 noch die Burgkapelle hinzugefügt wurde, hat Landeshauptmann Freiherr Georg Khevenhüller 1570 im Landschaftstor das Wappen Kärntens und 1576 im Waffentor die Marmorbüste seines Herrn und Gönners Erzherzog Karl anbringen lassen. Auf beiden Schlössern künden Steininschriften von der Leistung Georgs. Im Nebeneinander seiner betend knieenden Gestalt im silbernen Harnisch, von einem hervorragenden Künstler in Lindenholz geschnitzt und farbig gefaßt (Abb. 57, S. 181) und einer ebenso wohlgelungenen und farbig behandelten Holzstatue eines nackten Weibes, vielleicht von einer Adam- und Evagruppe stammend (Abb. 58, S. 181), wie es im Burgmuseum zu Hochosterwitz zu sehen war, kommt das Lebensgefühl dieser Menschen der deutschen Renaissance zum Ausdruck, die einerseits in Anlehnung an die Antike die Körperschönheit wieder entdeckten und sich andererseits durch Luthers Reformation und die damit gegebenen starken Glaubensimpulse aufs stärkste beeindruckt zeigten.

Die Monumentalität von Hochosterwitz wurde bereits von Georgs Zeitgenossen und Nachfahren anerkannt. Graf Franz Christoph Khevenhüller, der über des Freiherrn Georg kurzes Exposé einer Khevenhüller-Geschichte in den Jahren 1619/28 zu einer vieltausendseitigen Khevenhüller-Historie und Kärntner Landesgeschichte vorgestoßen ist, berichtet auf Seite 4699 im 18. Buch seines Werkes, wie Erzherzog Karl am 28. 3. 1570 Hans V. Khevenhüller dazu bestimmt habe, seine Gerechtigkeit an Hochosterwitz an Georg zu überlassen, der darauf diese Herrschaft gegen die Herrschaft Thal an sich gebracht „und mit so statlichen Gebeyen und Fortification, auch allerley Khriegswaffen und großen Stuckhen versechen, das man’s für die statliche Vestung eine in allen selben Khönigreich und Ländern halten thuet.“ Hochosterwitz galt also auch im frühen 17. Jahrhundert als eine der stärksten Festungen der gesamten Habsburger-Monarchie. Um dies noch besonders zu

57: Georg II. Khevenhüller, 1534—1587, Holzplastik um 1575

58: Weibliche Plastik, aus einer Adam- und Eva-Gruppe (?) Holz, um 1575

betonen, erlaubte Erzherzog Karl dem Freiherrn Georg 1571, daß sich der Verwalter zu Hochosterwitz „Burggraf zu Hochosterwitz" nennen darf, und Balthasar Kulmer wurde als erster Burggraf dahin gesetzt.
Auch als Kriegsmann hat sich Freiherr Georg Khevenhüller 1578 als Generalfeldobrist im kroatischen Feldzug bewährt, dem Feinde drei Festungen abgenommen und ihn, als er nach Georgs Abzug diesem mit 6000 Mann ausgezogenen Heerführer mit 28.000 Mann folgte, neuerlich in die Flucht geschlagen. Doch war Georg froh, mit Gottes Hilfe gesund, 'doch um etliche Pfund geringer und am Haupt grauer' wieder zurückgekommen zu sein, und zog aus dem Feldzug die Lehre: „Khriegssachen lassen sich nicht bindten, stehen im Gewinnen und Verliehrn."
Des Grafen Franz Christoph Khevenhüller-Historie erwähnt zu den bisherigen Bauten des Freiherrn Georg Khevenhüller noch zusätzlich die Häuser in Villach und Klagenfurt sowie das Schloß Annabichl, die wir bereits behandelten, sagt aber auch, daß er im Schloß Mörtenegg wesentliche Baumaßnahmen durchführte und das Spital zu Wernberg von Grund auf errichtete, wobei sie darauf hinweist, daß er gegen Arme Wohltätigkeit übte. In besonders reizvoller Weise wird das in den beiden illuminierten Stiftungsbüchern des neuen evangelischen Spitals in Klagenfurt aus den Jahren 1582 und 1583[k] zum Ausdruck gebracht, von wo wir eine von dem Klagenfurter Renaissance-Maler Anton Blumenthal geschaffene Seite hier abbilden (Abb. 59, S 183). Der Landshauptmann hat dabei eine Girlande um die ganze Seite bekommen, in der die Eichel eine wesentliche Rolle spielt. Er stiftete 400 Gulden zum Bau des neuen evangelischen Spitals samt Kirche und 600 Pfund Pfennige für die Armen; von letzterem Betrag sollte eine volle Armenpfründe bestritten und außerdem alljährlich am Georgs-Tage (24. 4.) eine Spende von 5 Pfund Pfennigen unter die Armen verteilt werden.
*Landeshauptmann Freiherr Georg Khevenhüller hat auf dem Schlosse Wernberg eine Ahnengalerie geschaffen, von der dort aber nichts mehr zu sehen ist. Wir besitzen aus seiner Zeit lediglich die Porträts seiner zwei Gemahlinnen, von denen das Konterfei der ersten, Sibylla, Tochter des reichen Gasteiner Gewerken Christoph Weitmoser und seiner Gattin Elisabeth Väczl, die am 27. 5. 1538 das Licht der Welt erblickt hatte, noch in die Gruppe der von Landeshauptmann Christoph Khevenhüller um 1550 in Auftrag gegebenen Familienbildnisse gehört (Abb. 13, S. 22). Sibylla wurde Mutter der Söhne Siegmund III. (*1558) und Franz II. (*1561) sowie der 1560 geborenen Katharina, die 1579 den Grafen Johann von Ortenburg aus dem Hause Salamanca heiratete, und der früh verstorbenen Anna Maria (1562-1564) und Elisabeth Anna (1564-1568); sie selbst starb in jungen Jahren, wohl am Kindbettfieber nach Elisabeth Anna am 6. November 1564. Ihr schwarzes, vorne offenes Seidenbrokatoberkleid mit langen Puffärmeln ist auf den Ärmeln und an den Säumen reich mit Goldborten verziert, das Unterkleid aus demselben Material ebenfalls unten sowie oben in der Brustpartie. Den Kopf bedeckt ein auf den Seiten ebenfalls reich mit goldenen Dreiecksmustern verziertes steifes schwarzes Barett, das Haar eine Goldfadenhaube. Im viereckigen Halsausschnitt kommt das goldgestickte weiße Leinenhemd hervor, das am Hals oben mit kleinen weißen Rüschchen mit Goldspitzensaum schließt. An goldener Halskette hängt ein kostbares Kleinod. Drei weitere goldene Halsketten reichen mehr nach unten; eine um die Taille gelegte Goldkette geht gar bis zum Boden herab, wie das in der Renaissance vielfach üblich war. Mit beiden Händen hält die Schöne weiße Lederhandschuhe.*
Die ungarischem Adel entstammende Anna Turzo, geb. 1546, heiratete Freiherr Georg Khevenhüller am 25. 1. 1568. Sie ist 1571 in ihrem 26. Lebensjahr und im dritten ihrer 1569 geb. Tochter Maria Elisabeth, die später Rudolf von Stubenbergs Gemahlin wurde, porträtiert, wie aus den Beschriftungen des qualitätsvollen Bildes ersichtlich ist (Abb. 14, S. 22). Auch ihr der spanischen Hoftracht entlehntes schwarzes Oberkleid mit Puffärmeln klafft vorne weit auseinander, so daß das gleichfalls schwarze Unterkleid in einem breiten Ausschnitt sichtbar wird, in der Mitte und am unteren Saum mit drei Bahnen weißer Zickzackstickerei verziert, ebenso mit zwei solchen über den goldgelben gezipfelten Manschetten an den langen Ärmeln; die Halsumrahmung entspricht in Farbe und Aufmachung den Manschetten. Kostbar ist die goldene perlenbesetzte Zier des braunen Haares unter dem mit Gold und Perlen geschmückten steifen schwarzen Barett. An goldener Kette hängt um den Hals ein perlenbesetztes Kleinod. Eine kostbare, auch von oben kommende, nicht nur um die Taille gelegte geflochtene Goldkette reicht bis fast zum Boden. Die kleine Maria Elisabeth trägt ein dunkelblaues Oberkleid mit Puffärmeln, unten orange gesäumt, ein Mieder aus demselben Stoff mit langen Ärmeln und ein teils von Spitzen durchbrochenes weißes Hemd, um den Hals ein breites, eng anliegendes Goldhalsband und eine geflochtene Goldkette mit herzförmigem Goldanhänger, auf dem Braunhaar ein dünnes goldenes Diadem. Die zweite Tochter Maria (1571-1618) später zuerst mit Moritz Welzer und dann mit Heinrich von Polheim verheiratet, war offenbar noch nicht auf der Welt.
Auf dem Bild der Khevenhüller-Chronik von 1625 ist die Darstellung von Georg Khevenhüllers erster Gattin Sibylla der des Bildes aus der offenbar bis gegen 1565 geführten Bildersammlung des Landeshauptmannes Christoph Khevenhüller (+ 1557) sehr ähnlich. Nur ist die Goldbortenverzierung des Obergewandes wesentlich dezenter, die des Untergewandes fehlt; auch die Goldzier des Baretts ist verhaltener. Die von der Taille herunterhängende geflochtene Kette endet in einem herzförmigen durchbrochenen Anhänger, der Zeigefinger der linken Hand trägt einen Goldring mit großem Halbedelstein. Die Tracht von Anna Turzo, der zweiten Gemahlin, entbehrt der Zier durch weiße Zickzackbänder; auch hält die Schöne ein Taschentuch mit Spitzenrand in der Rechten, die nach innen gewinkelt ist, nicht aber helle Lederhandschuhe in der nach unten fallenden Hand wie auf dem Bild von 1571, auch je einen Fingerring am kleinen Finger der rechten Hand und am vorletzten der linken, während auf dem Bild von 1571 beide Zeigefinger Ringe tragen. Die um die Taille gelegte Goldkette hat Anna mit der Linken gefaßt und samt dem Goldanhänger vom Boden ein Stück hochgezogen. Landeshauptmann Freiherr Georg Khevenhüller persönlich trägt das damals übliche kurze tressenbesetzte spanische schwarze Seidenbrokat-

mäntelchen, ein gestepptes schwarzes Wams mit langen Ärmeln, den hochgestellten Halskragen und die Rüschen an den Ärmelenden aus weißem Leinen mit Spitzensaum. Schwarze anliegende Beinlinge und schwarze Lederhalbschuhe vervollständigen die Kleidung. Den Renaissance-Goldgriff seines Degens faßt Georg mit der Linken, und ein Paar hellbraune Lederhandschuhe hält er in der Rechten. Auf dem Haupt sitzt ein schwarzes, leicht goldverziertes Barett, unter dem das braune Haar und der in einen Schnurr-und Spitzbart auslaufende Backenbart hervorquellen. Daß Georg verhältnismäßig klein von Statur war, wie berichtet wird, zeigt auch dieses Gemälde. Doch spricht der durch sein Werk bezeugte Unternehmungsgeist aus seinen blauen Augen. Unter den Khevenhüllern des 16. Jahrhunderts war Landeshauptmann Freiherr Georg Khevenhüller zweifellos die bedeutendste und erfolgreichste Persönlichkeit; dazu verhalf ihm auch seine enge Freundschaft mit Erzherzog Karl. Auf wirtschaftlichem Gebiet übertraf ihn vielleicht sein Vetter Barthelmä, der aber dem politischen Leben fernstand, während dessen Bruder Hans V. zwar einflußreicher kaiserlicher Botschafter in Spanien war, aber seine Kräfte dadurch zu sehr in der Außenpolitik und ihren Tücken verzehren mußte. Erstaunlich wird Georgs Leistung, wenn man bedenkt, daß er bereits mit 53 Jahren am 19. 9. 1587, als er in Klagenfurt in Landesangelegenheiten weilte, vom Tod dahingerafft wurde, während Barthelmä doch fast 74 Jahre und Hans V. 68 Jahre alt wurden.

Schon 1579 hat er sich nach der Gepflogenheit jener Zeit in der Villacher Pfarrkirche ein Grabmal aufrichten lassen, dessen Inschrift Franz Christoph Khevenhüller zitiert, weil sie kennzeichnend für die Bedeutung und die religiöse Einstellung dieses großen Khevenhüllers ist: 'In Gott unserm Heiland ruht allhier dreier römischer Kaiser, auch zu Ungarn und Böhmen Königen Ferdinands I., Maximilians II. und Rudolfs Rat, auch des durchlauchtigsten Fürsten und Herrn Carls Erzherzogen zu Österreich, Herzogen zu Burgund geheimer Rat, oberster Hofmeister, oberster Kämmerer und oberster Erblandstallmeister und Landeshauptmann in Kärnten Herr Georg Khevenhüller zu Aichelberg, Freiherr auf Landskron und Wernberg, Erbherr auf Hochosterwitz, Oberhauptmann und Pfandinhaber der Grafschaft Mitterburg, Herrschaft Gmünd und zu Karlsberg. Aufgerichtet zu Lebzeiten im 1579. Jahr.' Diese Inschrift hat Freiherr Georg Khevenhüller 1580 noch durch eine auf Jesu Erlösungstod hinweisende Prophezeiung Jesaias und durch lateinische Verse ergänzen lassen, welche die Liebestat der Aufopferung Christi eindringlich schildern und preisen. Sie sind kennzeichnend für den festen Glauben, in welchem ein gläubiger Protestant jener Zeit starb.

59: Georg II. gewidmete Bildseite im Stiftungsbuch des evangelischen Spitals in Klagenfurt, 1582 gemalt von Anton Blumenthal (s. S. 182)

…rer Starb A° 1592 seines alters im 33 Jahr ware ain gelehrter verstandig Cavalier, legt zu…
…Regina von …hausen frey…

Tafel 39

Siegmund III. Khevenhüller (1558-1594) und seine Gattin Regina von Thannhausen um 1586
In der rechten Bildhälfte die Propstei Kraig; davor wird doppelspännig gepflügt

Siegmund, der älteste Sohn Georg Khevenhüllers aus seiner ersten Ehe, der am 21. 11. 1558 im Schloß Mörtenegg zu Villach zur Welt kam, litt viel unter Krankheit und erreichte daher nur ein Alter von 35 Jahren, als er im Juni 1594[c] starb. Er war auch nicht mehr in der Lage, das Erbe des Vaters, soweit es sich um verpfändete Güter handelte, zu halten. Die Herrschaft Mahrenberg, die an Georgi 1588 an den neuen Pfandinhaber Hans Ambros Grafen von Thurn hätte abgegeben werden sollen, behielten er und sein Bruder Franz II. noch ein Jahr länger; aber das Sträuben half nichts. Der Vater, den Erzherzog Karl so hoch schätzte, lebte nicht mehr, und die Söhne waren ihm keineswegs ebenbürtig, insbesondere verfügten sie nicht über die Geldmittel, mit denen ihr Vater die Gunst des Erzherzogs bewahrt hatte. So kann von Siegmund III. Khevenhüller in des Grafen Franz Christoph Historie seines Geschlechts überhaupt nur berichtet werden, er habe die Herrschaft Kraig von den Grafen von Hardegg gekauft, nachdem es seinem Vater gelungen war, das Amt Kraig 1575[g] von Erzherzog Karl ins Eigentum zu erwerben. Am 24. 10 1583[l] urkundet Graf Hans von Hardegg noch auf Kraig. Der Besitzübergang von diesem an Siegmund III. erfolgte 1591[wi]. Zur Herrschaft Kraig gehörten das Patronatsrecht und die Vogtei über die Propstei Kraig. Daher ist auch diese auf Siegmunds Portrait wiedergegeben, wie sie heute noch ganz ähnlich aus der Pfarr- und Propsteikirche mit Vierungsturm und hohem Chor im Osten und einer Renaissance-Vorhalle im Westen, dazu dem hochragenden spitzhelmigen Wehrturm im Norden und der Ulrichskapelle südlich unterhalb der Kirche besteht. Hingegen existiert die Kapelle im Südwesten der Propsteianlage nicht mehr. Von Interesse ist es, wie im Vordergrund doppelspännig gepflügt wird, wozu zwei Arbeitskräfte nötig sind. Der rote Rock kennzeichnet den Schimmelreiter im Pfluggespann als landwirtschaftlichen Verwalter.
Mit der Herrschaft war die Vogtei und das Präsentationsrecht über die Propstei Kraig verbunden, und die Geistlichen wie die zur Pfarre gehörenden Untertanen waren seit den fünfziger Jahren des 16. Jahrhunderts unter den Herren von Kraig, den Grafen von Hardegg, und schließlich unter den Khevenhüllern evangelisch. Erzherzog Ferdinand, der Sohn Erzherzog Karls, versuchte nun 1598 dort einen katholischen Propst einzuführen, obwohl seit mehr als 40 Jahren der Reihe nach vier evangelische Prädikanten da gewirkt hatten. Barthelmä und Franz Khevenhüller, letzterer der Bruder des inzwischen verstorbenen Siegmund III., wurden in Graz sogar in Arrest gesetzt, als sie sich für das Weiterverbleiben der evangelischen Lehre in Kraig und Sternberg einsetzten, und auch eine Eingabe der Stände auf dem Landtag zu Klagenfurt am 4. 4. 1598 half nichts, ebensowenig ein Schreiben der Gemeinde Kraig[c]; es kam zur Rekatholisierung. Durch den auf dem Landtag ausgetragenen Zwist um die evangelische Religionsausübung kam die Propstei Kraig gegen Ende des 16. Jahrhunderts ins politische Rampenlicht und ist daher hier abgebildet.
Siegmund III. Khevenhüller diente nach Studien in Italien Erzherzog Karl als Mundschenk, dann als Rat und Kämmerer[s] und hat sich auf einem Turnier 1581 so gut gehalten, daß ihm Erzherzogin Anna „einen stattlichen Schmuck" verehrte[f], der noch 45 Jahre später zum Gedächtnis in der Rüstkammer zu Wernberg aufbewahrt wurde. Die Kaiserin Maria, die im Khevenhüllerischen Hause drei Mahlzeiten eingenommen hatte, begleitete Siegmund 1582 von Kärnten bis Mailand. 1588 wurde er Rat der Innerösterreichischen Regierung[s]; er fungierte auch als Oberamtmann zu Gmünd in der Nachfolge seines Vaters, ehe ihm Herrschaft und Hauptmannschaft Gmünd am 24. 4. 1594[g] von Erzherzog Maximilian verliehen wurden. Am 24. 11. 1585 heiratete er die Tochter Regina des Kärntner Landesverweserers Freiherrn Paul von Thannhausen und dessen Gemahlin Amalie von Taxberg und erhielt aus diesem Anlaß von Erzherzog Karl ein Trinkgeschirr im Wert von 100 Gulden[s]. Aus dieser Ehe gingen drei Söhne, Christoph (geb. und gest.1586), Georg (1590/91) und Paul (Taf. 40), sowie die ebenfalls früh verstorbenen Töchter Sibylla (1587—88) und Anna (+ 1593) hervor.
Auf unserem Bild trägt Siegmund III. ein spanisches Mäntelchen aus schwarzem Samt mit Paspolierung, ein gestepptes Wams aus schwarzer Seide, hochgeschlossen mit schwarzen Knöpfen, und an den langen Ärmeln weiße Rüschenmanschetten mit Spitzensaum, dazu einen solchen Halskragen, eng anliegende schwarze Beinkleider und Lederschuhe. An dem hohen schwarzen Hut ist ein schwarzer Federnstoß angebracht. In der Linken wird der Goldgriff des Degens sichtbar. Die Gattin Regina trägt ein schwarzes Samtoberkleid mit weitem spanischen Reifrock, am Saum und in der Mitte mit Zickzackmuster goldverziert, ebenso im Miederteil und auf den weiten vorne offenen Ärmeln, aus denen die langen Ärmel des Unterkleides aus Silberbrokat mit Goldschleifen und Spitzenrüschenmanschetten hervortreten, während den Hals eine Krause aus dem gleichen Material steif umgibt. Die Schulterstege sind mit weißen Schleifen verziert. Auf dem braunen Haar sitzt keck ein spitzes schwarzes Hütchen mit weiß-rot emailliertem Rosettenbesatz und weißem Federbusch. Um den Hals legt sich eine schwere, aus blütenförmigem Gliedern zusammengesetzte Goldkette mit kreuzförmigem, edelsteinbesetztem Anhänger. An einer geflochtenen Goldkette in Taillenhöhe hängt ein runder Goldanhänger. In der Linken trägt die junge Frau ein weißes Taschentuch mit Spitzenbesatz, in der Rechten blühende Nelken. Da Siegmund auf dem Bild sehr jung aussieht, haben wir die Vorlage auf 1586, kurz nach der Hochzeit, angesetzt. Nach dem frühen Tod von Siegmund III. Khevenhüller heiratete seine Witwe Regina dessen Onkel Barthelmä, dem sie die dritte Gattin wurde (s. Tafel 26).

Freiherr Paul Khevenhüller (1593-1655) und seine Gemahlin Regina von Windischgrätz (1597-1670, verheiratet 1619) In der rechten Bildhälfte Schloß, Meierhof und Burg Karlsberg von Südwesten

Nur eines der Kinder aus der Ehe Siegmunds III. Khevenhüller mit Regina von Thannhausen, der am 9. 4. 1553 geborene Paul, blieb am Leben und wuchs heran, auch in seines Onkels bzw. Stiefvaters Barthelmä Khevenhüller Hause, nachdem diesen Siegmunds Mutter am 4. 2. 1596 als zweiten Gatten in dessen dritter Ehe geheiratet hatte. 1604 wurde er zum Studium nach Lauingen und 1606 nach Straßburg mit dem Hofmeister Tobias Esellius geschickt, wie ihn Czerwenka nennt, während er sich selbst Eisel oder Eiselius schreibt (Quittungen[w]: 3. 7. 1605 Lauingen, 14. 3., 1. 5., 28. 8. 1606 Straßburg), Graf Franz Christoph Khevenhüller, dessen Präzeptor er von 1599 bis 1604 war, ihn aber mit dem Namen Euselius oder Eusebius belegt[f]. Freiherr Paul Khevenhüller lernte anschließend auf Reisen Frankreich und Italien kennen, nahm an der Krönung des Kaisers Matthias in Frankfurt am 13. 6. 1612 teil und begab sich über Prag und Linz nach Kärnten, wo ihm sein Stiefvater Barthelmä seine Güter einantwortete; deren Verwaltung widmete er sich emsig, wobei ihm Hans von Plansdorf half. 1613 besuchte er den Reichstag in Regensburg. Nach dem Tode Barthelmäs verkaufte ihm seine Mutter, Barthelmäs Witwe Regina, namens ihrer Söhne Hans und Bernhard und mit Vorwissen Franz Christophs am 1. 1. 1616[c] die Herrschaft Sommeregg samt allen Liegenschaften in und um Spittal um 110.000 Gulden. 1618 besuchte er nach einer Reise durch Holland, England und Frankreich auch seinen Stiefbruder Franz Christoph, den kaiserlichen Botschafter in Madrid, und erwarb von diesem im Oktober 1618[f] die Herrschaft Timenitz samt den Ämtern Lassendorf und Viktring (ehemalige Untertanen dieses Stifts) sowie das Haus in Klagenfurt, das Barthelmä am 28. 10. 1572[l] dort erworben hatte, dazu Meierhof und Garten. Andererseits veräußerte er am 23. 4. 1615[o] die Herrschaft Weidenburg an Christoph Kräll, um 1619[e] die Herrschaft Kraig an Ludwig von Grotta und am 28. 4. 1622[o] Schloß Mörtenegg an Urban Freiherrn von Pötting. Am Michaelistag, dem 29. 9. 1619, ließ er sich an der Olsnitz-Mühle nahe der ungarischen Grenze mit Fräulein Regina, Herrn Andreas' von Windischgrätz und Frau Reginas geb. Dietrichstein Tochter, evangelisch trauen, da dies in Österreich damals nicht mehr möglich war. Graf Franz Christoph Khevenhüller erwähnt unter den bei dieser Zeremonie Anwesenden Georg von Stubenberg samt Gemahlin, Amalie von Liechtenstein, Bernhard Khevenhüller, seine Mutter Regina Khevenhüller Gräfin zu Frankenburg und Adam von Hallegg. Die Hochzeitsfeier fand am Sonntag danach, dem 3. Oktober, im khevenhüllerischen Hause in Klagenfurt statt.[f] 1622 wurde Paul Verordneter der Kärntner Stände und am 14. 1. 1627 Burggraf von Klagenfurt, resignierte aber dieses Amt am 14. 2. 1629, weil er wegen seines evangelischen Glaubens auswanderte.

Karlsberg hatte er nach seinem Vater Siegmund geerbt und 1610 von seinem Stiefvater Barthelmä eingeantwortet erhalten. Offenbar hat er dort am Südende der jetzigen Anlagen einen Meierhof und ein Schloß gebaut, wie das auf unserem Bild so aussieht, es sei denn, es habe der Maler Schloß und Meierhof unter Vertauschung der Abfolge von der Stelle, wo sie heute liegen, auf dem Gemälde an den Platz gesetzt, wo sie angebracht sind. Auffällig ist auf dem Original unseres Bildes, daß die Gebäude erst nachträglich dort hingemalt wurden. Auf einer Lithographie von Joseph Wagner aus dem Jahr 1844 kann man allerdings noch erkennen, daß auch dort, wo auf unserem Bild die Gebäude eingetragen sind, sich noch ein kleineres Haus erhebt. Von unserer Tafel 19 kennen wir schon die Höhe 657 mit ihrem Turm und die Gipfelregion des Karlsberges mit Ruinen in 719 Meter Höhe, ebenso die kleine Burgkapelle, die ja auf einem östlichen Vorsprung des Burggeländes emporragte, wie die Grundmauern heute noch erkennen lassen. Daß der Wasserlauf, der in Richtung Projern hinunterrinnt, dessen Kirche im Hintergrund sichtbar wird, in Wirklichkeit schmäler war als auf unserem Bild, muß hingenommen werden. Die beiden Berge rechts im Hintergrund sind auf Tafel 40 und Tafel 19 gleich.

Freiherr Paul Khevenhüller präsentiert sich auf unserem Bild in der unter holländischem Einfluß stehenden deutschen Adelstracht der Zeit um 1628 und trägt ein schwarzes Wams, vorn geschlitzt, mit weißer Fütterung, hochgeschlossen mit goldenen Knöpfen und Tressenverzierungen. Die geschlitzten langen Ärmel lassen ebenfalls weiße und an der Manschette rote Fütterung erkennen. Der am Körper in der nun üblichen Weise anliegende große weiße Leinenkragen besteht aus Klöppelspitze. Paul trägt eine weite Kniehose aus Seide, unten mit goldverzierten Schleifen versehen, weiße, schwarz gemusterte Strümpfe und enganliegende gelbliche Lederstiefel, deren Umschlag unter den Knien das rosa Futter sehen läßt. An den Füßen sitzen große goldene Sporen. Der Gürtel ist goldverziert, der barock geschwungene Degengriff golden. In der Rechten hält der Freiherr einen für die Zeit des 30jährigen Krieges typischen weichen schwarzen Filzhut mit Straußenfedern und Goldschmuck. Auf der Brust hängt ein Kleinod aus Silberfiligran (vgl. Abb. 60, S. 190). Mit der Linken hat er seine Gattin an der rechten Hand gefaßt.

Diese trägt ein vorn weit geöffnetes Oberkleid aus schwarzem Samt; das Mieder mit seinem spitzen Halsausschnitt hat eine modische Verlängerung mit einer Spitze nach unten, die auf die Mittellinie des dunkelblauen, rot-golden bordierten Unterkleides ausläuft. Die langen Ärmel des Oberkleides sind nach vorn geöffnet, so daß die Ärmel des Unterkleides mit ihren anliegenden Spitzenmanschetten zu guter Wirkung kommen. Steif ist noch im Gegensatz zum Kragen des Gatten der hochstehende Klöppelspitzenkragen von Regina, die eine Schleierhaube mit Perlen und Juwelen auf dem hellbraunen Haar

tatsächlich erst im Oktober 1618 auf einer langen Reise, die er natürlich noch unverheiratet machte, seinen Vetter Franz Christoph in Madrid besucht hat und dessen Bericht über seine Vermählung in Ungarn an Michaelis 1619 authentisch ist. Die vom Grafen nicht gebilligten Angaben Moshamers über Pauls Kinder sind völlig aus der Luft gegriffen. Graf Franz Christoph, der das Auswanderer-Schicksal seines von ihm sehr geschätzten nahen Verwandten bedauerte, wünscht Paul, dem er auch ein spanisches Exemplar seiner Khevenhüller-Historie widmete, nur: „Der Allmechtig erhalt ihn langwierig und segne ihm seine klaine junge Khinder zu seinem Lob und zu irem Leibs- und Seelenwolstandt."

61: Burg Mannsberg um 1850 (nach Markus Pernhart)

Tafel 42

Freiherr Franz II. Khevenhüller (1562-1607) und seine Gemahlin Creszentia geb. von Stubenberg (verheiratet 1590). Im Hintergrund die Burg Mannsberg

Für die Geschichte Franz' II. Khevenhüller, des zweiten Sohnes Georg Khevenhüllers und seiner ersten Gemahlin Sibylla geb. Weitmoser, der am 12. 5. 1562 in Graz zur Welt kam, konnte Graf Franz Christoph im 19. Buch seiner Khevenhüller-Historie dessen eigene Aufzeichnungen benutzen, die bis zum Jahre 1594 reichten. Mit zehn Jahren, also 1572, war er von seinem Vater nach Welschland geschickt worden und hatte zu Padua und Siena fünf Jahre zugebracht, um zu studieren, berichtet er, um fortzufahren: „Alßdann bin ich abgefordert und ein Weil zue Hauß (doch nicht lang) gebliben und hernacher in Franckreich geschickht worden, da dann diser Doctor Johannes Exlinus mir für einen Praeceptor zuegeben worden, von welchem ich also instruiert, das ich ihm billich ewiges Lob zu sagen." Mit Reisen, Sprachenlernen und Studieren, besonders zu Lyon, verbrachte Franz zwei Jahre in Frankreich und kehrte schließlich über Deutschland zurück.[f] Da er nun schon das Reisen gewöhnt war, begab er sich bald darauf aus der Heimat mit dem Botschafter Kaiser Rudolfs II. nach Konstantinopel zum Sultan und absolvierte dann eine abenteuerliche Reise, die er in allen Einzelheiten schildert, über Zypern nach Jerusalem zu den heiligen Stätten, dann zum Sinai, nach Kairo in Ägypten und schließlich Alexandria, von wo er nach Venedig mit dem Schiff zurückkehrte. In der Heimat wurde er dann Rat und Kämmerer des Erzherzogs Maximilian, der am 22. 8. 1587 von der österreichischen Partei in Polen zum König proklamiert wurde, aber am 24. 1. 1588 nach dem unglücklichen Gefecht bei Wielun die Waffen strecken und sich dem Großkanzler Zamoyski gefangen geben mußte. Sein Schicksal teilte Franz Khevenhüller und wurde wie sein Herr erst im März 1589 freigelassen, um in die Heimat zurückzukehren.[s]

Am 21. 10. 1590 heiratete er im Grazer Landhaus Fräulein Creszentia von Stubenberg und wurde 1594 als Abgesandter der Kärntner Landschaft auf den Reichstag nach Regensburg geschickt und dann ständischer Verordneter. An den Freiherrn Franz Khevenhüller gibt es einen Brief des ehemaligen Rektors der Hohen Schule zu Klagenfurt und Kärntner Geschichtsschreibers Hieronymus Megiser, damals Professor zu Leipzig, datiert aus Gera vom 31. 5. 1606.[w] Daraus geht hervor, daß Megiser dem Freiherrn vier Bücher retournierte, die er ihm gedruckt hatte schicken wollen, wozu aber der Autor D. Axlinus die Zustimmung nicht gegeben habe. Wahrscheinlich handelte es sich um didaktische Werke, war doch Dr. Johannes Axlinus des Freiherrn hochgeschätzter Privatlehrer gewesen. Mit Druckarbeiten machte aber Megiser gerne Geschäfte. Ein Khevenhüller-Stammregister oder eine -Genealogie, also eine Familiengeschichte des Geschlechtes sollte Megiser laut Auftrag des Freiherrn Franz Khevenhüller vom 16. 1. 1605 zum Druck bringen. Zu diesem Zweck hatte er bereits des Freiherrn Reisebeschreibung gekürzt zusammengestellt und wartete seit einem Jahr auf die Namen der Söhne des Freiherrn, denen das Werk dediziert werden sollte, ebenso auf Angaben über des Freiherrn Barthelmä Khevenhüller Gemahlin und Herrschaften, die in dem Stammbaum noch genannt werden sollten, damit er desto vollkommener würde. Der Kupferstecher zu Leipzig habe die ganze Zeit das Werk unter Händen und könne es nicht vollenden. Megiser bittet um einen Abdruck des Khevenhüller-Wappens für diese Publikation und wiederholt um die Namen von Franzens Söhnen; er versichert ihn dann sofortiger Drucklegung und Übersendung des Werkes, das den um dieselbe Zeit von Megiser für den Herzog Johann Georg von Sachsen zusammengestellten „Tabulae genealogicae", die 1607 in Gera erschienen, wahrscheinlich ähnlich gewesen wäre. Da aber Franz II. schon am 8.5. 1607 mit nur 42 Jahren in Klagenfurt starb, kam es zu keinem weiteren Auftrag von ihm für Hieronymus Megiser.

Die Burg Mannsberg, die Anton Graf von Montfort und Bregenz am 18. 11. 1591[e] an Freiherrn Barthelmä Khevenhüller verkaufte, überließ dieser noch im gleichen Jahr seinem Neffen Franz II., der die Burg innen entsprechend ausgestaltete. An ihn und seine Gattin erinnert noch das Doppelwappen in der Burg. Mannsberg ging dann an Franz' II. Sohn Siegmund IV. über, der mit Siguna Elisabeth von Stubenberg verheiratet war und am 25. 4. 1629[e] die Burg dem Gurker Domkapitel verkaufte, als er um seines Glaubens willen das Land verließ. Er hat 1627 innerhalb der Burg an der Ostseite ein Wohnhaus für einen evangelischen Prediger erbaut.

Die Burg Mannsberg, wie sie sich auf unserem Bilde präsentiert, sieht heute noch genauso aus, nur ist sie jetzt von Wald umgeben, und man könnte es nicht sehen, wenn auf dem Burgweg ein Kavalier auf weißem Roß und Leute seines Trosses nach oben unterwegs wären, wie auf unserem Gemälde, oder zwei Lastenträger, von denen der eine gerade auf einer Bank eine Rast hält.

Freiherr Franz Khevenhüller trägt einen Umhang aus schwarzem Samt, ein mit schwarzen Knöpfen hochgeschlossenes Wams aus schwarzer Seide mit paspolierten langen Ärmeln, eine weite schwarze Kniehose mit weißem Spitzenabschluß, weiße Weichlederstrumpfstiefel mit goldenen Sporen und einen umgeschlagenen weißen Leinenkragen, ebenso dazupassende Manschetten. Am goldverzierten Gürtel hängt der Degen mit goldenem Griff und schwarzer Scheide, den er mit der Rechten gefaßt hat, während die Linke einen weichen schwarzen Hut hält. Die Gattin trägt ein Oberkleid aus schwarzem Samt. An den langen Ärmeln sitzen weiße Rüschenmanschetten; um den Hals trägt die Schöne einen Mühlsteinkragen aus weißem Leinen. Aus demselben Material ist die weiße Leinenhaube. Das weite Obergewand ist vorn geöffnet und läßt das schwarz bordierte, seidene schwarze Untergewand sehen, das in einen spanischen Reifrock ausläuft. Um den Hals trägt die Gattin eine doppelte geflochtene Goldkette, die fast bis zu den verschränkten Händen herabhängt.

62: Hochosterwitz 1649 (nach Matth. Merian d. Ä.)

Tafel 43

Von Freiherrn Franz II. Khevenhüller (1562-1607) und seiner Gemahlin Creszentia geb. von Stubenberg (verheiratet 1590) ausgehender Stammbaum, überragt von der Feste Hochosterwitz

Der im Vordergrund unseres Bildes stehende Stammbaum umfaßt die Kinder von Franz II. Khevenhüller und seiner Gattin Creszentia und zwar von links nach rechts Siegmund (siehe Tafel 45), Barthelmä (siehe Tafel 44), Wolf Georg, geb. 1592 und nach Studium in Lauingen und Straßburg und einer Reise durch Frankreich 1610 in Siena gestorben, Franz III. (siehe Tafel 46) und die Töchter Sibylla und Susanna, die beide unverheiratet starben, sowie Maria Elisabeth, die Christian von Dietrichstein ehelichte. Daß der Stammbaum über diesen Kindern des Freiherrn Franz II. Khevenhüller und seiner Gemahlin Creszentia geborsten und abgebrochen ist, geschah zugunsten einer ungestörten Darstellung der majestätischen Größe von Hochosterwitz, hat aber sonst keine Bedeutung. Vielmehr ging gerade die Hochosterwitzer Linie der Khevenhüller über den auf Tafel 45 dargestellten Siegmund und dessen Kinder und Kindeskinder ungebrochen zehn Generationen hindurch bis zu dem gegenwärtig regierenden Fürsten Max Khevenhüller, der zusammen mit seiner Gemahlin Wilhelmine geb. Gräfin Henckel von Donnersmark vier Söhne im Alter von 19 bis 24 Jahren, Johannes, Bartholomäus, Karl und Georg, sowie zwei noch jüngere Töchter, Melanie und Isabella, besitzt. Die von uns bis in die Mitte des 14. Jahrhunderts in Kärnten zurückverfolgte adelige Familie der Khevenhüller, steht also noch im Jahre 1980 bei Erscheinen dieses Buches in voller Blüte. Die Burg Hochosterwitz ist seit dem 16. Jahrhundert bis jetzt das Juwel unter den Besitzungen dieses alten Adelsgeschlechts und wird jährlich von Tausenden besucht.
Sie präsentiert sich auch heute noch so, wie sie Landeshauptmann Freiherr Georg Khevenhüller auf den einzelnstehenden hochragenden Fels hinaufgesetzt und mit 14 Toren bewehrt hat. Wir beginnen links mit dem Fähnrichstor, das Georg Khevenhüllers Wappen und die Jahreszahl 1575 trägt; im Hintergrund gehen wir dann weiter links nach außen zum Wächtertor von 1577 und gelangen über eine Zugbrücke zum Neutor, dem zuletzt gebauten der Tore, von 1583, erblicken in der Mitte des Berges das kleinere Engelstor von 1577 mit dem vorgebauten, eckturmbewehrten Waffenplatz, sehen gleich anschließend das hohe massige Löwentor von 1577 hochragen, erreichen dann unter der Burgkapelle das Mannstor von 1578, das in seinem untersten Geschoß eine rundbogige Öffnung dem Beschauer zukehrt, sehen hinter diesem direkt unter der Kapelle das dreigeschossige Khevenhüllertor von 1580 (mit Marmorrelief des Erbauers der Burg Freiherrn Georg Khevenhüller) emporstreben, erblicken darauf rechts außen die Anlagen des Landschaftstors von 1570 und des Reisertors, um in der Folge nach links ansteigend in der Bergmitte zum Waffentor von 1576 (mit Marmorbüste Erzherzog Karls) und weiter aufwärts zum Mauertor von 1575 und Brückentor, das sich links unterhalb der Hochburg erhebt, zu gelangen. Hier stehen ganz außen noch zwei Mauertürmchen. Nun wenden wir uns wieder nach rechts und kommen ansteigend an einem weiteren Mauertürmchen vorbei zum Kirchentor von 1578, um schließlich am Ende schon über dem Niveau der Burgkapelle rechts außen zwischen dieser und der eigentlichen Burg das breite Kulmertor zu passieren, das heute noch mit Zugbrücke und Fallgatter ausgestattet ist. Auch die Hochburg erlangte ihr heutiges Aussehen mit ihren Ecktürmen und Bastionen in den Jahren 1575/76, während die Burgkirche rechts außerhalb der Burg 1586 ebenfalls von Landeshauptmann Freiherrn Georg Khevenhüller errichtet wurde.
Hochosterwitz präsentiert sich heute von der Straße, die aus St. Veit kommt, nahe Launsdorf noch genauso wie zur Entstehungszeit dieses Bildes, und rechts unterhalb des Burgfelsens an der Weggabel ist auch der Meierhof so plaziert; nur das Gebäude in halber Höhe am Aufgang zur Burg ist nicht mehr vorhanden, und das Höhenverhältnis ist ein anderes: Die Partie vom Fähnrichstor bis zur Hochburg nimmt in Wirklichkeit einen größeren Teil der Höhe des Burgberges ein, während der unbewehrte unterste Teil nicht so hoch ist.
Zur Geschichte der Burg in Khevenhüller-Besitz sei bemerkt, daß König Ferdinand am 22. 11. 1540[g] die seit 1509 im Pfandbesitz des Erzbischofs Matthäus Lang von Salzburg gewesene Herrschaft Osterwitz und das Amt Kraig dem Christoph Khevenhüller auf Widerruf verkaufte, ihm am 1. 2. 1543[g] 2000 Gulden jährliches Gnadengeld auf Osterwitz bewilligte und am 26. 3. 1544[g] gestattete, daß nach Christophs Tod, der 1557 erfolgte, auch seine Söhne Osterwitz innehaben durften. Am 20. 3. 1571[c] ging dann Osterwitz als volles Eigentum an Landeshauptmann Freiherrn Georg Khevenhüller über, der dem Erzherzog Karl die Herrschaft Thal in Steiermark abtrat und auch seine Vettern Hans V., Barthelmä und Moritz Christoph anderweitig entschädigte, so daß diese auf ihr Recht an Osterwitz verzichteten. Nach dem vollen Erwerb von Osterwitz begann dann das Bauen an der stolzen Burg, das Freiherrn Georg Khevenhüller, wie wir zeigen konnten, bis an seinen Lebensabend beschäftigte. Seither blieb die Burg immer im Besitz der Osterwitzer Linie des Geschlechts.

Uxor
644.
Uxor

63: Hochosterwitz um 1850 (nach Markus Pernhart)

Tafel 44

Freiherr Barthelmä II. Khevenhüller (1594-1649) und seine Gemahlin Regina geb. Freiin von Herberstorf
In der rechten Bildhälfte Schloß Annabichl bei Klagenfurt
Im Hintergrund die Schlösser Ehrenbichl und Emmersdorf

Schloß Annabichl hat Landeshauptmann Freiherr Georg Khevenhüller 1577 bis 1580 für seine zweite Gemahlin Anna geb. Turzo gebaut und ihr so vor den Toren Klagenfurts in köstlicher Lage mit herrlicher Aussicht einen persönlichen Sitz geschaffen, dabei aber auch, wie einige andere Adelsgeschlechter des Landes, in der näheren Umgebung der Landeshauptstadt ein Schloß errichtet, das er sein eigen nennen konnte. Zwar hat es heute nicht mehr den reizvollen Renaissance-Treppengiebel, sondern ein Walmdach, aber die Erhöhung des am 13. 11. 1690 aus Khevenhüller-Besitz an den landschaftlichen Generaleinnehmer Johann Jakob Freiherrn von Aicholt und nach Mitte des 18. Jahrhunderts an den Kärntner Repräsentations- und Kammerpräsidenten Grafen Felix von Sobeck übergegangenen Schlosses um ein Stockwerk unter dem letzteren hat seiner Baugestalt nicht geschadet, läßt es vielmehr noch filigraner und zierlicher erscheinen, zumal es damals eine gefällige Rokokozier bekam. Die Landstraße von St. Veit nach Klagenfurt zieht noch genauso vor der unteren Gartenmauer vorbei; nur ist sie nicht mehr durch Tore im Süden und Norden bewehrt, und der Eingang in den zum Schloß aufsteigenden Garten ist von zwei Kandelabern des späten 18. Jahrhunderts gekrönt und nicht mehr frühbarock wie um 1615. Daß der Gartenteil östlich der Straße heute fehlt, tut dem ganzen keinen Abbruch, im Gegenteil. Weinreben werden in Annabichl jetzt nicht mehr angebaut, trotz der Südostlage, die auf unserem Bild ein Weinberg einnimmt; man bekommt heute einen besseren Tropfen aus guten Weingegenden. Schloß Annabichl ist von Landschaftsmaler I von der rund 20 Meter steilaufsteigenden kleinen Geländestufe aus aufgenommen, die sich östlich der Bahn erhebt und dann sanfter zur Höhe 504 leitet. Rechts in der Ferne hat er noch Kirche und Schloß Emmersdorf ins Bild genommen, dessen dreitürmige Fassade er allerdings verkennt und die Türme fälschlich übereck anordnet, ebenso das höhergelegene Ehrenbichl, dem damals, wie bei Valvasor, die beiden Ecktürmchen ein besonderes Gepräge gaben, während das Schloß seine heutige Gestalt unter Johann Georg von Pirkenau im späteren 18. Jahrhundert erhielt. Zur Zeit Valvasors hatte es Benigna Rosina geb. Gräfin Herberstein (geb. 1636) inne, die Witwe nach dem am 12. 4. 1675 verstorbenen Grafen Ehrenreich Khevenhüller, der 1640 geboren, 1666 zum Katholizismus übergetreten und am 23. 7. 1673 in den Reichsgrafenstand erhoben worden war, ein Sohn Siegmunds IV. (Tafel 45) und der Großvater des ersten Fürsten aus dem Geschlechte der Khevenhüller, Johann Joseph (1706—1776), aus der Linie Hochosterwitz.

Barthelmä II. Khevenhüller studierte in seiner Jugend zu Lauingen und Straßburg, machte seine Kavaliersreise durch Frankreich und Italien und kam dann an den Hof Erzherzog Ferdinands als Vorschneider. Bei der Teilung mit seinen Brüdern im Jahre 1619 kam das Schloß Annabichl und das Haus Nr. 10 am Neuen Platz zu Klagenfurt in seinen Besitz. Im selben Jahr stellte er namens der Kärntner Landschaft eine Formation von 100 Arkebusier-Reitern auf, war später unter dem Kurfürsten von Bayern in Diensten und erhielt nach seiner Rückkehr von Kaiser Ferdinand II. den Oberstentitel verliehen. Er diente schließlich als ständischer Verordneter und nahm auch die katholische Religion an, wurde aber, nachdem er nach dem Tode seines jüngsten Bruders Franz die Hälfte der Herrschaft Hochosterwitz geerbt hatte, wo er 1649 starb, doch dort in der ungeweihten oder lutherischen Kapelle beigesetzt. Von seiner Gemahlin Regina von Herberstorf hatte er nur einen Sohn, Georg Barthelmä, der am 14. Februar 1657 in der Heimat seiner Mutter, in Radkersburg, starb.[c]

Freiherr Barthelmä Khevenhüller wird vom Figurenmaler IV bereits in barocker Pose präsentiert. Er trägt einen goldgeränderten schwarzen Harnisch, aus dem oben der Spitzenkragen heraussteht, und als Zeichen seiner Würde hat er eine rote Schärpe um und hält den Befehlshaberstab gravitätisch in der Rechten, während die Linke am goldenen barocken Degengefäß sitzt. Eine weite rote seidene Kniehose mit Goldtressen führt zu den weißen Strümpfen und den hellgelben Weichlederstiefeln mit dunklem Umschlag, an denen unten goldene Sporen sitzen. Der zum Harnisch passende Helm mit schwarzem Federbusch samt eisernen Handschuhen liegt rechts von dem Freiherrn auf dem Tisch. Seine Gemahlin Regina trägt ein Kleid aus schwarzem Samtbrokat mit Tressensaum, ein langes spitziges Mieder mit kleinen Ärmeln, vorn mit rundem goldbestickten Ausschnitt. Kleine geschlitzte Ärmel mit Goldagraffen und Spitzenmanschetten kommen dazu; den Kopf rahmt ein hoch aufgestellter, durchsichtiger weißer Spitzenkragen. Der spanische Reifrock ist mit reichverzierten goldenen Schließen vorn zusammengehalten. Im Ausschnitt ist das mit blauen und gelben Blumen bestickte weiße Hemd zu sehen, auf dem hellbraunen Haar sitzt eine Spitzenhaube mit Schmuckdiadem. Auf der Brust trägt die Dame ein wertvolles goldenes Kleinod mit Edelsteinschmuck und roter Schleife an goldener Kette. Eine weitere Goldkette umschließt die Taille. In der Rechten hält Regina einen hellbraunen Lederhandschuh, während der linke über die Hand gezogen ist. Ein schwarz gesprenkelter weißer Hund blickt mit offenem Maul zu seiner Herrin empor.

64: Schloß Annabichl um 1680 (nach Valvasor)

Tafel 45

Freiherr Siegmund IV. Khevenhüller (1597-1656) und seine Gemahlin Siguna Elisabeth geb. von Stubenberg (verh. 1624) In der linken Bildhälfte das Eisenhammerwerk Pölling, davor die Gertrudiskirche

Vom Freiherrn Franz II. Khevenhüller (siehe Tafel 42) berichtet die Khevenhüller-Chronik, daß er nicht nur das Schloß Mannsberg, sondern auch ein schönes, nutzbares Hammerwerk erbaut hat. Am 2. Oktober 1602[W] mußte er einen Revers bezüglich der Bedingungen für die Neuerrichtung eines Eisenhammerwerkes ausstellen und erhielt am 8. Juli 1606[W] das landesfürstliche Privileg zum Bau eines Eisenhammerwerkes im Bereich der Herrschaften Hochosterwitz, Mannsberg und Kraig. Im Revers von 1602 mußte Freiherr Franz Khevenhüller sich verpflichten, in Hüttenberg keine Bergwerksanteile zu erwerben, sondern das Erz zu kaufen, für sein Hammerwerk nur Holzkohle aus den eigenen Wäldern zu verwenden und dem Mautner zu Althofen jährlich 16 Gulden Maut zu geben. Aufgrund dieser Voraussetzungen konnte dann der Hammer unter Heranziehung der reichen Wasserdarbietung und des ansehnlichen Gefälles, welches die Gurk bei Pölling bietet, dort errichtet werden. Wie dieses Hammerwerk aussah, ist auf unserem Bilde zu sehen, weil Freiherr Siegmund IV. Khevenhüller und sein Bruder Franz III. dieses Werk von ihrem 1607 verstorbenen Vater geerbt hatten und es deswegen geeignet war, als Kulisse zum Portrait Siegmunds und seiner Gattin zu dienen. Allerdings haben die Brüder Siegmund und Franz Khevenhüller am 20. Juni 1619[W] das Eisenhammerwerk Pölling dem bedeutenden Treibacher Gewerken Karl Veldner verpachtet. Da Siegmund in der Erbteilung zwischen den Brüdern 1619 die Herrschaft Mannsberg bekam, zu welcher das Gelände von Pölling gehörte, so ist es ganz am Platz, daß wir uns im Rahmen seiner Geschichte mit diesem Werk befassen. Man sieht auf dem Bild die Höhe des Gefälles der Gurk und das lange hölzerne Gerinne, welches die Wasserkraft zum Betrieb der Eisenhämmer ausnützt. Rechts vom Hauptgebäude des Hammers, das mit der Hausnummer 6 heute noch in Pölling erhalten ist, liegen offensichtlich Stucke oder Maße, die Erzeugnisse des Stuckofens, die im Hammerwerk zu Schmiedeeisen verarbeitet werden sollten und Erzeugnisse des nicht kontinuierlichen Eisenverhüttungsprozesses waren, bei welchem der Ofen nach jeder Schmelze wieder erkalten mußte, damit man das Stuck nach Aufbrechen der mit Lehm gedichteten Ofenbrust herausholen konnte. In dieser Hinsicht unterscheidet sich das Hammerwerk Pölling von dem, das wir in Spittal sahen (Taf. 35) und das bereits in Gestalt der dort lagernden Floßen Erzeugnisse des kontinuierlichen Eisenverhüttungsprozesses verarbeitete. Links im Bilde in der Nähe des Auslaufs des Gerinnes liegt ein großer Haufen Holzkohle, der in dem nahe daran grenzenden hölzernen Kohlbarren weitergelagert werden sollte. An diesen Barren stößt links ein offener Röststadel zum Erzrösten. Die kleine Kirche im Vordergrund hat romanische Rundbogenfenster im Chor und reicht deswegen als Bau ins 13. Jahrhundert zurück. Sie steht dort heute noch ebenso wie das Haus vor der Gurker Brücke ganz links an der Abzweigung der Straße nach Gösseling. Im Hintergrund erhebt sich die langgestreckte Höhe 642 und rechts davon die spitze Erhebung 790, die zum Buchberg (808 m) weiterführt. Das ganze Bild ist vom untersten Vorsprung des Zoppelgupfs aufgenommen.

Von Siegmund IV. Khevenhüller wissen wir, daß er am 4. September 1597 in Klagenfurt das Licht der Welt erblickte, nach Erreichen des entsprechenden Alters in Straßburg studiert hat und seine Kavaliersreise durch Frankreich und Italien machte. Am 24. April 1624 verheiratete er sich mit Siguna Elisabeth, der am 19. September 1608 geborenen Tochter Georg Siegmunds von Stubenberg aus dessen zweiter Ehe mit Anna Elisabeth geb. von Stübich. Siegmund veräußerte am 13. August 1628 die Herrschaft Mannsberg an das Domkapitel Gurk und wanderte 1629 zusammen mit seiner Gattin Siguna, einem Söhnchen Franz und zwei Töchtern nach Nürnberg aus, wo er am 28. Oktober vom Stadtrat begrüßt wurde. Er konnte dort insgesamt 21.000 Gulden Kapital auf Zinsen anlegen, übersiedelte aber 1637 nach Schlaining im Burgenland, da es ihm in Ungarn möglich war, seinen evangelischen Glauben weiter auszuüben. In Nürnberg gebar Siguna ihrem Gatten noch einen Sohn Siegmund, der aber schon als Kind dort wieder starb, in Schlaining am 2. November 1640 den Sohn Ehrenreich, der die Osterwitzer Linie der Khevenhüller weiter fortsetzte, so daß sie bis zum heutigen Tag in Blüte ist. Siegmund und Siguna hielten sich auch im Schloß Spielfeld in der Steiermark auf, das Siguna erblich zugefallen war. Sie reisten von dort zweimal jährlich zur Ausübung des evangelischen Gottesdienstes nach Ungarn, was die innerösterreichische Regierung beanstandete, worauf sie im Schloß Spielfeld lutherische Privatgottesdienste einrichteten; das verbot im Mai 1651 die Regierung. Freiherr Siegmund IV. Khevenhüller starb am 16. Mai 1656 in Schlaining. Seine Gattin, die wegen ihres evangelischen Glaubens Österreich verlassen mußte, verbrachte ihr weiteres Leben in Ödenburg in Ungarn, wo sie am 28. Februar 1676 das Zeitliche segnete. Freiherr Siegmund Khevenhüller trägt auf unserem Bild einen schwarzen Rock mit reicher Goldstickerei und goldenen Knöpfen. Die langen Ärmel sind geschlitzt und enden in weißen Spitzenmanschetten. Den Hals ziert ein großer anliegender weißer Spitzenkragen; von der rechten Schulter führt eine blaue Seidenschärpe mit Goldfransen bis zum linken Knie herab. Eine weite schwarze Kniehose mit Samtborten und seidenen Schleifen führt zu den weißen, gemusterten Strümpfen, die in langen weichen hellen Lederstiefeln mit goldenen Sporen stecken. In der Rechten hält der Freiherr einen großen schwarzen Filzhut mit schwarzem Federbusch, während die Linke einen Stock hält. Am Gürtel hängt links der Degen mit großem barocken goldenen Gefäß. Frau Siguna Elisabeth trägt ein schwarzes, vorn weit offenes Oberkleid aus

und Emigriert

Samt mit zahlreichen emaillierten Goldknöpfen an den Säumen, auch denen der Ärmelschlitze. Das rotseidene, goldbordierte Untergewand tritt stark hervor. Der aufgerichtete Spitzenkragen und die Spitzenmanschetten sind goldbraun. Im Halsausschnitt lugt das weiß-blau gemusterte Hemd hervor. Die Kopfbekleidung besteht aus durchsichtigem Schleierstoff, befestigt an dem goldenen Diadem, das sich über das hellbraune Haar zieht. An den Ohren hängen schwarze Ohrgehänge. Die kleine Halskette besteht aus weißen und schwarzen Perlen. Eine doppelte große geflochtene goldene Halskette reicht zu einem goldenen Kleinod am Ende des Halsausschnitts und von dort weiter nach unten; tändelnd hält sie Siguna in der mit einem weißen Lederhandschuh bekleideten Hand, während ihre Rechte den Stiel eines schwarzen Straußenfederfächers gefaßt hat.

65: Das Khevenhüller-Haus von 1578 in Klagenfurt, Neuer Platz 10

Tafel 46

Freiherr Franz III. Khevenhüller (1598-1635) vor der wohl um 1615 gemalten Stadt Klagenfurt

Das vorliegende Bild ist von besonderem Wert, weil es die älteste Ansicht der Stadt Klagenfurt darstellt und aus der Zeit um 1615 stammt. Die Ansicht ist hinsichtlich der Blickrichtung von dem Kupferstich, den Matthäus Merian 1649 veröffentlichte, nicht sehr verschieden. Rechts sieht man noch die Villacher Vorstadt, links die St. Veiter und hinter dieser im Hintergrund das Schloß Welzenegg. Gegenüber dem Merian-Stich fehlt noch der Turm des Kapuzinerklosters, weil das damals noch nicht existierte. Die Ansicht der Stadtpfarrkirche ist bei Merian sehr ähnlich. Der Rathausturm ist noch spitz, der des schräg gegenüberliegenden Hauses ähnlich wie bei Merian. Eindrucksvoll kommt das Landhaus mit seinen beiden Türmen zur Geltung, rechts davon die Heilig-Geistkirche mit ihrem Spitzturm und noch weiter nach rechts die 1591 geweihte Kirche des neuen evangelischen Bürgerspitals, die 1604 zur Jesuitenkirche geworden war und auf dem Plan Klagenfurts von Christoph Senft in Lauingen aus dem Jahre 1605 (in Urban Paumgartners Aristeion Carinthiae Claudiforum) auch nur eine Schallöffnung zwischen Dachfirst und Turmspitze hat und noch nicht die bei Merian sichtbare große Höhe des heutigen Domturms, der erst nach einem Brand von 1636 in dieser Form errichtet wurde. Daß die am 30. 6. 1624 geweihte Franziskaner-Klosterkirche fehlt und von dem 1613—17 erbauten Franziskanerkloster noch nichts zu sehen ist, läßt unser Bild etwa um 1615 datieren. Auf diese Weise ist die in der Khevenhüller-Chronik überlieferte Ansicht von Klagenfurt eine schätzenswerte Wiedergabe des Stadtbildes des frühen 17. Jahrhunderts, nachdem die Hauptstadt des Landes in den Händen der Stände zur großen Festung gegen die Türken ausgebaut worden war. Inmitten der Neustadt, am Südosteck des Neuen Platzes, hatte Landeshauptmann Freiherr Georg Khevenhüller im Jahre 1568 von Leonhard von Keutschach das Eckhaus gekauft, das heute die Hausnummer 10 trägt und eigentlich aus drei alten Häusern zusammengesetzt ist.

Er hatte es zu dem ansehnlichen Spätrenaissance-Gebäude umgebaut, das heute mit barockem Fassadenputz in Gestalt von Wasserschlaggesimsen des 18. Jahrhunderts sich an der Ecke des Neuen Platzes und der Karfreitstraße erhebt und wie zu Zeiten Georg Khevenhüllers nur aus einem Erdgeschoß und einem ersten Obergeschoß besteht. Wie wir einem Kupferstich entnehmen können, den der Landschaftssekretär Hans Siegmund von Ottenfels seiner „Beschreibung oder Relation über den Einzug und Erbhuldigungsactum in dem Ertzhertzogthumb Kärndten" aus dem Jahre 1660 beigegeben hat, war der Speicher, der seit dem 18. Jahrhundert über dem 1. Stock ein Viertelgeschoß bildet, damals noch in das wesentlich niedrigere Dach einbezogen. Der Hausvorsprung am Eck, der die Sicht über den ganzen Neuen Platz und die Karfreitstraße von einem Punkt aus ermöglicht, wurde schon damals vom Erbauer angebracht. Ein weiteres Haus in Klagenfurt am Neuen Platz hatte Freiherr Barthelmä Khevenhüller am 28. 10. 1572[l] von Viktor Welzer zu Hallegg gekauft. Es lag offenbar in der Nähe von Haus Nr. 10, war vielleicht Haus Nr. 12, da Georg Steirer sowohl bei diesem wie bei dem 1568 in khevenhüllerischen Besitz übergegangenen als Angrenzer genannt wird. Dazu hatte Barthelmä auch einen Meierhof in Klagenfurt. Zu der Zeit, als unser Bild gemalt wurde, war er noch in Betrieb, und wir sehen die Bediensteten der Khevenhüller beim Absicheln des zur Ernte reifen Getreides, beim Bündeln desselben und bei der Beladung eines Pferdefuhrwerks mit den Erntebündeln. Wir sehen auch, wie die Bündel zunächst eine Zeitlang zum Trocknen aufgestellt sind, und im Hintergrund ist eine Magd auf dem Wege zu den Arbeitenden mit Proviant. Am Eck eines Baumgartens labt sich gerade ein Erntearbeiter an einem frischen Trunk. Im Hintergrund, unmittelbar vorm Stadtgraben von Klagenfurt, sehen wir den Verwalter des Meierhofes im roten Amtsgewand auf weißem Schimmel herausreiten. Ein paar Leute sind auch auf dem Weg im Vordergrund als Fußgänger zu sehen.

Barthelmä Khevenhüllers Haus zu Klagenfurt am Neuen Platz wurde von Paul Khevenhüller, der wegen seines evangelischen Glaubens auswanderte, 1629[e] zusammen mit der Herrschaft Karlsberg an Franz von Hatzfeld, den bambergischen Vizedom in Wolfsberg, verkauft, das Haus Nr. 10 hingegen blieb in Khevenhüller-Besitz. 1751 ist aus der Steuerrektifikation ersichtlich, daß auch eine Mietpartei im Hause wohnte, dessen Wert damals auf 2.700 Gulden geschätzt wurde. Erst am 19. April 1805 ging es im Erbschaftswege aus Khevenhüllerbesitz an Anton Freiherrn von Longo-Liebenstein über.

Freiherr Franz III. Khevenhüller, der wie sein Bruder in Straßburg studiert und seine Kavalierstour durch Frankreich und Italien gemacht hatte, bekam im Jahre 1619 bei der brüderlichen Teilung die Herrschaft Hochosterwitz, wo er wohnte und noch in verhältnismäßig jungen Jahren 1635 starb. Er wurde in der lutherischen Kapelle außerhalb der Burg begraben, obwohl er sich etliche Jahre zuvor bereits als katholisch erklärt hatte und dadurch seinen Besitz außer dem Haus in Klagenfurt retten konnte.

Freiherr Franz III. Khevenhüller trägt ein farbenfreudiges Gewand, ein Wams aus weißer Seide mit blauen, roten und gelben Pflanzenmustern von köstlicher Delikatheit. An den langen Ärmeln sitzen Spitzenmanschetten; den Hals umgibt ein großer anliegender weißer Spitzenkragen. Das Wams hebt sich sehr vorteilhaft von der weiten dunkelblauen Hose ab, in deren Schlitzen Stoff von demselben Muster erscheint wie das Wams. Blaue Strümpfe stecken in hohen weißen Weichlederstiefeln mit goldenen Sporen. Eine Schärpe aus goldfarbenen Spitzen und darunter eine schwedische aus blauem Tuch bilden einen aparten Gegensatz. Wenn der Freiherr auch an der Linken einen Degen mit barockem Gefäß trägt, so hat er doch in der linken Hand einen Stecken zur Bändigung seiner beiden Windhunde. Eine Elster betrachtet von einem Baumstumpf aus die herannahenden Hunde.

A.

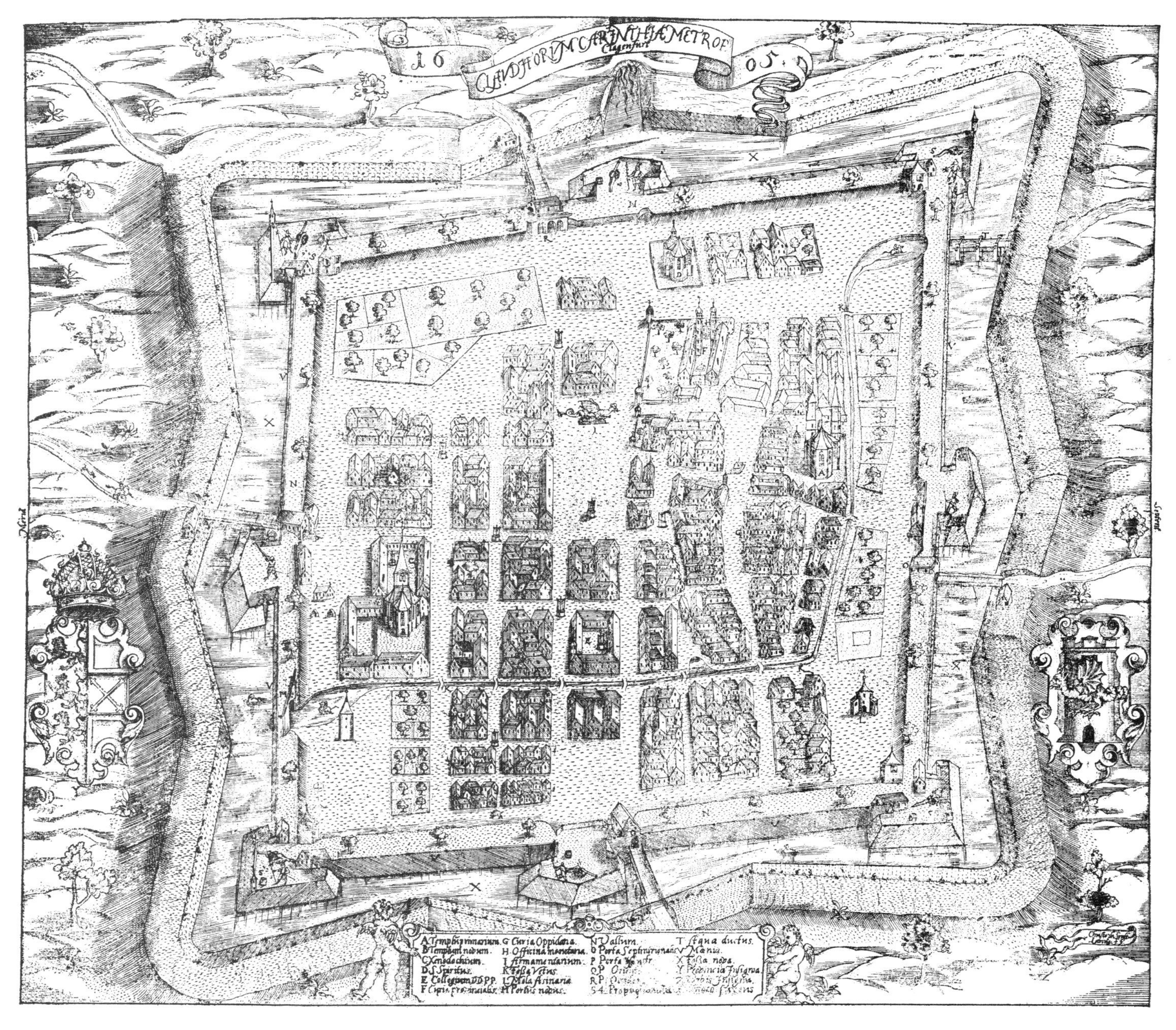

66: Klagenfurt 1605, Plan von Christoph Senft

Tafel 47

Franz I. Khevenhüller (1535-1561). Schloß und Burg Mahrenberg von Süden

Der jüngste Sohn Siegmunds I. Khevenhüller und seiner Gattin Katharina geb. von Gleinitz kam am 3. Oktober 1535 auf der Burg Pittersberg in Oberkärnten, wo sein Vater als Hauptmann der Grafschaft Ortenburg amtete, zur Welt. Nachdem er bis zum 14. Lebensjahr zu Hause geblieben war, bezog er zu Studien die Universität Wien und setzte diese dort bis 1554 fort. Dann diente er dem König Philipp II. von Spanien, Erzherzog von Österreich als Soldat auf eigene Kosten und machte Aufzeichnungen über das Bündnis Papst Pauls IV. und König Heinrichs von Frankreich gegen König Philipp. Auf spanischer Seite nahm er an Gefechten in Italien gegen die Franzosen teil, ebenso gegen die Schweizer, wobei er verwundet wurde. Mit König Philipp nahm er an der Eroberung von Saint-Quentin teil und wurde Hauptmann unter dem Grafen Egmont in den Niederlanden. Am 28. November 1558 wohnte er den Trauerfeierlichkeiten für Kaiser Karl V. in Brüssel bei und trug dabei die österreichische Fahne. Da er nach Beendigung des Krieges zwischen den Königen Philipp von Spanien und Heinrich von Frankreich nicht zu Hause bleiben wollte, zog er als Hauptmann im Dienste des Wiener Hofes nach Ungarn, wo gegen die Türken zu kämpfen war. Als Kaiser Ferdinand seine Tochter Eleonore dem Herzog Wilhelm von Mantua verheiratete, begleitete sie Franz nach Mantua, wo er seinen Vetter Barthelmä traf.[f] Von diesem ließ er sich dazu bestimmen, ihn auf seiner Pilgerfahrt zum Heiligen Grab nach Jerusalem zu begleiten. Am 4. Juli 1561 erfolgte die Abfahrt des Pilgerschiffs aus Venedig. Am 3. September 1561 wurde Franz in der Grabeskirche zu Jerusalem zum Ritter des Heiligen Grabes geschlagen, bekam aber auf der Heimfahrt am 20. November 1561 ein hitziges Fieber, und da er allzuviel Zuckerwasser jeden Abend trank, nahm die Krankheit immer mehr zu, bis er am 1. November starb und in der Nähe der Insel Kreta in einer Truhe ins Meer gesenkt wurde, während drei Büchsenschüsse abgegeben worden sind. Sein Vetter Barthelmä berichtet in seinem Tagebuch von diesem traurigen Schicksal, dem Barthelmä selbst nur durch seine harte Konstitution entging; denn auch er wurde von dem gleichen Fieber heimgesucht.

An dieses Heilige Grab und die Würde des Ritters erinnert die Fahne, die Franz I. Khevenhüller auf unserem Bild an einer Lanze befestigt in der Rechten hält und die auf weißem Grund das rote Krukenkreuz mit vier in dessen Zwickel eingeschriebenen kleineren roten Kreuzen als Zeichen trägt. In Gold an goldener Kette hat der in einen blauglänzenden, goldgeränderten Harnisch gekleidete Ritter sein Ordenszeichen auch um den Hals hängen. Der zu seinen Füßen liegende Helm ist mit zwei roten und einem weißen Federbusch versehen.

Da Mahrenberg vom 6. Mai 1581[g] bis ein Jahr nach dessen am 24. April 1588[g] getätigtem Verkauf an Ambros Graf Thurn (laut Bericht vom 4. Jänner 1595[g]) im Pfandbesitz des Freiherrn Georg Khevenhüller und seiner Söhne war, hat der Maler dieses Objekt dem Franz Khevenhüller, der nie in der Heimat tätig war, beigesellt. Wir finden ja eine Reihe von Besitzungen Barthelmäs und hier Georgs solchen Gliedern der Khevenhüller-Familie zugeordnet, für die man kein Herrschaftsobjekt mit direkter Beziehung hat. Da Franz der Osterwitzer Linie angehörte, mußte für ihn ein Besitz aus deren Bereich genommen werden. Mahrenberg hat in der Barockzeit eine weitgehende Umgestaltung erfahren, die auch an dem Schloß nicht vorbeiging, vor dem die Drautalstraße heute noch wie um 1620 einen Bogen macht und dem wie damals ein Ziergarten vorgelagert ist. Durch das Schloßtor führte zu Khevenhüllerzeiten die Zoll abwerfende alte Radlpaßstraße von der Drautalstraße nach Norden und überquerte hinter dem Schloß auf einer durch das Schloßtor auf unserem Bild sichtbar werdenden Brücke den vom Suhi vrh herabkommenden Bach. Die Ungeschicklichkeit des Gehilfen von Landschaftsmaler I, der hier am Werke war, läßt den Graben hinter dem Schloß kaum sichtbar werden, da er die Weinstöcke in dem hinter dem Graben aufsteigenden Weinberg so groß macht, wie wenn sie unmittelbar hinter dem Schloß stünden. Die Darstellung der heute zerfallenen Burg Mahrenberg auf der Höhe 581 mit Bergfried im Westen und dem zum anschließenden Längsbau querstehenden Palas im Osten entspricht der von Globučarnik aus dem frühen 17. Jahrhundert überlieferten Zeichnung[g]. Daß in Mahrenberg Wein gebaut wurde, ist durch ein Grundbuch von 1582[g] überliefert.

Franz Sigmundten des 3. und Catharina Von Stainn Sohn Kayßers Maximilian Camerer hat sich alß mit Sankt
Carl und in der Crönung in Ungarn Kayßer Maximilian befunden war Ritter zu Jerusalem und

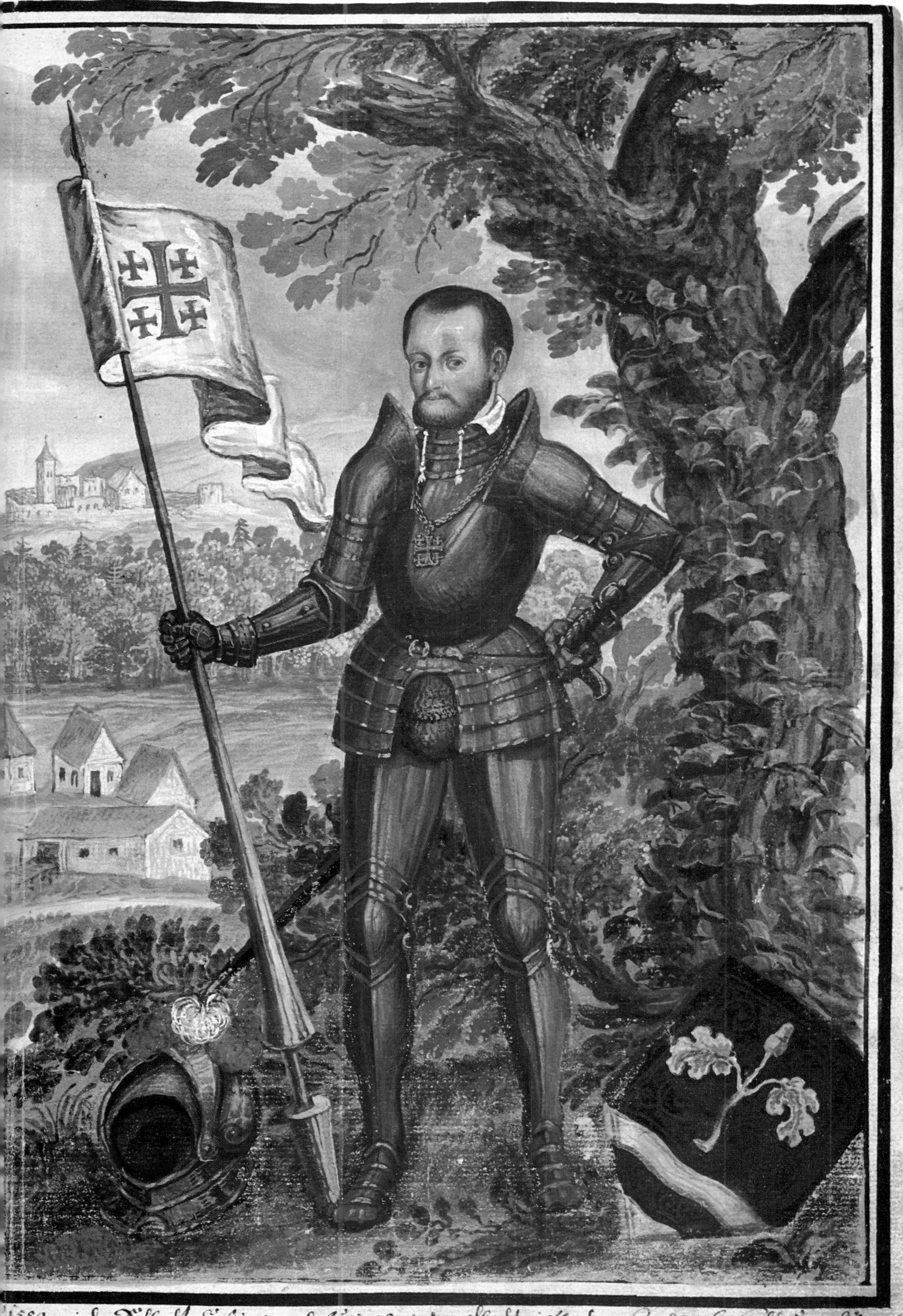

1554 in der Schlacht S. Quintin und Ao 1558 in der Schlacht in Flandern. In der [illegible]
[illegible] starb er im 26 Jahr seines Alters, ligt in der Insul Candia begraben.

ARCHIVALISCHE UND LITERARISCHE QUELLEN

ZEICHENERKLÄRUNG

a Jahrtagskalender der Villacher Jakobskirche im Stadtmuseum Villach (vgl. Walter Fresacher, Eine Belagerung Villachs im Jahre 1425: 45. Jahresbericht des k.k. Staatsrealgymnasiums Villach, 1914)

ä REINHARD HÄRTEL, Eine Geschichtslegende um Kaiser Friedrich III.: Carinthia I, 164, 1974, 87 ff.

b BAYRISCHES STAATSARCHIV BAMBERG
Standbücher 2900, 2901, 2902; Urkunden

c BERNHARD CZERWENKA, Die Khevenhüller, Wien 1867

d PAUL DEDIĆ, Kärntner Exulanten des 17. Jahrhunderts: Carinthia I, hier 142, 1952, 350 ff. (Khevenhüller)

di KARL DINKLAGE, Geschichtliche Entwicklung des Eisenhüttenwesens in Kärnten: Radex-Rundschau, 1954, 256 ff.

e Erläuterungen zum historischen Atlas der österreichischen Alpenländer, I 4, Wien 1914

ë JOHANN ZENO GOËSS, Die Herrschaft Carlsberg in den letzten 800 Jahren: Carinthia I, 149, 1959, 250 ff.

f STIFTSBIBLIOTHEK ST. FLORIAN BEI LINZ
XI 508 Graf Franz Christoph Khevenhüller, Khevenhüller-Historie (genauer Titel vgl.[ö]), Band 3 (Buch 16, für das Georg Moshamer als Verfasser zeichnet, wenn auch der Graf in Wirklichkeit der Verfasser ist; Buch 17—19, für welche der Graf als Verfasser auftritt, vollendet 1628), 2031—4762 (vgl. Jodok Stülz: Linzer Musealblatt, 1839, 1 u. 2; Archiv für Kunde österreichischer Geschichtsquellen, IV, Wien 1850, 331 ff.)

g STEIERMÄRKISCHES LANDESARCHIV GRAZ
Archiv Hamerlinggasse: Herrschaft Cilli, Schuber 3, Heft 10 u. 12; Stockurbar 44/112 (Mahrenberg); Urkunden
Archiv Bürgergasse: Hofschatzgewölbebücher; Hofkammer-Repertorien, Hofkammer-Registraturbücher, Kammer- und Exemptbücher; Niederösterreichische Kammerregistraturbücher; Sachabteilung der Hofkammer; Innerösterreichische Akten, Chronologische Reihe; Franziszäischer Kataster (Mahrenberg)

h HOFKAMMERARCHIV WIEN
Gedenkbuch 18, Fol. 58'

i KARL GIANNONI, Geschichte der Stadt Mödling, Mödling 1905

j AUGUST VON JAKSCH, Monumenta historica ducatus Carinthiae, Klagenfurt 1896 ff. (fortgeführt von Hermann Wießner)

k KÄRNTNER LANDESARCHIV KLAGENFURT
Allgemeine Handschriften 1501, 1502; Allgemeine Urkundenreihe; Handschriften des Geschichtsvereins für Kärnten 10/11 (Khevenhüller-Exzerpt aus Michael Gothard Christalnicks Großer Chronik von Kärnten), 10/21 (Freiherr Georg Khevenhüller „Der Herrn Khevenhüller Leben Beschreibung"); Herrschaft Bamberg, Fasz. LXXI/293, Fol. 683; Sammelarchiv des Geschichtsvereins für Kärnten, Fasz. 117 (Khevenhüller), 127 (Osterwitz); FPK II, III, IV
Khevenhüller-Depot:
Genealogia und Beschreibung aller derer Khevenhüller und Khevenhüllerinnen von Aichelberg und Sümereck, wie, auch zu wem sie und wer sich zu ihnen verheyrathet, durch Georgen Moßhamer aus Herrn Grafen Frantz Christoph Khevenhüller Khevenhüllerischer Histori gantz kürtzlichen in diß Compendium gezogen, 3 Bände, Madrid 1625, fortgeführt bis 1742

ke S. KENDE, Der Wiener antiquarische Büchermarkt, 1, Wien 1893 (Original-Manuscripte, historische Urkunden und Briefe größtentheils aus dem Archive der Grafen von Khevenhüller-Frankenburg)

kl ERNST KLEBEL, Zur Geschichte der Patriarchen von Aquileja: Carinthia I, 143, 1953, 326 ff.

l GEORG KHEVENHÜLLER, Das Landskroner Archiv, Klagenfurt 1959

m J. Siebmachers Großes Allgemeines Wappenbuch: A. M. HILDEBRANDT, Der Kärntner Adel, Nürnberg 1879

n WILHELM NEUMANN, Michael Gothard Christalnick, Klagenfurt 1956

o F. X. KOHLA, G. A. V. METNITZ, G. MORO, Kärntner Burgenkunde, 1/2, Klagenfurt 1973

ö OBERÖSTERREICHISCHES LANDESARCHIV LINZ
Schlüsselberger Archiv, Hs. 62. Genealogia der Wohlgebohrnen Grafen und Herren Herren Kevenhüller zu Aichelberg, Grafen zu Franckenburg, Freyherren auf Landscron, Wernberg und Summereck, Erbherren auf Hochossterwitz und Carlßberg, Erblandtstallmaistern in Kärndten etc., von Herren Reichhardt Kevenhüller biß auf dißes gegenwertige Jahr zusammengetragen durch Herren Frantz Christophen Kevenhüller etc., Grafen zu Franckenburg etc., Römischer Kayserlicher Mayestät Gehaimben Rath, Cammerern und Oratorn an dem Königlich Spanischen Hof etc., auch Rittern des Gulden Vlüß, 1623. 62 Folia.
Musealarchiv, Hs. 189. Genealogiae unnd Historiae der Wolgebornen Graffen und Herrn Herrn Khevenhiller zue Aichelberg, Graffen zu Franckhenburg, Freyherrn auf Landtscron, Wernberg und Sümmereckh, Erbherrn auf Hochenosterwitz und Carlsperg, Erblandtstallmaistern in Khärndten etc., vom Reichardt Khevenhiller bis auf dises gegenwierdtige Jar zue Fridens- und Khriegszeiten gantz denckhunnd wolwürdtig volbrachten Thaten und vornemben Handlungen, aus bewerthen und glaubwürdtigen thails in Truckh ausgeferttigten, thails handtgeschribnen Büechern und Historischreibern, Annalibus, auch sowoll offentlichen als privat und gemainen Monumenten, Schrifften, khayserlichen Privilegien und Freyheiten mit sonderm Fleis genommen und in drey Büechern ausgetaillet durch Frantz Christophen Khevenhüller Graffen etc. zue Franckhenburg etc. Römischer Khayserlicher Mayestät Gehaimen Rath, Cammerern und Oratorn an dem Khöniglich Spanischen Hoffe etc., auch Rittern deß Gulden Fließ Band 1 (Seite 1—1080, Buch 1—14 z. T.). (Band 2 verschollen, Band 3 siehe[f]).
Josefinischer und Franziszäischer Kataster von Frankenburg und Weyregg

r FRANZ OTTO ROTH, Villachs Khevenhüller-Häuser: 1. Jahrbuch des Stadtmuseums Villach, 1964, 101 ff.

s HANNS SCHLITTER, Einleitung zu: Rudolph Graf Khevenhüller-Metsch und Dr. Hanns Schlitter, Aus der Zeit Maria Theresias. Tagebuch des Fürsten Johann Josef Khevenhüller-Metsch, kaiserlichen Obersthofmeisters, 1742—1776, Band I, 1742—1744, Wien-Leipzig 1907, 1ff.

ß A. WEISS, Kärnthens Adel bis zum Jahre 1300, Wien 1869

t GEORG KHEVENHÜLLER-METSCH, GÜNTHER PROBSZTOHSTORFF, Hans Khevenhüller, kaiserlicher Botschafter bei Philipp II., Geheimes Tagebuch 1548—1605, Graz 1971 u HUGO HENCKEL, Burgen und Schlösser in Kärnten, 1/2, Klagenfurt-Wien 1964

ü GEORG GRÜLL, Burgen und Schlösser im Mühlviertel, Wien 1968²

v STADTMUSEUM VILLACH
Allgemeine Urkunden: Wolfsberger Akten und Urkunden (dazu Wilhelm Neumann, Zur Frühgeschichte der Khevenhüller: 15. Jahrbuch des Stadtmuseums Villach, 1978, 61 ff. u. 16. Jahrbuch des Stadtmuseums Villach, 1979, Seite 7 ff.

w HAUS-, HOF- UND STAATSARCHIV WIEN
Hs. W 944. Historia del Invictissimo y sempre Augusto Emperador y gloriosissimo Monarqua Ferdinando 2 do deste nombre conquesta per el Exmo Senór Conde de Khevenhüller; Sammelbände, Schuber 85, Sammelband 324 (Tagebuch des Grafen Hans Khevenhüller von Frankenburg, kaiserlichen Botschafters zu Madrid; vgl.[t]); Große Korrespondenz, Fasz. 26—28
Khevenhüller-Depot:
1. Vita Joannis Khevenhülleri (1538—1606), 757 Folia
2. Tagebuch des Grafen Barthelmä Khevenhüller (1552—1577), Foliant
3. Tomus secundus Genealogiae et Historiae Kevenhillerorum ab Aichelberg ab Augustino Kevenhullero ad praesentem usque illius succesorem Matthiam rectae lineae (10. Generation: Augustin Khevenhüller, 11. Generation: Christoph Khevenhüller)
4. Jahrbuecher der Herren Graffen Kevenhiller, Band III (3. Teil der Khevenhüller-Chronik Georg Moshamers) bis 1622
5. Mosshammer, Genealogia aller Khevenhüller (bis 1730 fortgeführt)
6. Genealogische Beschreibung der Herren Khevenhüller (Georg Moshamers Khevenhüller-Chronik, bis 1740 fortgeführt)
7. Leben der Grafen Khevenhiiller (Georg Moshamers Khevenhüller-Chronik, bis 1824 fortgeführt)
8. Annales Familia Comitum Khevenhüller, Band I u. III (Georg Moshamers Khevenhüller-Chronik, bis 1834 fortgeführt)
— Urkunden, Kasten 1 bis 16

wi HERMANN WIESZNER, Kärntens Burgen und Schlösser, 1—3, Wien 1964/67

z VINZENZ OBERHAMMER, Die Bronzestatuen am Grabmal Maximilians I., Innsbruck 1943

WEITERE LITERARISCHE QUELLEN

HERMANN BRAUMÜLLER, Christoph Khevenhüller, ein Kärntner Diplomat des 16. Jahrhunderts: Carinthia I, 144, 1954, 399 ff. (unter Verwendung der von Leopold Eichberger um 1910 hergestellten deutschen Übersetzung von[w] Khevenhüller-Depot, Nr. 3; diese Übersetzung auch im genannten Depot)

MARIA BREUNLICH-PAWLIK, Die Aufzeichnungen des Siegmund Friedrich Grafen Khevenhüller 1690—1738: Mitteilungen des Österreichischen Staatsarchivs, 26, Wien 173, 235 ff.

ANNA CORETH, Österreichische Geschichtsschreibung in der Barockzeit (1620—1740), Wien 1950

MAX DOBLINGER, Hieronymus Megisers Leben und Werke: Mitteilungen des Instituts für österreichische Geschichtsforschung, 26, 1905, 431 ff.

DOMINIKUS FIEDLER, Geschichte der Reichsgrafen Khevenhüller, weiland deren Majoratsgrafschaft Frankenburg und ihre nächste Umgebung, Wien 1862²

WALTER GÖRLICH, Die Geschichte des Schlosses Landskron in Kärnten

HEINRICH HERMANN, Die Khevenhiller: Carinthia, 44, 1854, 17 ff.

HERWIG HORNUNG, Die Inschriften der Stadt Villach, I, Die Inschriften der Pfarrkirche St. Jakob: 4. Jahrbuch des Stadtmuseums Villach, 1967, 7 ff.

GEORG KHEVENHÜLLER-METSCH, Die Burg Hochosterwitz in Kärnten und ihre Geschichte

GEORG KHEVENHÜLLER, Kaiser Karl V. in Villach: Kärntner Heimatblätter, 7, 1940, 143 ff.

GRAF GEORG KHEVENHÜLLER, 400 Jahre Hochosterwitz (1541—1941): Carinthia I, 131, 1941, 172 ff.

GEORG KHEVENHÜLLER, Das Burgenbild in Hochosterwitz, Carinthia I, 151, 1961, 715 ff.

FERDINAND KHULL, Aus dem Tagebuch des Grafen Bartelmä Khevenhüller-Frankenberg: Carinthia I, 86, 1896, 73 ff.

ERNST KLEBEL, Die Grundherrschaften um die Stadt Villach, Klagenfurt 1942

MARSHALL LAGERQUIST, Khevenhüller i dikt och verklighet: Fataburen, Nordiska museets och Skansens å rsbok, Stockholm 1960, 53 ff.

ANTON FREIHERR VON PANTZ, Aus Villachs vergangenen Tagen: Carinthia I, 127, 1937, 34 ff.

KURT PEBALL, Untersuchung zur Quellenlage der Khevenhüllerschen Annalen, Diss. Graz 1953

KURT PEBALL, Zur Quellenlage der „Annales Ferdinandei" des Grafen Franz Christoph Khevenhüller-Frankenburg: Mitteilungen des Österreichischen Staatsarchivs, 9, Wien 1956, 1 ff.

MARKUS PERNHART, Burgen und Schlösser in Kärnten, 194 Bleistiftzeichnungen aus der Zeit um 1860, eingeleitet von Anton Kreuzer, Klagenfurt 1976

FRANZ PICHLER, Die Stadthauptpfarrkirche St. Jakob in Villach, Villach 1935

RUDOLF PUFF, Reisebilder, 2. Schloß Kammern am Attersee in Oberösterreich: Carinthia, 35, 1845, 66 ff.

Reise der Infantin Maria Anna, Braut Kaiser Ferdinands III., durch Kärnten (von Heinrich Hermann): Carinthia, 17, 1827, 57 ff.

FRANZ OTTO ROTH, Zum Erscheinungsbild der Herrschaft Wernberg im 17. Jahrhundert: 5. Jahrbuch des Stadtmuseums Villach, 1968, 103 ff.

RUDOLF SCHMIDT, Die Briefbücher der Grafen Hans und Franz Christoph Khevenhüller, österreichische Gesandten am spanischen Hofe: Mitteilungen aus dem Germanischen Nationalmuseum Nürnberg, 1893, 57 ff.

HEINRICH WURM, Die Jörger von Tollet, Graz-Köln 1955

CONSTANT VON WURZBACH, Das Fürsten- und Grafengeschlecht Khevenhüller, Wien 1864

ALOIS ZAUNER, Vöcklabruck und der Attergau, Wien-Köln-Graz 1971

PERSONEN-, ORTS- UND SACHREGISTER

STAMMTAFEL I

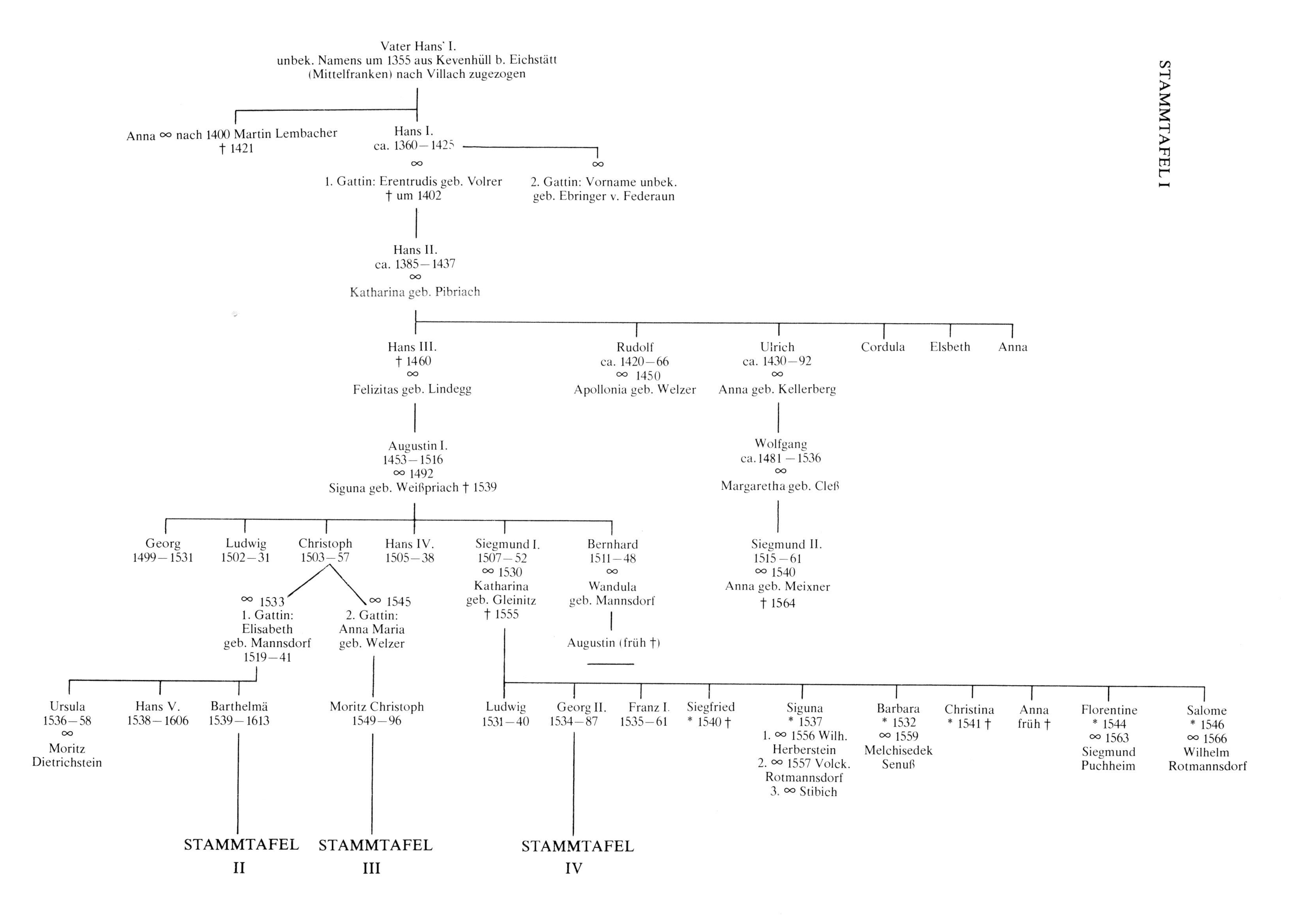

Vater Hans' I.
unbek. Namens um 1355 aus Kevenhüll b. Eichstätt (Mittelfranken) nach Villach zugezogen
Anna ∞ nach 1400 Martin Lembacher † 1421
Hans I.
ca. 1360 – 1425
∞
1. Gattin: Erentrudis geb. Volrer † um 1402
∞
2. Gattin: Vorname unbek. geb. Ebringer v. Federaun
Hans II.
ca. 1385 – 1437
∞
Katharina geb. Pibriach
Hans III.
† 1460
∞
Felizitas geb. Lindegg
Rudolf
ca. 1420 – 66
∞ 1450
Apollonia geb. Welzer
Ulrich
ca. 1430 – 92
∞
Anna geb. Kellerberg
Cordula
Elsbeth
Anna
Augustin I.
1453 – 1516
∞ 1492
Siguna geb. Weißpriach † 1539
Wolfgang
ca. 1481 – 1536
∞
Margaretha geb. Cleß
Georg
1499 – 1531
Ludwig
1502 – 31
Christoph
1503 – 57
Hans IV.
1505 – 38
Siegmund I.
1507 – 52
∞ 1530
Katharina
geb. Gleinitz
† 1555
Bernhard
1511 – 48
∞
Wandula
geb. Mannsdorf
Siegmund II.
1515 – 61
∞ 1540
Anna geb. Meixner
† 1564
∞ 1533
1. Gattin:
Elisabeth
geb. Mannsdorf
1519 – 41
∞ 1545
2. Gattin:
Anna Maria
geb. Welzer
Augustin (früh †)
Ursula
1536 – 58
∞
Moritz
Dietrichstein
Hans V.
1538 – 1606
Barthelmä
1539 – 1613
Moritz Christoph
1549 – 96
Ludwig
1531 – 40
Georg II.
1534 – 87
Franz I.
1535 – 61
Siegfried
* 1540 †
Siguna
* 1537
1. ∞ 1556 Wilh. Herberstein
2. ∞ 1557 Volck. Rotmannsdorf
3. ∞ Stibich
Barbara
* 1532
∞ 1559
Melchisedek
Senuß
Christina
* 1541 †
Anna
früh †
Florentine
* 1544
∞ 1563
Siegmund
Puchheim
Salome
* 1546
∞ 1566
Wilhelm
Rotmannsdorf
STAMMTAFEL II
STAMMTAFEL III
STAMMTAFEL IV

STAMMTAFEL II

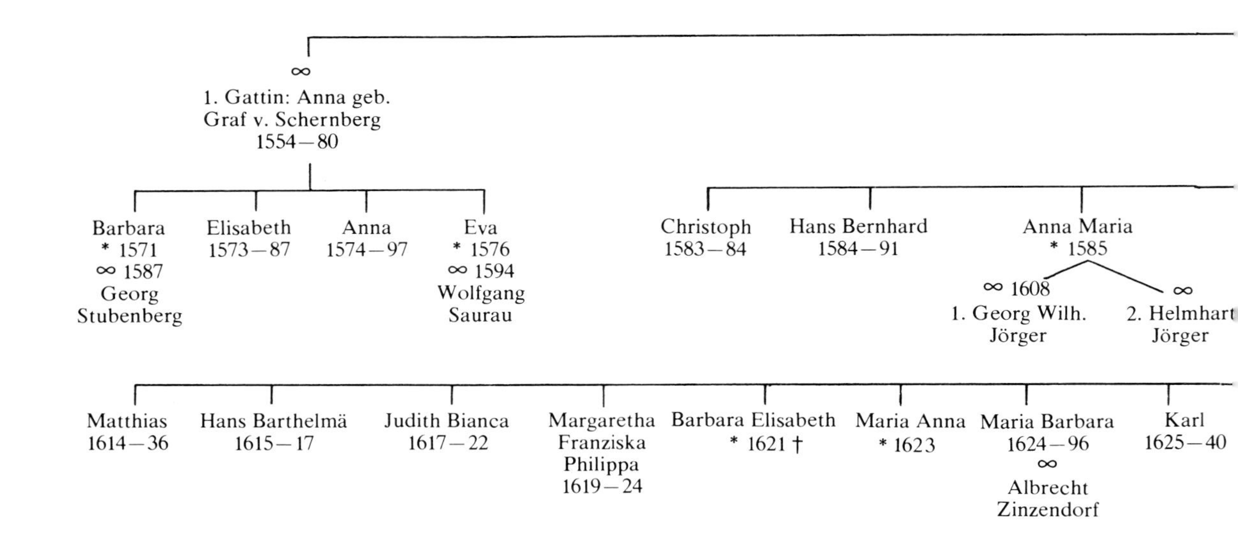
∞
1. Gattin: Anna geb.
Graf v. Schernberg
1554–80
Barbara
* 1571
∞ 1587
Georg
Stubenberg
Elisabeth
1573–87
Anna
1574–97
Eva
* 1576
∞ 1594
Wolfgang
Saurau
Christoph
1583–84
Hans Bernhard
1584–91
Anna Maria
* 1585
∞ 1608
1. Georg Wilh.
Jörger
∞
2. Helmhart
Jörger
Matthias
1614–36
Hans Barthelmä
1615–17
Judith Bianca
1617–22
Margaretha
Franziska
Philippa
1619–24
Barbara Elisabeth
* 1621 †
Maria Anna
* 1623
Maria Barbara
1624–96
∞
Albrecht
Zinzendorf
Karl
1625–40

STAMMTAFEL IV

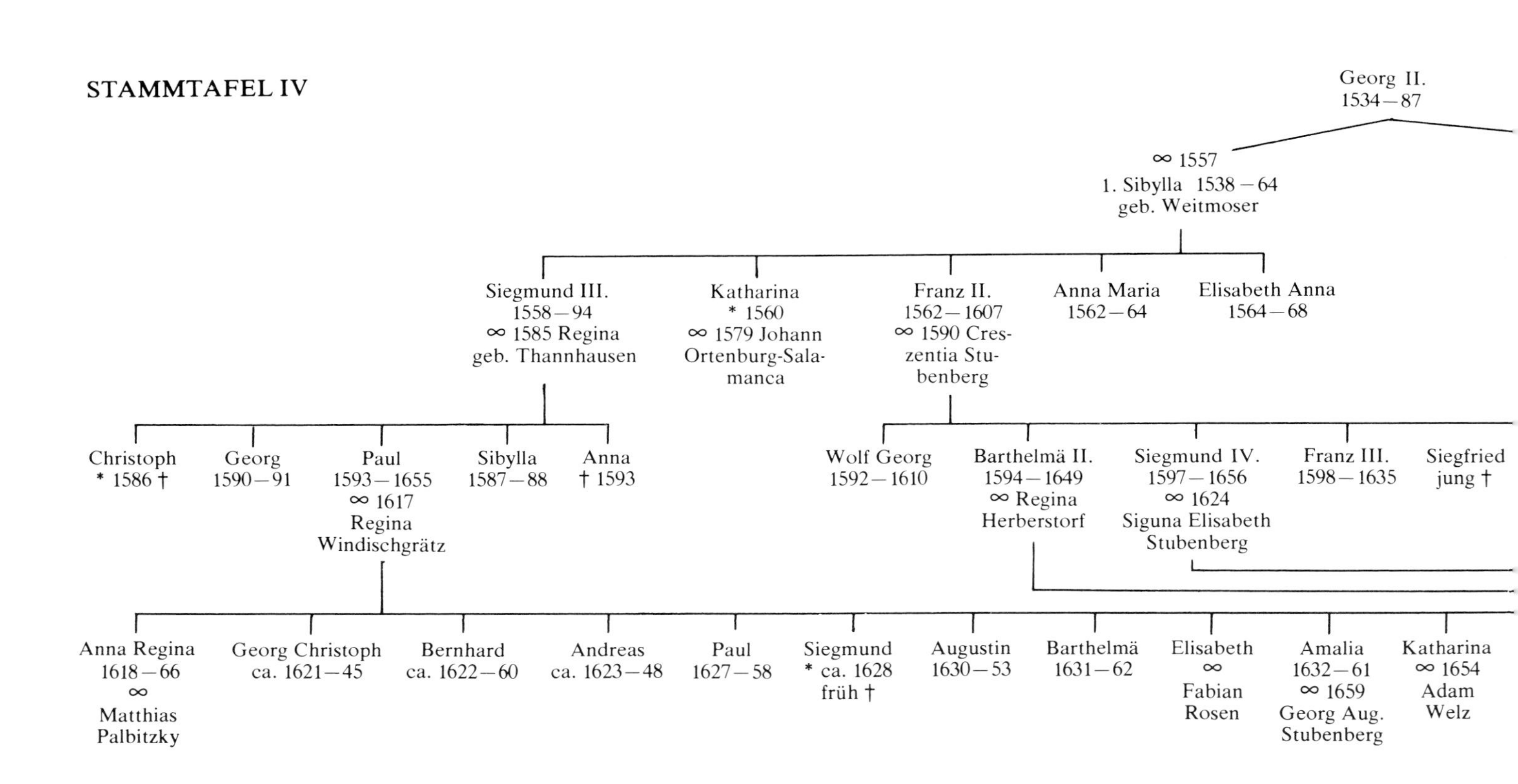
Georg II.
1534–87
∞ 1557
1. Sibylla 1538–64
geb. Weitmoser
Siegmund III.
1558–94
∞ 1585 Regina
geb. Thannhausen
Katharina
* 1560
∞ 1579 Johann
Ortenburg-Sala-
manca
Franz II.
1562–1607
∞ 1590 Cres-
zentia Stu-
benberg
Anna Maria
1562–64
Elisabeth Anna
1564–68
Christoph
* 1586 †
Georg
1590–91
Paul
1593–1655
∞ 1617
Regina
Windischgrätz
Sibylla
1587–88
Anna
† 1593
Wolf Georg
1592–1610
Barthelmä II.
1594–1649
∞ Regina
Herberstorf
Siegmund IV.
1597–1656
∞ 1624
Siguna Elisabeth
Stubenberg
Franz III.
1598–1635
Siegfried
jung †
Anna Regina
1618–66
∞
Matthias
Palbitzky
Georg Christoph
ca. 1621–45
Bernhard
ca. 1622–60
Andreas
ca. 1623–48
Paul
1627–58
Siegmund
* ca. 1628
früh †
Augustin
1630–53
Barthelmä
1631–62
Elisabeth
∞
Fabian
Rosen
Amalia
1632–61
∞ 1659
Georg Aug.
Stubenberg
Katharina
∞ 1654
Adam
Welz

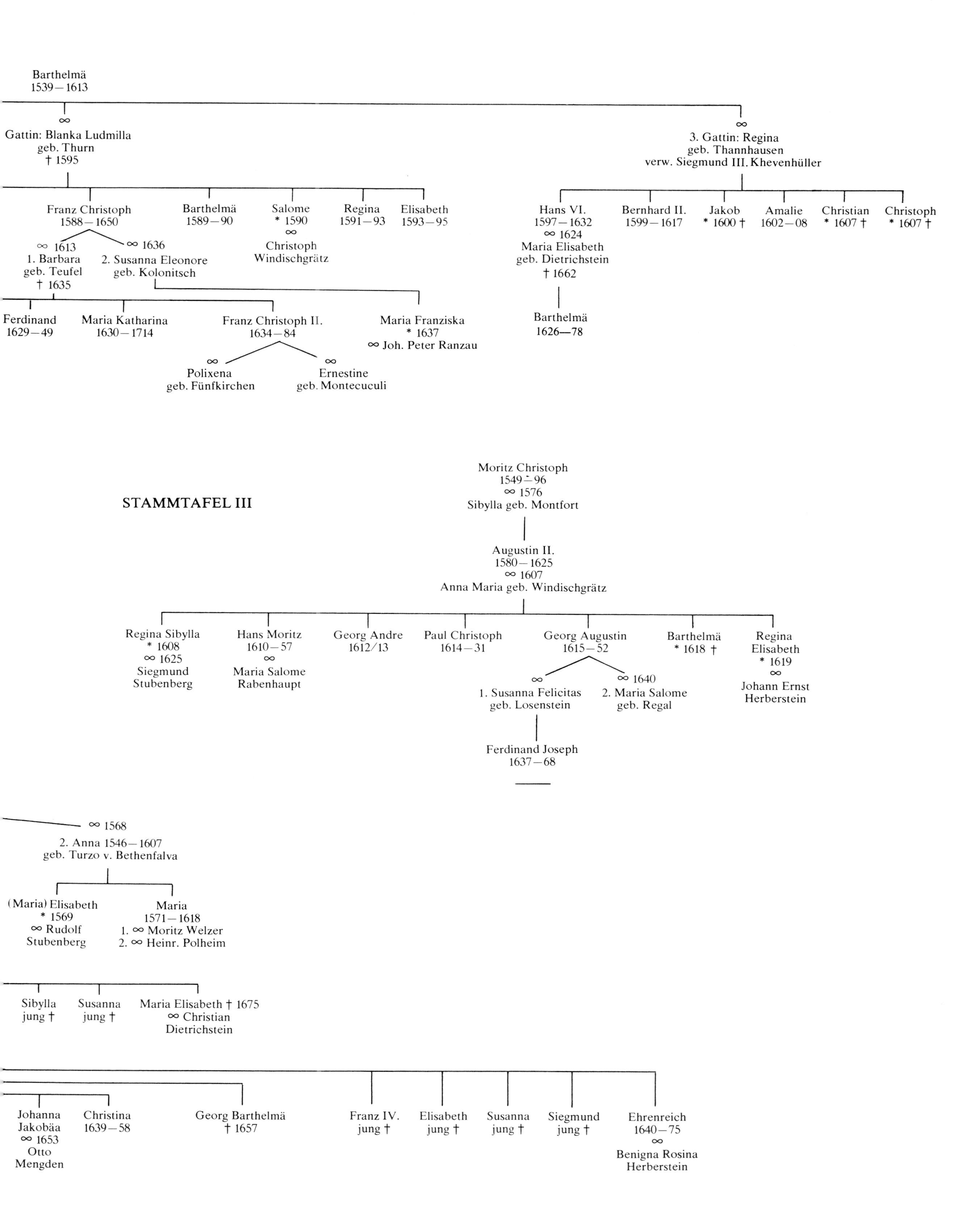
Barthelmä
1539–1613
∞
Gattin: Blanka Ludmilla
geb. Thurn
† 1595
∞
3. Gattin: Regina
geb. Thannhausen
verw. Siegmund III. Khevenhüller
Franz Christoph
1588–1650
Barthelmä
1589–90
Salome
* 1590
∞
Christoph
Windischgrätz
Regina
1591–93
Elisabeth
1593–95
∞ 1613
1. Barbara
geb. Teufel
† 1635
∞ 1636
2. Susanna Eleonore
geb. Kolonitsch
Ferdinand
1629–49
Maria Katharina
1630–1714
Franz Christoph II.
1634–84
Maria Franziska
* 1637
∞ Joh. Peter Ranzau
∞
Polixena
geb. Fünfkirchen
∞
Ernestine
geb. Montecuculi
Hans VI.
1597–1632
∞ 1624
Maria Elisabeth
geb. Dietrichstein
† 1662
Barthelmä
1626—78
Bernhard II.
1599–1617
Jakob
* 1600 †
Amalie
1602–08
Christian
* 1607 †
Christoph
* 1607 †
STAMMTAFEL III
Moritz Christoph
1549–96
∞ 1576
Sibylla geb. Montfort
Augustin II.
1580–1625
∞ 1607
Anna Maria geb. Windischgrätz
Regina Sibylla
* 1608
∞ 1625
Siegmund
Stubenberg
Hans Moritz
1610–57
∞
Maria Salome
Rabenhaupt
Georg Andre
1612/13
Paul Christoph
1614–31
Georg Augustin
1615–52
∞
1. Susanna Felicitas
geb. Losenstein
∞ 1640
2. Maria Salome
geb. Regal
Ferdinand Joseph
1637–68
Barthelmä
* 1618 †
Regina
Elisabeth
* 1619
∞
Johann Ernst
Herberstein
∞ 1568
2. Anna 1546–1607
geb. Turzo v. Bethenfalva
(Maria) Elisabeth
* 1569
∞ Rudolf
Stubenberg
Maria
1571–1618
1. ∞ Moritz Welzer
2. ∞ Heinr. Polheim
Sibylla
jung †
Susanna
jung †
Maria Elisabeth † 1675
∞ Christian
Dietrichstein
Johanna
Jakobäa
∞ 1653
Otto
Mengden
Christina
1639–58
Georg Barthelmä
† 1657
Franz IV.
jung †
Elisabeth
jung †
Susanna
jung †
Siegmund
jung †
Ehrenreich
1640–75
∞
Benigna Rosina
Herberstein

NACHTRÄGE UND BEMERKUNGEN

Zu Tafel 4 (S. 49):
Während Achatz nach der Khevenhüller-Lebensbeschreibung des Landeshauptmannes Freiherr Georg Khevenhüller um 1220 geheiratet haben soll, entnahm Graf Franz Christoph für seine Historie aus der Schrift des Tobias Eusebius, daß Achatz schon 1220 gestorben sei.[ö]

Zu Tafeln 9 (S. 64), 38 (S. 178) und 44 (S. 203):
Der Befehl Erzherzog Karls, dem Freiherrn Georg Khevenhüller Hochosterwitz, Himmelberg und Weidenburg gegen die Herrschaft Thal zu eigen zu geben, erfolgte am 12. 3. 1571[g]*, die Ausfertigung der Urkunde darüber am 18. 3.*[g] *und der Revers des Freiherrn auf diese am 20. 3.*[w].

Zu Tafel 11:
In dem im Juli 1980 erschienenen und daher nicht mehr für unsere Textgestaltung auswertbaren 16. Jahrbuch des Stadtmuseums Villach, das auch jeweils den Titel „Neues aus Altvillach" trägt, hat Landesarchivdirektor Hofrat Dr. Wilhelm Neumann aus den ihm vorliegenden Akten über den Prozeß des Bischofs von Bamberg mit Hans III. Khevenhüller und anderen Archivalien über die Mitteilungen hinaus, die er dem Verfasser dieses Buches in liebenswürdiger Weise bereits früher machte, weitere wertvolle Feststellungen getroffen. Daraus sei zu S. 69 ergänzend mitgeteilt, daß Hans II. Khevenhüller neben seinem Vater Hans I. bereits zum ersten Mal 1417[b] *auftritt und zusammen mit diesem gegenüber dem Bamberger Bischof den Eid über Federaun leistet, ebenso zu S. 72, daß Hans III. vorgeworfen wurde, er habe verschiedene Bamberger Untertanen bedrückt und benachteiligt, und daß der diesen betreffende Schiedsspruch in Wolfsberg am 15. 11. 1445*[v] *erfolgte.*

Zu Tafel 15 (S. 85):
Im 16. Jahrbuch des Stadtmuseums Villach erwähnt Wilhelm Neumann, daß auch Hans III. Khevenhüller — nicht nur Ulrich — urkundlich als Ritter nachweisbar ist, nämlich in einem Schreiben der Bamberger Bischofskanzlei an ihn vom 19. 3. 1456[v]*. Dazu teilt mir Neumann freundlicherweise ergänzend mit, daß Hans III. sich 1454*[v] *in einem Schreiben nach Bamberg selbst als Ritter bezeichnet.*

Zu Tafeln 19 (S. 95) und 40 (S. 187):
Die ältere Geschichte Karlsbergs in khevenhüllerischen Händen ist auf Seite 179 zu finden.

Zu Tafel 23 (S. 114):
Nach Ansicht mehrerer Fachexperten ist das durch die Signatur Tintoretto zugeschriebene Porträt Hans V. Khevenhüllers zu hart und zu wenig gekonnt für einen echten Tintoretto, ja, es wirkt nicht einmal venezianisch. Da aber der hochangesehene Hans V., der selbst Gemälde Tintorettos besaß[t]*, unter keinen Umständen einen falschen Tintoretto akzeptiert haben kann, ist es am wahrscheinlichsten, daß Tintoretto, der zwei Jahre vor seinem Tode in der kältesten Jahreszeit und vielleicht krank offenbar nur wenig zu dem Bilde beitragen konnte, die Hauptarbeit einem österreichischen Schüler seiner Werkstatt überließ, der die von Tintoretto geschaffene Skizze vielleicht erst endgültig ausführte, als er den Besteller nach Österreich begleitete. Denn provinzieller österreichischer Porträtkunst entspricht das Bild im wesentlichen nach Meinung der zuständigen Fachleute, namentlich Dr. Prohaskas vom Kunsthistorischen Museum in Wien.*

Zu Tafel 29 (S. 136):
Zu den Moden ist noch zu bemerken, daß Georg Wilhelm Jörger mit einem goldenen Hofkämmererschlüssel ausgestattet ist. Dies ist in dem Lebensbild zu ergänzen, das Heinrich Wurm in seinem Buch über die Jörger von Tollet von ihm entwirft und dabei nur angibt, daß er Mundschenk des Erzherzogs Matthias war.

Zu Tafel 32 (S. 151 f. u. S. 36):
Hofrat Dr. Ortwin Gamber, dem für seine grundlegende Mitwirkung an der Textgestaltung bei den in diesem Buche in breitem Maße behandelten Moden des 15. bis 17. Jahrhunderts nicht genug gedankt werden kann, hat den Verfasser mit Recht auf die dem Landschaftsmaler von Tafel 32 verwandte Art der phantasievollen Wiedergabe von Bergformen u. dgl. durch den mit Erzherzog Matthias im Frühjahr 1582 nach Oberösterreich gekommenen und dort schulebildend wirkenden holländischen Maler Lukas von Valkenborch hingewiesen. Auch die verschiedene Färbung bestimmter Vorder- und Hintergrundpartien, die wir auf den hier veröffentlichten Tafeln im allgemeinen hervorhoben, praktizierten schon die Niederländer und haben in diesem Sinne auf die hiesigen Maler Einfluß genommen.

Zu verschiedenen Tafeln:
Wenn im Text immer wieder von der schwarzen spanischen Tracht die Rede ist, werden darin verschiedene Nuancierungen des Schwarz zusammengefaßt, deren Qualität aus der Farbigkeit unserer Bildwiedergaben ersichtlich ist. In sich gemusterte schwarze oder bläulichschwarze Stoffe sollte man auf den Bildern bei gutem Licht betrachten, um die schönen Muster ganz erfassen zu können. Auf Tafel 28 ist das Gewand der dritten Person links im Original mehr purpurn als auf unserer Bildwiedergabe.

ABBILDUNGSNACHWEIS

Lichtbildwerkstätte „Alpenland", Wien: 30, 35, 48
Hans Belsak, Klagenfurt: 1-16, 24, 25, 27-29, 31, 36-43, 46, 49, 52-55, 58-60
Gerhard Ehrlich, Klagenfurt: 61-64
Steiermärkisches Landesarchiv, Graz: 50, 51
Generalkonsul z. D. Nils E. Ihre, Chatillon sur Indre: 44, 45
Graf Georg Khevenhüller (+): 22
Stadtbildstelle Klagenfurt: 65
Richard Milesi, Manierismus in Kärnten, Klagenfurt 1973: 47, 66
Prof. Alois Schmiedbauer, Salzburg: Titelbild u. 19-21
Heimatmuseum Spittal/Drau: 53 A
Nordisches Museum Stockholm: 32
Stadtmuseum Villach: 23, 26
Haus-, Hof- und Staatsarchiv Wien: 17, 56
Museum für Angewandte Kunst, Wien: 18
Universitätsbibliothek Wien: 33